躬耕·匠心
——学生心目中"我最喜爱的老师"

闫祖书 主编

西北农林科技大学出版社
Northwest A&F University Press

·杨凌·

图书在版编目（CIP）数据

躬耕·匠心：学生心目中"我最喜爱的老师" / 闫祖书主编． —— 杨凌：西北农林科技大学出版社，2024.8． —— ISBN 978-7-5683-1454-1

Ⅰ．K825.46

中国国家版本馆CIP数据核字第2024VA7138号

躬耕·匠心：学生心目中"我最喜爱的老师"

闫祖书　主编

出版发行	西北农林科技大学出版社		
地　　址	陕西杨凌杨武路3号	邮　编	712100
电　　话	总编室：029-87093195	发行部：	029-87093302
电子邮箱	press0809@163.com		
印　　刷	西安浩轩印务有限公司		
版　　次	2024年8月第1版		
印　　次	2024年8月第1次印刷		
开　　本	787 mm × 1092 mm　1/16		
印　　张	23.5		
字　　数	395 千字		

ISBN 978-7-5683-1454-1

定价：58.00 元

本书如有印装质量问题，请与本社联系

编 委 会

主　编　闫祖书

副主编　李国龙　赵　静　邓亚丽

编　委　张　琳　张　晴　王学锋　杨远远　丁思悦
　　　　　王若璠　王泽龙　周勤勤　冯　邦　冯　栋
　　　　　曹　姗　王　博　刘树宇

前 言

教育是国之大计、党之大计，事关国家发展、事关民族未来。习近平总书记指出："没有哪一项事业像教育这样影响甚至决定着接班人问题，影响甚至决定着国家长治久安，影响甚至决定着民族的复兴和国家崛起。"

教育大计，教师为本。教师是立教之本、兴教之源，是教育发展的第一资源，是教育强国建设的基石。党的十八大以来，以习近平同志为核心的党中央坚持教育优先发展，作出加快教育现代化、建设教育强国的重大决策。习近平总书记更是高度重视教育发展和教师工作，勉励广大教师大力弘扬教育家精神，为强国建设、民族复兴伟业作出更大贡献。

建设教育强国，龙头是高等教育。高校教师肩负为党育人、为国育才，培养德智体美劳全面发展的社会主义建设者和接班人的使命，既生逢其时，又重任在肩。90年来，西北农林科技大学造就了一批又一批扎根杨凌，胸怀社稷，潜心教书，静心育人的好老师，培养了30万名毕业生，培育了数以千计的科研成果，为国家粮食安全、生态文明建设和人类健康贡献了西农智慧，为教育强国、科技强国和农业强国贡献了西农力量。

为进一步引导支持广大教师自觉将教育家精神转化为思想认同、内在要求和实际行动，以模范行为弘扬师道、立德树人，争做学生为学、为事、为人的大先生，学校自2013年起，连续12年在毕业生中开展"我最喜爱的老师"评选活动，百余名教育一线教师脱颖而出，他们以德立身、以德立学、以德施教，奏响了教育报国的时代强音。

在建校90周年之际，党委学工部牵头将这些教师的教书育人事迹整理编辑为《躬耕•匠心——学生心目中"我最喜爱的老师"》一书。书中收录了

107位"我最喜爱的老师",展现了他们勤勤恳恳、兢兢业业,学高为师、身正为范的先进事迹和动人故事,旨在大力弘扬教育家精神,营造尊师重教、启智润心的良好氛围,向西农90华诞献礼。

这些学生最喜爱的老师,他们坚守立德树人初心,用知识的火种、育人的智慧,指引着学子们兴农强国的前行道路;他们执着教书育人,三尺讲台、四季耕耘,传授给学生认识"三农"、求解"三农"的基础知识和基本方法;他们扎根教育一线,不辱使命、不负年华,滋养着学生热爱"三农"、服务"三农"的精神灵魂和志向抱负。

"捧着一颗心来,不带半根草去。"他们以赤诚之心、奉献之心、仁爱之心投身教育事业,用热爱教育的定力、淡泊名利的坚守画出了最美的耕耘姿态。他们用堂堂正正的人格感染学生,他们用真理的力量感召学生,他们以深厚的理论功底赢得学生,成为为学为人的表率,成为让学生最喜爱的人。

习近平总书记在全国教育大会上强调,要实施教育家精神铸魂强师行动,加强师德师风建设,提高教师培养培训质量,培养造就新时代高水平教师队伍。"国将兴,必贵师而重傅;贵师而重傅,则法度存"。在建设教育强国时代新征程中,在建设世界一流农业大学的快车道上,希望我们广大教师弘扬先进、学习先进,实干笃行、砥砺奋进,当好人类灵魂的工程师,做好人类文明的传承者,挑好传播知识、传播思想、传播真理,塑造灵魂、塑造生命、塑造新人的时代重任,努力交出让党和人民满意的教育答卷。

编者
2024年8月

目 录

contents

2013 年

陈树林：桃李不言　下自成蹊 / 003
李　宇：一切为了学生，为了学生的一切 / 006
吕　欣：静待花开，努力做好学生的铺路石 / 009
徐全乐：默默耕耘　言传身教 / 013
孟全省：教育因爱而生 / 016
王　艳：和阳光一样明媚绚烂 / 019
雷　蕾：学生心中的课堂魔法师 / 022
李　娜：学生心中的好老师——"娜姐" / 025

2014 年

康　艳：无私园丁　孕育花香 / 031
葛武鹏：锻造学生工程能力的"案例老师" / 034
吉文丽：教育事业中的爱与奉献 / 037
连　坡：身体力行教书育人 / 040
崔红梅：春风化雨育桃李 / 043

任启俊：体魄与人格并重　塑造时代新人 / 046
符　丹：萤火微光　愿为其芒 / 049

2015 年

何树斌：爱与责任同在 / 055
彭　湃：教学相长　知行合一 / 058
朱首军：用实际行动诠释教育的真谛 / 062
姚　军：桃李不言　下自成蹊 / 065
潘天丽：爱生如子的好老师 / 068
张宏鸣：双核的大脑　课堂的达人 / 071
胡华平：在教学中绽放青春才华 / 075
杨　鹏：触动学生心灵　升华学生思想 / 078

2016 年

党瑞华：学生心目中的良师益友 / 083
谷　芳：坚守师心　耕耘不辍 / 087
王美丽：十年耕耘的"美丽"收获 / 090
林雁冰：平等对话的严师 / 094
贾良辉：用心将教室铸成快乐学堂 / 097
王　华：守护三尺讲台　潜心教书育人 / 100
张晓容："阳光雨露"滋养学生茁壮成长 / 103

2017 年

孙秀柱：仰以事国俯以齐家 / 109

孙景荣：用一颗真心做受学生欢迎的老师 / 113

杨创创：春风化雨引路人 / 116

寇小希：课堂有温度　机械亦炫酷 / 119

陈　勇：学生心中值得信赖的好老师 / 122

龙芳羽：学生的良师益友 / 125

宋育阳：追光迎风　护花而生 / 128

李天保：唤醒学生心中的最美好 / 131

杨文杰：教书育人　甘为人梯 / 134

2018 年

张世泽：教学相长，做学生的"大"朋友 / 139

胡晓辉：教育，根植于爱 / 142

张建勤：用仁爱厚德铸好老师 / 145

张欣珂：以尊重和爱教授"学以成人" / 148

石宝峰：做"顶天立地"的教育者 / 151

李民寿：平凡岗位上实现人生价值 / 154

袁君刚：做学生心中的那道光 / 157

张　丽：热爱学生　知行合一 / 160

2019 年

刘　巍：传承植保精神　潜心教书育人 / 165

王建国：用心传播知识　用爱感化学生 / 168

王　健：全心全意诠释"三尺讲台" / 171

裴金萍：38 年如一日　一腔真情终无悔 / 174

何东健：教了一辈子　爱了一辈子 / 177

李群卓：匠心传承的课堂 / 180

许晓东：勤勤恳恳做事　老老实实做人 / 183

陈海滨：站好讲台　潜心教书 / 186

付少平：枕经籍书　倾一生教书育人 / 189

詹义清：用高尚人格感染学生 / 192

2020 年

杨雨鑫：潜心从教　热爱生活 / 197

陈俊英：亦师亦友　照亮学生前行路 / 200

侯俊才：躬耕教坛　潜心育人 / 203

田彩丽：踏遍心田的每一角　踩透心灵的每一寸 / 206

杜双奎：用智慧和爱心引领学生追梦 / 209

张　寒：因材施教　春风化雨 / 212

南　灵：用爱与智慧陪伴学生成长 / 216

周岑银：甘做学生成长引路人 / 219

张蓉婧：体教融合的精彩旋律 / 222

2021 年

李　超：每一名学生都是她心中的"小苹果" / 227

姚军虎：勤耕不辍　精业笃行 / 230

张军昌：追求卓越勇攀登 / 233

杨丽丽：用爱立德铸魂 / 236

王建国：学生最信任的引路人 / 239

姜雅莉：一束微光渐斑斓 / 242
董春柳：学生的事情无小事 / 245
苏燕平：学生心中的"苏妈妈" / 248
高　莉：学生心中的"大家长" / 251
孟月婷：运动场上写春秋 / 254

2022 年

海江波：甘为人梯育英才 / 261
冯　浩：学生成长成才的引路人 / 264
凌　飞：传道授业　亦师亦友 / 267
闫锋欣：师生心中的"大忙人" / 270
栾广忠：学生成长路上的"保健员" / 273
姜在民：深耕课堂的"金牌教师" / 276
闫小欢：亲力亲为　以身作则 / 279
凌淑珍：用激情点亮学生成长路 / 282
赵星宇：让思政课堂"活"起来 / 285
高颖晖：传师道　授舞艺　育新人 / 288

2023 年

戴　武：始终坚守三尺讲台的"金牌教师" / 293
李　聪：在产教研融合中砥砺前行 / 296
赵慧英：素心托高洁　丹心育桃李 / 299
杨　艳：素位而行　甘之如饴 / 302
黄玉祥：谱写教育星河奏鸣曲 / 305

赵　亮：让"小种子"孕育"大梦想" / 308

张晓妮：乐教善教的"燃灯者" / 311

张　红：谋一事　终一生 / 314

赵志业：守好"责任田"　做好引路人 / 317

王利民：一"网"情深育新人 / 320

2024 年

聂小军：躬耕育人，做学生成长路上的引路人 / 325

左亚运：学生成长路上的掌灯人 / 328

龚春梅：引导学生走适合自己的路 / 331

江中良：一切为了学生 / 334

王　成：做一名追梦筑梦的好老师 / 337

宋籽霖：躬耕教耘　手揽星光 / 340

吴明玉：以德立教　以爱育才 / 343

余克强：深度学习+终身充电=未来可期 / 346

杨保伟：匠心独运　铸魂育人 / 349

邵砾群：激情绘梦　智慧铸星 / 352

杨乙丹：用无限热爱照亮学生前行之路 / 356

后记 / 360

2013 年

陈树林

桃李不言　下自成蹊

陈树林，男，1965年2月生，中共党员，动物医学院教授，博士生导师，从教39年。主讲"动物解剖与组织胚胎学""动物解剖学"等专业课程。5次被评为校级优秀教师，2016年获"宝钢优秀教师奖"，同年被授予"陕西省师德标兵"，2020年被评为"陕西省教学名师"，2021年被评为"杨凌最美教师"等。主持的教学成果曾荣获陕西省教学成果特等奖和二等奖，主要完成人取得的教学成果获国家级教学成果二等奖。

翻开陈树林的简历，让人眼前一亮，等身的荣誉，让人感叹，但对陈树林来说，学生能够健康成长、人人成才，才是他最大的心愿和最看重的成就。

敬业：潜心治学三十载　呕心沥血育英才

从1985年至今，陈树林一直耕耘在教学一线，先后为本科生和研究生主讲"动物解剖学与组织胚胎学""动物神经科学"等课程，教学工作量是学院教师平均工作量的2倍。

从教以来，他从未耽误过一堂课。有一段时间，教师缺少，为了保证教学质量和实验课的顺利开展，他经常晚上加班在实验室做标本，有时需要几个通宵才能完成。一次，他的膝关节因公严重受伤，医生用石膏将受伤部位固定后，叮嘱他要卧床静养1个月，但他担心影响学生学业，依然忍着疼痛拄着双拐坚持给学生上课，直到期末结课。

为了提高教学质量，他积极开展教学研究，先后主持教改项目11项，其中，主持的一项教学成果获陕西省教学成果特等奖。

认真教学的同时，他也努力做好课程建设，先后主编、参编教材及参考书16部。其中，主编国家级规划教材和教育部计划教材4部，参与翻译的一部教材获中国图书出版领域最高奖——"中国出版政府奖"（科技类）。

由陈树林负责的"动物解剖学与组织胚胎学"课程先后获批陕西省精品资源共享课程、一流本科课程、课程思政示范课程，入选"学习强国"慕课栏目。

乐业：做学生成长的引路人

教学中，陈树林始终不忘教书育人初心与"立德树人"根本任务，着力培养学生服务"三农"的使命感和家国情怀。

"陈老师为了激发大家学习专业课的热情和兴趣,在课堂上为我们播放了他精心剪辑的小视频,让我看到了所学专业的广阔前景。作为一名大学生,只有热爱专业、勤奋学习,才能在未来干出一番事业。"学生李馨怡深有体会地说。

课外,陈树林也关心学生的健康成长。当他了解到学生在生活方面遇到困难时,总会及时给予帮助,他将担任班主任的补贴全部用于学生生活和班集体的活动中,并将3.35万元津贴捐给学院用于教学。

一位毕业生在感谢信中由衷写道:"我一度沉迷于网络游戏不能自拔,如果当初没有陈老师多次的耐心教育和经常的监督帮助,我就难以完成学业,可能还会堕落,感谢陈老师在我人生的关键时刻给我帮助,为我引路。"

精业:科研反哺教学 科技为民服务

陈树林认为,科研和教学要携手共进,教学为科研提供理论基础,科研则反哺教学,大学生双创活动能够促进学生创新能力和实践能力的提高。

陈树林先后主持国家级项目及省部级重大项目等11项,发表论文130余篇,研究成果获陕西省科技进步奖二等奖1项、地市级科技进步奖一等奖2项,首次提出并证明了"以交感神经节为中心的中枢外反射弧"理论,引起了同行学者的广泛重视,论文获得"首届美国国际疼痛医学大会"金奖。

陈树林注重将科研成果和学科前沿知识融入教学实践中,这对大学生创新能力的培养和教学质量的提高都起到了很好的促进作用。近20年来,他共指导大学生创新创业项目33项,其中国家级4项、省级3项。

"科技,归根到底要为人民服务。能利用自己的特长服务乡村振兴,是我的使命担当。"陈树林说道。

为了进一步将丰富的科研知识与生产实践紧密结合,陈树林先后主编了《经济动物高效养殖新技术大全》等4部著作,为普及养殖业生产技术奠定了理论基础。

"学高为师,身正为范","甘为人梯,乐于奉献",平凡之中孕育着伟大,便是陈树林教书育人工作的真实写照。

李 宇

一切为了学生，为了学生的一切

李宇，男，1967年5月生，中共党员，水利与建筑工程学院讲师，从教23年。主讲本科生"水工建筑物""水资源工程学""地下水利用""水工建筑物安全监测""水利工程运行与管理""水利工程施工""水力学""水利工程概论"（中文和全英文课程）及"水利水电专业英语"等9门专业课程及专业基础课程。曾获我校"2017年大学生思想政治教育先进个人"、"2018年师德先进个人"、2012年水利与建筑工程学院"优秀共产党员"等荣誉称号。

无论何时，李宇都坚持以身作则，注重加强自己的道德修养，做到为人师表，力求以自己良好的品德和言行影响学生。

做人真　对学生真心实意

为进一步提高教学质量，提升学生专业水平，李宇一方面不断强化自己的专业水平，另一方面积极改进教学方法。他不仅给学生传授课本上已有的理论知识，还抓住每年带领学生野外综合实习和专业生产实习的机会，大量搜集和整理从国家大型水利水电工程建设工地中获得的一手信息资料，不断丰富自己的授课内容，采取理论联系实际的教学方法，深入浅出，取得了显著的教学效果。

李宇每年带领学生赴校外进行专业生产实习，每次学生人数都超过180人，教师人数10余名，如此庞大的团队，常面临住宿困难、接待困难、工地现场容纳困难等问题。每次遇到这些情况，李宇老师一方面在团队中积极协调，创新性开展工作，解决好师生的生活问题；另一方面尽量联系一些知名水利水电专家，拓宽学生的知识面，解决好实习中的学习问题。

因教书育人贡献突出，李宇先后获得"我最喜爱的老师"、校级"师德先进个人"等荣誉称号及校级师德师风演讲比赛二等奖等多项荣誉。

情系学生　一切为了学生

想学生之所想，急学生之所急，是学生对李宇老师的印象。对那些家庭有困难的学生，李宇主动帮他们申请助学金，争取减免学费，发动其他学生帮助他们，从而使这些学生顺利渡过难关。

作为一名班主任，李宇班上有些学生生活懒散、学习动力不足，他看在眼里，急在心上。经过仔细分析，他发现这类学生并不是真的懒惰，而是对自己缺乏定位，没有努力的方向。针对这一情况，他专门组织了"保研、考研、出国深造、就业选择"主题班会，并邀请成功保研、出国深造及签约工作的学生分享自己的相关经验。这在班里学生中引起了很大反响，收效很大。

针对现阶段学生思想活跃的特点，李宇不断改进工作方法，利用多种方式，如班级的QQ群、微信群，及时跟进学生思想动态，及时发现问题、解决问题。在三年级学生宿舍调整和搬迁过程中，学生间出现了一些矛盾问题，李宇以平和、亲切的态度，帮助双方化解矛盾，促进了班级的团结。

甘为人梯　为了学生的一切

李宇在接受校报记者采访时曾谈道："教师不仅在课堂上对学生产生影响，生活中与学生亦师亦友，也会给学生带来更深层次的影响。这些年，有些毕业了好几年的学生还跟我保持着稳定的联系。这些联系让我感觉到老师除了教授知识，还会在生活、工作、价值观的形成等方面对他们产生了一定影响。我希望自己能做得更好，给我的学生带来积极的影响，对他们的人生有所助益。"

李宇情系学生，甘为人梯，总是尽最大努力为学生的就业和进一步深造铺平道路。他指导学生制订科学的学业规划，解决一些学生专业认知上的困惑；他发挥自己的英语优势，为申请出国的学生修改资料；他帮助想读研的学生联系导师；他极力为就业学生牵线搭桥，向用人单位推荐优秀毕业生……

"不辱教师使命，一切为了学生，为了学生的一切，能够给学生带来更多的帮助，是老师最大的荣幸。"李宇是这么说的，也是这么做的。

吕 欣

静待花开，努力做好学生的铺路石

吕欣，男，1975年9月生，中共党员，食品科学与工程学院教授，从教20年。主讲"分子生物学基础""食品分子生物学与基因工程""食品分子生物学进展"等本科和研究生课程。2021年"分子生物学基础"被认定为陕西省线下一流课程；2023年，获学校教学成果特等奖1项；主编出版农业农村部"十三五""十四五"规划教材1本，中国轻工业"十四五"规划教材1本。

从教以来，吕欣始终坚持"思想铸魂、知识传授、能力培养、实践提升"的育人理念，不断提升学生的思想品德、知识水平、科学素养、人文精神和创新创业能力。

立德树人　润物无声

在吕欣看来，课堂教学除了授业，还有传道。他始终牢记"立德树人"根本任务，坚持为本科生和研究生上党课，通过"实验室里讲党课"等多种形式，推动"立德树人"落地落实。在担任班主任期间，吕欣坚持与学生"一对一"谈话。毕业时，在他的影响下全班78.1%的学生加入中国共产党。

2017年以来，吕欣承担本科生"分子生物学基础"等4门课程，硕士研究生"食品分子生物学与基因工程"和博士研究生"食品分子生物学进展"的教学工作。

截至目前，他共指导35名本科生的毕业论文，指导11名博士研究生和41名硕士研究生顺利毕业。培养过程中，吕欣因材施教，在"求真数据、做真学问"的前提下，要求学生勇于创新。同时还开设"至善讲堂""行思论坛"和"行思青年论坛"等课程开阔学生视野，促进师生交流。

教学中，吕欣用"科学家小故事"的方式，对学生的科学精神和批判思维进行培养。同时，还将社会主义核心价值观融入课程教学，比如将天津港"8·12"特别重大火灾中消防战士的英雄事迹融入DNA的结构教学中，在向学生传递"大义精神"的同时，引出DNA具有"特异性"和"热稳定性"的结构特征。还通过课前课后的调查问卷，了解学生的学习需求，从而更好地提升教学效果。

思想引领　铸魂育人

吕欣高度重视学风建设，担任班主任期间，要求学生从大一起就背诵英语课文，并坚持每周"一对一"检查，毕业时全部学生通过四级考试，60%的学生通过六级考试，就业率达100%。吕欣不仅在学习上对学生严格要求，在生活中还是学生的贴心人。张莉慧同学还记得，自己住院期间，吕欣老师安排全班同学轮流值班陪护她，每每想起心中都充满温暖。

在研究生培养方面，吕欣高度重视实验室文化建设，凝练提出"厚德继学、精研利民"的实验室文化，每年研究生开学，他都会详细阐释其内涵；研究生毕业时，还会给学生赠送《做事先做人》等书籍，并给每位研究生书面赠言。对外国留学生，吕欣同样是科研上高标准、严要求，生活上全心尽力关怀。新冠疫情期间，来自苏丹的博士生Ismael Mohamed Elfatieh的妻子突发疾病，示范区医院建议立即转院，吕欣老师第一时间帮忙协调联系陕西省人民医院，并陪同他们到医院就诊，博士生的妻子才得以转危为安。

素质育人　桃李遍地

吕欣非常注重学生综合素质的提升。他曾带领班级荣获新生篮球赛第一名，宋子涵同学2011年在陕西省教育系统反腐倡廉文艺节目参展中获得了二等奖，曹姗同学2010年代表学校远赴新加坡参加阮乐团访问演出。班级有18位同学先后担任校、院主要学生干部，研究生张乐珊、李欣、闫虹获"校级优秀研究生干部"称号，郭行、王欣获"校级优秀共产党员"称号。

吕欣所带的学生中多位博士生毕业后进入高校工作或在国内外进行博士后研究。王欣博士在我校直聘副教授，获2017陕西省科技工作者创新创业大赛银奖；刘晓娇博士到英国帝国理工大学进行博士后研究；易兰花博士获选"香江学者计划"。

毕业的硕士研究生中，贾逾泽任职美的集团厨房电器制造有限公司产品创新中心；高丽娜获"西凤酒有限公司先进个人""优秀共产党员"等称号；王嘉琦进入复旦大学攻读博士学位，并获中国博士后科学基金和上海市"超级博士后"资助；闫虹和张乐珊进入荷兰格罗宁根大学攻读博士学位……

在吕欣担任班主任的班级中，吴刚在新西兰林肯大学获得博士学位后应聘回母校西北农林科技大学，并被直聘为副教授；张鸿飞、陶晓亚、马玲玲分别在新加坡国立大学、深圳大学、江南大学从事博士后研究……

考入浙江大学攻读硕士学位，后在新加坡国立大学获得博士学位，回国创业的张鸿飞同学这样写道："假如我当了老师/我就让我的学生背英语/可劲背/假如我当了老师/我就让我的学生大二开始做实验/玩命做/假如我当了老师/我就让我的学生给父母洗脚/轻轻搓/因为我读书的时候/曾经有一个老师就是这样/琐碎地、真诚地爱过我们。"

这位老师便是吕欣。

吕欣20年如一日，始终以"四有"好老师标准要求自己，不断探索教书育人的路径，实践"为党育人、为国育才"初心，努力做好学生的铺路石。

徐全乐

默默耕耘　言传身教

徐全乐，男，1980年2月生，中共党员，生命科学学院副教授，博士生导师，从教15年。主讲"基础生物化学""高级生物化学"等课程。

默默耕耘、言传身教；勤勉如黄牛，温厚如春风。这，是历届学生给徐全乐的评价。

潜心耕耘育桃李

作为一名专业基础课的任课教师，徐全乐每天都重复着备课、授课，再备课、再授课的工作，虽然很平凡，但徐全乐从不懈怠，因为他知道每节课的全心投入，都关系着学生的成长与进步。

在整个教学生涯中，徐全乐潜心教学，严谨治学，具有强烈的事业心和责任感。他所承担的生物学专业核心课程具有理论性强、知识抽象、知识更新快等特点。在备课时，他整理了教材中的经典案例，归纳审查形成教学案例集，还搜集相关知识点和科研进展作为教学拓展素材。扎实的业务内功，使得徐全乐形成了深入浅出、幽默风趣的教学风格，他总能将抽象的教学内容梳理得明了清晰，并常常采用比喻和动作形象直观地帮助学生理解和掌握知识点。

研精覃思育英才

科研素养是生物学本科生及研究生的核心能力。在课堂教学工作之余，徐全乐指导60余名本科生完成大学生创新创业训练、全程科研训练及本科生毕业论文等基本科研能力训练，同时指导多名本科生在Journal of Agricultural and Food Chemistry、《农业生物技术学报》、《西北农业学报》等国内外核心期刊上发表论文10余篇，在全国生命科学创新创业大赛获得表彰。经他指导的论文，多次荣获我校本科生"优秀毕业论文""百篇优秀毕业论文"等荣誉。徐全乐也获得了我校"大学生创新创业优秀指导教师"等荣誉称号。

在潜心教研的过程中，徐全乐主持和参与完成校级教改项目10项，发表教改论文11篇，参编陕西普通高等教育优秀教材《生物化学实验技术》，获得了校级教学成果一等奖。同时荣获学校首届"我最喜爱的老师"荣誉称号和学院"师德师风优秀个人"称号。

扬帆远航育菁英

徐全乐曾多次担任生命学院班主任工作，所带班级考研率60%以上，创造了全院屈指可数的学霸宿舍等，多名同学在美国加州大学旧金山分校、美

国德克萨斯大学奥斯汀分校、美国天普大学、丹麦哥本哈根大学、北京师范大学、西北农林科技大学、浙江农林大学等单位工作，学生就业质量高。

在研究生培养方面，徐全乐聚焦山蕌豆种质资源利用及三七素生物合成调控等方向，指导硕士研究生发表多篇中科院一区文章，并获得国家奖学金、校长奖学金，以及优秀研究生、优秀研究生干部、优秀共产党员、校级优秀毕业生，院级优秀毕业生称号和校级优秀学术型硕士学位论文、生命学院"科技创新先进个人"等荣誉。

工作以来，徐全乐一直在平凡的岗位上默默耕耘、不断进取、充实自我，正如徐全乐自己所说："唯有勤勤勉勉，才能在三尺讲台上熔铸师魂，润育桃李。"

| 躬耕·匠心

孟全省

教育因爱而生

孟全省，男，1963年4月生，中共党员，经济管理学院教授，博士生导师，从教39年。主讲"会计学原理""财务会计学""林业经济专题"等10余门研究生和本科生课程，曾获"陕西省高等学校教学名师""宝钢优秀教师"和学校"金牌教师""立德树人卓越奖""优秀共产党员""党政管理先进工作者""优秀班主任"等荣誉称号。

育人路上成绩卓著

自1984年7月留校任教以来，孟全省一直在三尺讲台上默默耕耘。无论身份、角色如何转换，孟全省对三尺讲台的坚守始终如一，从未改变。用孟全省自己的话来说："我是一名教师，我喜欢自己的职业，更热爱教育事业，愿意为之无私付出，并无怨无悔。对我来说，三尺讲台就是我人生最大的舞台。"

从教以来，孟全省几乎带过会计学的所有专业课程，学生评教成绩全部都在学院前30%。任教第一年年终考核，就超额完成教学工作量，被评为1985—1986学年西北林学院优秀教师。在随后的工作中，他每年的教学任务都超额完成。2013年6月,我校首次开展"我最喜爱的老师"评选活动,孟全省高票入选。2014年,孟全省又被评为我校首届"教学标兵",2015年被评为陕西省第九届高等学校"教学名师"称号,2018年获"宝钢优秀教师奖",2022年获第二届金牌教师"立德树人"卓越奖。

"立德树人"是育人根本

大学课堂既要给学生传授知识,更要注重培养学生正确的世界观、人生观、价值观。教学中,孟全省根据会计学专业的课程特点,特别融入了会计职业道德,以及会计工作中要具备的精益求精、一丝不苟的职业精神等内容;同时,还立足农林院校实际,培养学生的"三农"情怀。

在2013年我校首届"我最喜爱的老师"评选中,有一则留言这样写道:"当别人在努力罗列一堆科研成绩来证明自身实力的时候,孟老师却发自内心用最朴实的语言讲述他对学生的'严'与'爱'"。

给学生上好每一节课是孟全省心中最重要的事情。从教以来,孟全省经常深入农村、企业开展会计工作实践调研,为课堂教学积累丰富的素材,使他在课堂上能用更生动的语言串起一个个枯燥的会计概念,用接地气的案例解释生涩的记账原理,提升学生的学习效果。

不断探索教育教学规律

在长期的教学实践和教学管理过程中，孟全省积极探索教育教学规律，只为更好地提高教学水平和教学效果。

孟全省十分注重教材建设。1984年7月，他开始从事林业会计学教学科研工作，面对"林业会计学"这一全新领域，他一边刻苦进修学习《林业会计学》，一边自己编写教材。1985年秋季学期，他耗费近一年时间编写完成了约50万字的《会计学原理与林业会计学》教材，拿着自己编写的教材走上了神圣的三尺讲台。值得一提的是，孟全省所讲授的主要课程所用的教材几乎都是自己编写的。

作为教研室主任，孟全省老师负责开办会计学专业，率先主讲了多门专业课。2009年主讲的"成本会计学"，被评为陕西省"精品课程"。主持完成的网络课程"成本会计学"，2018年在中国大学慕课"爱课程"网上线，2019年10月在"学习强国"平台上线，2020年被评为国家首批线上一流课程。

除了对教材和课程的不断探索，他还积极开展教学研究。主持和参加教改项目20项，公开发表教改论文25篇，获得教学成果奖17项。

毕业多年的学生回忆起孟老师，在教学过程中严格要求学生是出了名的，严格的课堂纪律、严格的学习要求让大家记忆深刻。但他对学生的"严"是因"爱"而生的，他希望每一个学生都能毫无遗漏地吸收课堂讲授的每一个知识点，熟练掌握每门课的基本概念、基本理论、基本方法。学生的学习成绩有差异，可他对每一个学生的"爱心"没有差别，在孟全省心中，每个学生都是一样的，给予他们机会，每一个学生都可以成材。

王 艳

和阳光一样明媚绚烂

王艳，女，1978年5月生，中共党员，体育部教授，从教22年。主讲"健美操""啦啦操""运动美体""减脂塑形"等本科生和研究生课程。担任学校啦啦操队主教练，健身塑形社团、"阳光减脂训练营"等社团指导教师。

从教以来，王艳年均428学时，非课堂教学290学时。作为一名体育老师，她始终树立健康第一、增强体质、掌握技能、培育习惯、塑造人格的教育理念，持续优化"教会""勤练""常赛"的教学模式。

教书育人　追求卓越

为了让最具活力的学生们在快乐中运动，每节课她都会用最潮流的方式，如兔子舞、流行音乐、排舞等让学生热身。同时，她还注重给课程引入时代元素，强化实践教学设计，提升学生对啦啦操的编排能力和创造美的能力，重构课程内容体系、课程目标、实践教学，有效激发学生的学习兴趣和主动探究的创新能力。

从教以来，王艳参加教学比赛获奖9项，省级以上特等奖、一等奖、二等奖各2项，校级二等奖2项。其中有两门课程在"全国高校微课教学比赛"

平台上展示。获学校先进个人、师德师风先进个人、"优秀教学团队"带头人等荣誉称号，获省级以上赛事优秀教练员6项，优秀裁判2项。

她坚持将教学理论和科学研究相结合，先后主持教育部协同育人、学校思想政治教育工作精品项目等10项研究课题，发表论文10余篇，担任主编、副主编著作5部。

打造"勤练、常赛"的第二课堂

作为学校啦啦操比赛的主裁判，王艳组织编排校内外大型展演、比赛活动100余场，累计参与9000人次，形成了以运动会大型展演为代表的体育德育美育融合的系列文化品牌，培育学生发现美、创造美和顽强拼搏、奋斗有我的精神。

作为学校啦啦操代表队主教练，14年来，培养校啦啦操队员300余人，指导参加并获国家、省级赛事奖37项。其中，7人考上博士研究生，20人考上或保送硕士研究生，3人出国深造，毕业离校的队员也都找到了满意的工作。

自2021年11月至今，王艳无偿担任学校"减脂训练营"运动训练指导教师，学生减脂成效明显，这一特色活动被《人民日报》《中国日报》《中国教育报》等近30家权威媒体转载。在王艳的精心教授下，减重7～10千克的有5人，内脏脂肪指数降低4.2左右，15名同学减重4～5千克，他们的灵敏性、耐力等都有明显提高。这些都成为王艳在"练"的方面、"赛"的方面探索、奉献的最好诠释。

桃李不言　下自成蹊

过硬的专业素养、寓教于学的教学风格，深得学生的认可。"上王老师的课，每节课我都觉得很充实，越跳越喜欢。"学生曲尼巴姆这样评价王艳老师的课。

学生王丽茹说："王老师在我上大学期间一直是我们的啦啦操教练，她总是利用课余时间组织队员们进行训练。她不仅精心设计每一个动作，还对我们每个人进行耐心指导，使我们多次取得省级啦啦操比赛的优异成绩。特别是在我大三那年,我父亲突然病重昏迷,王老师不仅帮助我及时将父亲送往西安接受治疗,还发动队员捐款为我父亲筹措医疗费用。她是我人生中无法忘记的恩师,是我感激不尽的恩人。"

经管学院会计081班毕业生、现在河南部队工作的徐昊南回忆起王艳老师,心情依然激动。他回忆道:自己上大二时,年纪小、脾气急,因为一件小事和同学发生了争执。王艳老师并没有生气,而是耐心劝导,教他为人处世的方式。临近毕业还再三叮嘱他,尤其是那句"每一步都要脚踏实地",让徐昊南至今受益匪浅。

近年来,王艳所带队员中有已经毕业的学生自发建立了名为"王导护卫队"的微信群,时常在群里讨论生活、工作方面的问题,逢年过节送给王老师的祝福语不计其数。学生也时常抽空来看望王老师,这让和阳光一样明媚的王艳很是感动,也成为激励她不断前行、追求卓越的动力。

| 躬耕·匠心

雷 蕾

学生心中的课堂魔法师

雷蕾，女，1984年7月生，中共党员，体育部副教授，从教13年。主讲"篮球""游泳"本科生课程。先后担任学校电子竞技队主教练，校留学生篮球代表队主教练，机电学院、人文学院体育辅导员。

多年的教学历练使雷蕾深刻领悟到体育教育工作的精髓：它是一项永无止境的创新之旅，每一次实践都带来新的启示和挑战。因此，她始终致力于优化教学方法、提升教学质量，不断为营造浓厚的校园体育文化氛围而努力。这是雷蕾一直以来的不懈追求，也是她为体育教育事业倾注热情的最好证明。

结合实际　创建特色课堂

在雷蕾的教育理念中，她深知每位学生对体育课堂的期许都存在差异，那种刻板乏味的教学方式在体育教学中已无立足之地。正是基于这样的认识，在历经了多年的教学实践与探索之后，雷蕾逐渐形成了别具特色的教学风格——充满风趣互动，且能兼顾每位学生的个性化需求，因此赢得了学生的高度认可与喜爱。

面对学生体质普遍较弱，尤其在长距离项目体测中表现不佳的现象，雷蕾自2014年起便在课堂上推行了每节课2000米的素质跑计划，通过这一常规课题训练，不仅帮助所有学生顺利通过体质测试，还培养了他们坚韧不拔的意志力。同时，为了将课程思政内容更自然地融入体育教学之中，雷蕾精心设计了包含丰富素质拓展内容的课堂环节，例如通过组织团队协作游戏、户外拓展训练、飞盘运动等方式，让学生在轻松愉快的氛围中提升团队合作意识，深刻理解团队协作的重要性。

此外，针对竞技体育运动的特点，雷蕾在课堂上灵活采用对抗性、挑战性的教学竞赛形式，根据学生的实时表现和授课进度，随时调整竞赛内容和难度，从而让学生在紧张刺激的比赛中全面提升自己的运动技能和竞技水平。这种富有创意和针对性的教学方式，不仅极大地丰富了体育课堂的教学内容，也显著提升了教学效果和学生满意度。

锐意进取　　不断创新

培养学生热爱体育运动是最核心的教学目标，其中打造良好的体育文化氛围是关键。在刚开始工作的时候，从北京体育大学来到西农的雷蕾意识到西农的学生在接触体育文化领域的丰富程度与一线城市高校学生有着一定差距，于是，雷蕾老师利用自己读书时的人脉关系，积极联络沟通，成功策划了NBA巨星斯科拉来西农的活动，还积极对接安踏集团连续5年赞助学校大学生

男子篮球联赛，并被央视等多家媒体报道与转播，极大地丰富了校园体育文化氛围。

近年来，互联网的蓬勃发展让雷蕾敏锐地察觉到校园体育即将迎来前所未有的发展机遇。于是，她积极主动进攻自媒体领域，充分发挥自己的创意和才华。通过精心策划和拍摄，作品《我在西农等你回来》《西农浪漫樱花》《西农体育发展》等10余部微视频相继问世，并迅速在各大平台上获得了巨大的关注度和点击量。其中，《我在西农等你回来》在短短一周内点击量突破百万大关，《西农浪漫樱花》更是在社交媒体上被广泛转发和讨论。这些成绩不仅充分展现了雷蕾的教学魅力，也充分展示了学校以及广大师生的良好精神风貌。

以体育人　创优发展

新冠疫情以来，喜欢学习的雷蕾第一时间学习了线上课程设计与实践，并获得校级优秀案例。同时，随着线上教学的发展，也给普通大学生参与全国大赛创造了机会，2022年度，雷蕾带领人文学院学生参与全球太极拳竞赛、全国篮球全民健身活动等线上运动会，取得了全国第二名、第三名的好成绩，她用自己的努力和热情提升了学生对体育运动的喜爱度和参与度。

虽然年均工作量在380学时以上，但雷蕾克服困难，不断充电，先后赴华南理工大学、美国亚利桑那州立大学、西安交通大学、西南大学、北京体育大学等高校进修学习，只为将所学最前沿的体育教学方式在自己的课堂教学中得以应用，以丰富学生的学习体验。

雷蕾先后荣获"陕西省高校体育教师技能大赛"一等奖1次，三等奖1次，校级"青年教师讲课比赛"3等奖1次，校级"优秀教师"2次。同时，她注重教学与科研的结合，先后主持省部级以上研究课题9项，发表学术论文20余篇，担任主编、副主编或参编教材著作5部。

在雷蕾心里，作为一名体育教师，必须具有高度的职业敏感性和积极性，才能不断发现学生对于体育运动项目的需求变化，研究和结合学生在体育教学、体育竞赛、运动参与等过程中出现的新问题、新情况，掌握高校体育课程发展的特点及规律，这样才能真正让学生快乐学习，健康生活，养成终身运动的好习惯。

李 娜

学生心中的好老师——"娜姐"

李娜，女，汉族，1980年2月生，中共党员。毕业于中国人民大学哲学院，博士，综合素质教育学院教授，硕士生导师。曾任西北农林科技大学综合素质教育学院教师、马克思主义学院教师，创新实验学院人文素质导师，学校演讲与口才协会指导教师，陕西省历史唯物主义学会理事。

阳光热情、幽默风趣，她就是被学生亲切唤作"娜姐"的李娜教授。

教书育人　做教学科研路上的"大先生"

从事教学工作10年，李娜分别为本科生和研究生讲授"毛泽东思想和中国特色社会主义理论体系概论""中国特色社会主义理论与实践研究""马克思主义中国化专题""大学生心理健康与发展"等5门课程，年均工作量达到400学时。每节课她总是会提前15~20分钟到教室，与学生分享人文经典，陶冶学生情操；每节课给学生5分钟时间进行课前演讲，锻炼和提升学生演讲与口才能力；每节课基于教学内容，她会跟学生分享哲理故事，提高学生人文素养，课堂充实而愉快。她的默默付出赢得了学生对她的高度认同，2009年，获学校思政部青年教师讲课比赛一等奖，2010年，获学校"优秀教师"荣誉称号。她坚持将教学理论和科学研究相结合，先后主持陕西省社科基金项目和学校思想政治教育工作精品项目等多项研究课题，发表论文10余篇，担任主编、副主编或参编著作和教材4部。

打造有温度 接地气的第二课堂

为了培养学生的综合素质,李娜教授积极拓展第二课堂,对学生进行思想政治教育。课余时间她不知疲倦地通过QQ与学生交流,在轻松愉快的互动中为数千名在校生和毕业生解惑解困、解"渴"解压,深受学生们的赞扬。她在学校官方新媒体微信平台开设"分享"专栏,每周一个专题,先后分享了29篇随笔,累计与5000余名受众学生进行思想碰撞。2010—2018年,她担任"演讲与口才社团"的指导老师,帮助社团每位学生不断进步,组织学生参加国家级和省级大赛,2013年获"暨阳杯"全国大学生演讲比赛"优秀指导教师"称号。她重视对大学生的创新意识、创新能力以及团队合作精神的培养,积极指导大学生申报科创项目,参加创新创业大赛,2013年获学校大学生科技创新"优秀指导教师"荣誉称号。每年的暑假,结合思想政治课的教学实践,李娜带领学生们走进农村、走向农业、走近农民开展调查研究,既培养学生的科研能力和社会实践能力,还让学生们在实践中增强"四个自信",培养学生们的"三农"情怀,让他们担负起强农兴农使命。指导学生撰写的社会实践调查报告多次获奖。

以爱为源　关心学生成长

从120名学生的课堂，到160名学生的课堂，她都可以喊出每个学生的名字，甚至学生们喜欢坐在什么位置，喜欢穿什么样式的衣服她都记在心里；学生思想上有困惑时，她会耐心细致地答疑释惑，有效疏导，把解决学生的思想问题与解决实际问题结合起来；她积极帮助生活上有困难的学生，亲自到医院看望生病学生，学生出院她会亲自到医院接，这种关怀发自她内心，且几年如一日。她深知农村学生成长起来的不容易，除了给他们无私的物质帮助之外，更多的是在克服学生的自卑、培养他们自立自信自强方面下功夫，受助过的30多名学生逢年过节对她的短信和祝福就是她最大的满足。她先后获得杨凌示范区"三八红旗手"、陕西省高校教师优秀共产党员、学校"思想政治教育先进个人"等荣誉称号。

从"心"开始　为学生保驾护航

为了发挥学科交叉优势，加强学校心理教育教学研究，着力遏制学生心理问题的发生并提高心理育人的针对性和有效性，2019年，拥有国家心理咨询师二级证书的她，转入学校心理教研室从事教育教学工作。2020年初，疫情肆虐期间，李娜教授无怨无悔地全身心投入工作当中，在学工在线开设"娜姐说"专栏，发布"可以慢下来，但不要停下来""这个世界上所有的事情都'会过去'"等7个主题内容，对学生进行线上心理疏导。开学后她有条不紊地推进线上线下教育教学，并不辞辛苦地深入多个学院开展"自我认知和生涯规划""适应，从'心'开始""压力的识别与管理"等专题讲座。特别是对排查出心理问题严重的学生，她总是以慈母般的心肠去关心呵护他们，为学生生命健康保驾护航，赢得家长和学生们的一致好评。

李娜教授于2021年12月4日在黑龙江省哈尔滨市因病医治无效逝世，她是社会主义核心价值观的坚定信仰者和忠诚实践者，她用生命把真善美的种子不断播撒到学生心中。她对教书育人的热爱、甘于吃苦的精神、追求卓越的品质、顽强干练的作风是西农精神的完美展现！

2014 年

康 艳

无私园丁　孕育花香

康艳，女，1977年1月生，中共党员，水利与建筑工程学院副教授，从教23年。主讲"工程水文学""水资源规划与利用"等多门课程。

作为一名教育工作者，她将知识无私地传授给学生，以其独特的人格魅力吸引着学生，在平凡的岗位上孜孜不倦育人，勤勤恳恳工作，甘愿做一名无私的园丁，奉献着自己的青春……

教书育人　爱岗敬业

"师者，传道授业解惑也。"从教以来，康艳一直工作在教学一线，年均课时量150学时。她十分注重教学水平的提升，精心为学生准备每一堂课。2008年荣获学校青年教师讲课比赛一等奖；2012年荣获全国水利学科青年教师讲课竞赛二等奖；2008年、2023年荣获学校"优秀教师"荣誉称号；2014年荣获学校"优秀共产党员""我最喜爱的老师"等荣誉。这些成绩是对她专注教学的最好诠释。

康艳孜孜不倦地对教学改革进行研究和探索，发表教改论文10余篇，主持省级、校级等教学研究改革项目10项，主持建设校级优质课程2门、校级一流课程2门，2020年荣获中国水利教育协会全国高等学校水利类专业教学成果二等奖1项，2015年和2017年分别获校级教学成果二等奖2项。

康艳经常说："教师是光荣而圣洁的职业，我为我的职业感到骄傲和自豪！课上，学生求知的眼神让我体会到老师的责任，课下学生的'刨根问底'是我不断进步和探索的源泉。"

教研互促　追求卓越

教学是果，科研是根。康艳潜心钻研，不断提高自身业务水平，主持参加国家自然科学基金、陕西省重点研发计划等项目20余项；在《水利学报》、*Agricultural Water Management* 等高水平期刊发表论文40余篇，其中，第一作者/通讯作者发表SCI、EI收录论文20余篇，出版专著2部。

她坚持用前沿的科学研究丰富教学内容，以大量的工程实践指导教学课堂，她以身作则，激励学生追求卓越。学生十分爱听她的课，曾有一名学生对她说："老师，在您的课堂上我体会到了耐心，感受到了关爱，学到了知识，锻炼了能力，这门课让我收获很大！"

一分耕耘、一分收获，康艳的辛勤付出，让学生收获了令人喜悦的果实：2023届3名本科毕业生荣获校级、院级优秀毕业论文，指导的2023届硕士毕业生全部荣获校级优秀硕士学位论文。

关爱学生　无私奉献

"学高为师，身正为范"。除了教学，康艳更注重对学生的德育教育。担任班主任期间，她随时了解学生思想动态，积极进行有效疏导，所带班级被评为优秀毕业班集体，她本人也连续三次被评为优秀班主任。

作为任课教师，她在课堂上将思政教育融入专业知识，厚植家国情怀与专业情怀，密切关注所带学生的思想动态。2015级一位赵同学因与同学发生矛盾，导致其思想波动大，多门课程需要重修，面临退学处境，康艳不厌其烦地和其沟通，并不断鼓励他，激发了赵同学的专业情怀，毕业时收到中国水科院硕士研究生录取通知书。

为加强学生对专业的深入了解,在入学教育、专业分流、方向分流等关键节点,她会主动做多场契合学生成长需求的讲座和报告。她关爱学生,学生生病缺课,总能收到她深切的问候。她不仅是良师,更是益友,课余时间总能见到她与学生促膝长谈、一起运动的场景。

"养不教,父之过。教不严,师之惰。"康艳一直把这句话铭刻在心,时刻提醒自己,关爱每一个学生,不辱教师使命!

葛武鹏

锻造学生工程能力的"案例老师"

葛武鹏，男，1965年8月生，中共党员，食品科学与工程学院教授，从教15年。主讲"发酵工艺学""食品工程技术开发与工艺设计案例分析"等6门理论课和实验课。2014年获我校"我最喜爱的老师"荣誉称号，2016年获我校教学成果二等奖，2020年所授课程"食品标准与法规"荣获首批国家级一流本科课程（线上一流课程），入围国家级精品在线慕课课程。

他深耕杏坛、奉献青春，一生只为一事来；

他千教万教教人求真，千学万学学做真人；

他言传身教，循循善诱，积极引导……

初心铸师魂　润物细无声

从教10余年来，葛武鹏对学生言传身教，循循善诱，年均工作量在300学时以上。在教学方法上他积极探索，持续改进，以培养学生工程能力及实操能力为重点，注重教学效果，再辅以案例教学、动画演示、模拟法庭等多种手段，极大地提升了学生的课堂参与意识，加深了学生对重要知识点的掌握。

由他探索的陕西省高校慕课建设并上线运行3次，选课人数超过3000人。他参与的教学课程"食品标准与法规"荣获首批国家级一流本科课程（线上一流课程），入围国家级精品在线慕课课程。授课中，葛武鹏非常注重对与身边事例有关联的知识的讲授，比如课程案例——"达能与娃哈哈的股权纷争"，葛武鹏就将相关法律知识夹杂其中，培养学生的风险意识和爱国情怀。

作为研究生导师，他着力打造学生的思维创新能力和科研实践能力。通过科研讨论会、微信、QQ等多渠道传递科研思想，共享科研最新进展。

截至目前，他共指导研究生79名，其中硕士研究生70人，已毕业62名，硕士研究生中获国家奖学金、帮扶奖学金各1人次，优秀研究生3人；在读博士研究生8人。

持之以恒　着力锻造学生的工程能力

葛武鹏十分注重教育育人，先后参加了2门"课程思政"示范课程建设项目，主持并参与了陕西省高等教育教学改革研究项目5项，一个案例库建设项目获评优秀。在教学实践中，葛武鹏大力倡导要提高学生的学习热情和参与热度，不断丰富和完善案例库内容，取得了很好的教学效果，深受学生好评。

教学中，他不断加强研究生利用工程概念和方法解决工业生产问题的工程能力，结合食品工程专业的技术创新与工程应用并重的特点，提出了针对食品工程专业研究生工程能力培养的方案，为培养研究生解决实际问题的能力发挥了重要作用。

他十分注重加强专业型硕士参与成果转化与工业化的深度。还坚持将教学理论和实践研究相结合，先后出版《发酵食品工艺学》等多部教材，参编《发酵食品原理与技术》等多部教材。

执着坚守几十载　专心干好一件事

葛武鹏虽从教15年，但他在乳及乳制品研究领域已经深耕30年，结合自己10多年的乳企从业经历，凝练出团队研究方向。他在基础研究方面致力于以羊乳为基料的婴儿奶粉配方的科学性研究；应用研究方面专注于解决乳品质量安全问题。基于陕西省"千亿羊乳产业"发展规划与羊乳产业转型升级和追赶超越的技术需求，通过集成创新功能性乳制品开发、乳品质量与安全风险评估、羊乳生产工艺装备技术的配套技术等，积极助力羊乳产业实体经济发展。相关科研成果在优利士乳业等多家企业中得到产业化应用和推广，产生直接经济效益近2亿元。

同时，他还经常组织产业技术培训，帮助乳品企业解决多项技术问题。先后主持承担国家级、省部级和横向课题等各类科研项目20余项，发表学术论文90余篇，其中SCI论文30余篇，G2期刊5篇以上。还参与制定陕西省地方标准综合体1项，主持并参与地方标准制修订5项，国家专利授权4项。

认真对待每一位学生，倾力上好每一堂课，他愿意继续当一块基石，用踏实和稳健的步伐，为学生的成长铺垫更为广阔的道路。

吉文丽

教育事业中的爱与奉献

吉文丽，女，1965年4月生，风景园林艺术学院教授，从教38年，主讲"园林树木学""园林植物识别与应用""观赏植物学"等课程。曾获陕西省政府教学成果二等奖，学校教学成果二等奖；2020年"园林树木学"获陕西省教育厅本科在线教学典型案例认定，2023年该课程认定为国家一流课程。

无论是20世纪90年代使用幻灯片，如今使用电子教案、PPT课件，还是2007年开设园林专业第一门双语课——"园林树木学双语"，又或是2013年开始园林树木学优质课程建设，吉文丽不断探索应用新的教学手段，逐渐形成了以问题探究和现场实践相结合的课堂教学风格。

为人师表　立德树人

对于吉文丽而言，教师不仅是一份职业，更是一份精神寄托。从教以来，她认真上好每一节课，指导好每一次实验，真诚对待每一位同学。她承担本科生及研究生课程15门，年教学工作量300多学时。

课堂上，她利用翻转课堂等多种方式，通过设置问题导向，锻炼学生查阅资料、制作PPT的能力，然后同学之间讨论、老师讲评，提高学生主动学习的能动性。同时，她对教学精益求精，总会及时更新课程内容；课后，她和蔼可亲，耐心细致回答学生提出的问题。

同时，她十分注重培养学生团结协作，互帮互学的能力，每次都会布置以小组为单位的作业，让学生互帮互学。课外大作业都是以小组为单位进行，时间跨度整个学期，小组成员之间需要不断交流，不仅促进了学生课堂学习，也利于班级团结，评教中，吉文丽始终名列前茅。

她将"立德树人"贯穿于整个教学过程中，时刻牢记"爱岗敬业"和"为人师表"的宗旨，不断充实自己，提高自身的理论修养和业务水平。

勇于担当　　不断改革

她始终秉承以学生为中心的教学理念，不断进行教学内容、方法和手段的改革探索。

她转变实验课授课形式，采用户外观察实物讲解，通过运用对比归纳式、典型演绎式、任务调查式的教学方法改革，不断提高学生的园林树种鉴定和绿色景观构建能力。还通过采用学生小组互助协作完成整学期"100种园林树木物候观测""拍摄整理100种园林树木图像资料"等大作业，提高学生对树木"四维认知"和"树木空间塑造"的创新能力。

她还在教学中，深度融合信息技术，提高教学质量。吉文丽自主研发了4本电子书、录制知识点视频、树木微视频、拍摄海量照片及引用优质视频和网站等学习资源，促进学生自主识别与鉴定树种能力。

为了提高学生的英语水平，吉文丽还在2007年开设了学校园林专业的第一门双语课程"园林树木学"，极大锻炼了学生的英语应用能力。同时，主导策划将学校定期举办的植物识别竞赛成绩纳入课程实习成绩，学生在校园植物识别大赛获奖人数大幅增加，极大提高了学生的实践及创新能力。

沟通交流，亦师亦友

吉文丽认为良好的交流和沟通是解决各种问题的金钥匙，她经常通过多

种方式及时了解学生的思想、学习、生活情况。学生将她视为最值得信赖的朋友，愿意把他们遇到的困惑与她交流，吉文丽也会及时为大家出主意、想办法，排忧解难。

她总是微笑面对学生，尊重、爱护他们，做他们学习活动的合作者，同时做好环保的倡导者和践行者。实习时，她会让同学们注意脚下安全，也让他们脚下留情，爱护树木；在需要观看枝条内部结构时，让学生采集枯枝，尽量不折损新枝；观察花果结构时，尽可能采集最少的量让学生传看，保护校园植物，减少破坏。

一分耕耘，一分收获。吉文丽兢兢业业教学，孜孜不倦育人。在她心中，与孩子们同行，伴同学们成长，就是她最大的幸福。

连 坡

身体力行教书育人

  连坡，男，1962年7月生，无党派人士，理学院副教授，从教38年。主讲"高等数学""数学建模"等9门课程。曾获"首届青年教师讲课比赛"优胜奖，多次获得年度"优秀授课教师"、年度"教学先进个人"。主持完成了4项教改课题，发表了10多篇教改论文。获校级教学成果奖1项。主编《数学建模》等4部省部级规划教材，其中《线性代数》获"全国农业教育优秀教材奖"。指导的学生获学校"首个数学建模国家"一等奖，2篇校级优秀论文。

  作为一名教育工作者，连坡在教学中始终勤勤恳恳，坚持"教书育人、立德树人"的教育理念，悉心培养每一位学生。

身体力行教书育人　　引领学生快乐成长

  课堂上，连坡精心制作200课时"高等数学"等课程的多媒体课件和电子教学设计，生动展示出高等数学中的数量关系和空间几何关系，极大地调动了学生的学习积极性。课后，他经常使用腾讯课堂、钉钉直播等网络平台开展线上授课及答疑，激发学生的学习兴趣。

  学生高冰涛、王磊由于个人原因，一度对学业迷茫，在连坡的多次鼓励下，最终两人分别考取学校信息学院和理学院硕士研究生，目前已成为电子36所的业务骨干。

连坡长期担任学校国家生命科学与技术人才培养基地的高等数学和工程数学课程主讲教师，开放式的授课和引导学生自主学习相结合的方式，深受学生喜爱。

他还自编教材，在学校开了首个"数学模型"公选课，新颖的课程设计，丰富的教学内容，300多人的台阶教室，一座难求。按照学生的特点和优势，结合专业的发展趋势，他帮助学生制订学业规划，在与学生的共同成长中成为学生的良师益友，曾被学生推选为我校2014年"我最喜爱的老师"。

强化数学应用实践　改革高数课堂教学

连坡积极投身教学研究和改革活动，组建了多个教学团队，并开展各种教学观摩活动，把品德塑造培养和数学实践体验引入数学课堂。特别是2014年，他组织并担任教练组长参加全国大学生数学建模竞赛，两支代表队分获本科组全国一等奖和二等奖各1项，实现了学校该奖项国家一等奖零的突破，为学校赢得了荣誉。同时，他还承担"高等数学"课程教学，指导的学生获得数学竞赛省级以上特等奖和一等奖几十人次，考研辅导也带出了大批高分学生，学生考研数学平均成绩逐年提升。通过组织举办学科竞赛、考研辅导和竞赛培训及专题讲座，他指导学生参加科创活动，实现"以用促学"，全面提升学生"双创"能力。

专注教育教学研究　探索人才培养模式

连坡注重广泛吸收国内外《高等数学》教材的优点，大胆尝试在新的教学体系中合理安排教学内容，增加数学实践课，把数学知识和相关学科中的应用联系起来，使数学和专业课联系更密切，突出农林特色，从简洁、直观、结合教学实际入手编选教学案例，精心编写多部教材和教学改革论文。

同时，主持并执笔完成信息与计算科学2014版本科人才培养方案、课程设置和指导性教学计划，主持制定了该专业的教学大纲和质量标准。还主持并执笔完成面向全校2014版《高等数学（甲）》《线性代数》《概率论与数理统计》等公共课教学大纲、课程说明和课程质量标准的制定。这些改革举措的实施，使得信息与计算科学专业毕业生就业质量位居学校前列，受到学生、家长和用人单位的一致认可，有力地推动了学校特别是信息与计算科学专业人才培养质量的稳步提升。

坚守讲台，"学高为师，身正为范"，连坡在传授知识的同时，他还致力于提升学生的自我学习能力，培养学生的判断力和批判精神，使学生成为能够传承优秀文化，开展科学研究的复合型创新人才。这便是连坡一直在努力的事业。

崔红梅

春风化雨育桃李

崔红梅，女，1976年5月生，中共党员，经济管理学院讲师，从教24年。主讲"公司金融""金融期货"等课程及相关课程设计、教学实践和毕业设计。2015年获西北农林科技大学教学成果二等奖，2023年指导学生获首届全国大学生衍生品实践竞赛优胜奖。

温润的笑脸，淳朴而热情，平淡中有才华，质朴中有智慧，她就是崔红梅，经管学院的一名普通教师，却深得学生的爱戴。

深耕"专业"，用知识创造收获

作为高校教师，必须不断丰富自己的理论修养，完善自己的知识结构，提升自己的知识层次，才可能成为一个博学多识者。这是崔红梅对教育事业始终如一的态度和坚持。

20多年来，对于所上的每节课，崔红梅都认真准备，深入钻研，及时了解金融环境与政策，求教于业内人士和专家，使自己对所授专业知识点理解透彻，给学生以准确、易懂的信息输入。教学中，她坚持"提问—总结—提问"的教学方法，鼓励学生发表不同见解，注重逻辑性和合理性的引导，和学生共同分析探讨知识点，反思每节课的得失，找出教学中需要改进的地方，不断提升教学水平；她还会根据不同学生的学习情况，采用灵活多样的教学方法，营造平等和谐、活跃有序的课堂氛围。

曾有同行点评她的授课风格：方式灵活多样，注重教学相长、专业融合，深入浅出，通过身边事件帮助学生理解知识点，课堂生动有趣，学生反馈好。

积累"成果"，用良知迎接未来

"教师是一种职业，更是一个良心活。"正是带着这份爱与责任，崔红梅全身心投入教学工作中。她认为要教学生，老师先要懂，再要表达好，最终让接受者掌握并学会提炼、升华。因此，她总是结合课程内容，提出选题，让学生自由讨论，通过提问、辩论等形式让学生加深对知识的理解与掌握。

针对教学中存在的问题，她不断完善教学课件，丰富教学素材和内容，寻找克服多媒体授课弊端的途径和方法，承担制作的"国际金融"课件获得学校教改项目二等奖。同时，她还参加学院的专业建设工作，编制修订"公司金融""金融期货"等课程的质量标准。

点点滴滴的努力获得了大家的认可与学生的好评,她每年的学生评教排名均在学院前10%。她在核心期刊发表论文9篇,主持省部级科研项目1项,校教改课题4项,参与合作课题12项,获得校级优秀班主任奖2次,思想政治先进个人1次。

敬畏"教师"职业,用理想完美人生

"有人说:'教育是一棵树摇动另一棵树,一朵云推动另一朵云,一个灵魂唤醒另一个灵魂。'作为一线教育工作者,我对这份事业一直存有敬畏之心。"这是崔红梅一直以来的感悟。

面对一届又一届大学生的教育,崔红梅时时怀着敬畏之心。她还记得,2018届学生陈橹伊、2022届学生赵璇的家长在孩子上学期间每隔2~3周都要给她打来电话,并不远千里来找老师谈孩子的规划。她总是耐心接待,她认为每个学生的见识、喜好、生活环境都是独一无二的,每个学生身上都寄托着家长乃至社会的希望。

所以,只有从家长的角度出发,积极主动地帮助学生成长,家长才会放心。她是这么想的,更是这么做的,在和学生相处的过程中,崔红梅充分理解并尊重学生的想法,向他们公开个人的邮箱、QQ等联系方式,用心与学生沟通,用自己的言行影响学生。担任班主任期间,她几乎每个周末都要深入宿舍看看,像和自家孩子谈理想、聊生活一样,和学生们聊有趣的事,化解学生心中的疑惑。

作为师者,她传道、授业、解惑。三尺讲台,她治学严谨;教研战线,她努力拼搏。她在平凡的岗位上完美呈现出了一名优秀教师的风采。

任启俊

体魄与人格并重　塑造时代新人

任启俊，男，1975年10月生，中共党员，体育部教授，从教23年。主讲"初级长拳""初级刀术""太极拳""散手""游泳"等7门课程。在教学中坚持"教书育人，立德树人"，始终秉承"以学生发展为中心"的教学理念，不断提高自身综合能力，悉心培养每一位学生。

教书育人　做体魄与人格塑造的"大先生"

任启俊坚持教书育人，潜心钻研教学，年均工作量360学时以上。他关爱学生，上课时注重与学生互动，保证每个学生都能在体育锻炼中受益。

一直以来，大部分学生没有武术基本功，对武术套路学习的兴趣也有限，任启俊便转变教学方式，以期提高学生的兴趣。比如在学习武术套路中格挡弓步冲拳时，他会先从散打格挡加直拳实战动作给学生做正面示范，激发学生的学习兴趣，让学生较快学会武术动作；在教学中，他还会采用直观的武术图片、多媒体课件、影音资料等现代教学手段来创设良好的教学情境，学生通过亲身体验、实践、探究等方式感知体育的魅力。同时，他还通过游戏活动提高学生的身体素质，培养学生学习专项运动技能的兴趣。他的课堂一直推行"五育并举",注重价值塑造,将爱国主义、团队精神、公平竞争、意志品质等思政元素有机融入教育教学全过程,弘扬和践行中华传统体育精神,培育体魄强健、具有文化自信的时代新人。

对教学的钻研,使他连续获评为学校教学管理先进个人、学校优秀教师、学校本科教学审核评估先进个人、师德师风年度考核先进个人等;2011年在"陕西省高校体育教师技能大赛"中荣获一等奖。同时,他积极对教育教学改革进行研究,主持及参与校教学成果一等奖2项、二等奖2项;主持及参与省自然基金项目和教育部协同育人项目及教学改革项目等10余项,发表论文10余篇,担任主编、副主编的教材共4部,其中主编《大学体育教程》获2020年中华农业科教基金会"全国农业教育优秀教材"。

"立德树人" 牢固树立健康第一的教育理念

任启俊始终坚持以提高学生身体素质为主线,开展体育教育教学改革与实践,教会学生掌握1~2项运动技能,培养学生养成终身锻炼的意识和习惯。教学中,他紧紧围绕"教会、勤练、常赛"的创新教学方法,构建"教健康知识、传技术技能、育体育品德"的体育教学新模式,将"立德树人"贯穿于教学全过程。

他以学生身心健康为目标，重塑课程体系，编写新教材。同时，他还注重强化学生体能训练，提高学生体质健康水平。曾多次带队参赛，斩获多项荣誉。在担任校田径队教练期间，指导学生参加2013—2016年陕西省高校田径运动会，获11金、11银、9铜的好成绩，并5次打破省纪录。

多措并举　提高学生身体素质，守护学生健康

为做好大学生身体素质提升工作，任启俊持续深化以"以赛促练、以测促练、运动干预、分类教学、课外指导"为一体的卓越提升计划，全面提升学生体质健康水平。他关注并细分不同学生群体的运动需求，比如为肥胖、体弱多病的学生举办减脂训练营、按摩培训班及健身健美等课程，通过有效运动的干预提高学生体能。同时，参与组织实施校园乐跑活动，将大学生每天阳光锻炼一小时纳入考核评价体系，让同学们充分享受运动和健康。他积极推动为各学院配备体育辅导员，将大学生体质测试成绩达标纳入学校保研范围，并将学生体质测试成绩与评奖评优挂钩，让学生真正成为德、智、体、美、劳共同进步的新青年，切实为学生健康保驾护航，有效地提高了大学生的身体素质，赢得家长和同学们的一致好评。

源于对教书育人的热爱，任启俊始终以"四有"好老师的标准严格要求自己，帮助学生享受运动、增强体质、健全人格、锤炼意志。

符 丹

萤火微光　愿为其芒

符丹，女，1982年1月生，中共党员，综合素质教育学院教授，从教19年。主讲"大学生心理健康教育与发展""积极心理学与大学生活"等8门课程。2022年获"陕西省高校第二届心理课教学竞赛"二等奖；2019年获"西北农林科技大学教学成果奖"一等奖。

用心灵浸润心灵，用生命影响生命。积极致力于心理学传播的符丹一直用这句话鞭策自己，助力同学们更好地自我成长。

德心共育　知行合一

"千教万教教人真知，千学万学学做真人"，价值观是教育的核心和灵魂，更是高校教师的责任担当。"知为行之始，行为知之成"，如何创新大学生心理健康教育方式，更好地让学生对知识"入脑入心"，是符丹在教育教学中最重视的环节。也正因如此，符丹始终将育心立德作为教育教学中的第一要务，将思想政治教育和心理教育充分融合，帮助大学生形成正确的世界观、人生观、价值观，扣好人生第一粒扣子。

入职之初，符丹曾在葡萄酒学院担任了5年辅导员，这段工作经历让她感触颇深，她认为大学生心理健康教育本质上是一项"人影响人的工程"，这个过程中最重要的便是教师的作用。教师个人所呈现的精神面貌以及与学生建立的关系是影响学生的关键因素，先要成为学生喜欢的人，才能影响学生。因此，她始终坚持"育人先育己"的理念，对自我有严苛的行为准则和道德规范，坚信行胜于言，坚持以行证言。

真知真爱　厚积薄发

上好一堂课容易，但上好每一堂课却太难。从必修课"大学生心理健康教育与发展"到选修课"心理学与生活""积极心理学与大学生成长"，再到为研究生和学生心理骨干量身打造的"积极心理资本开发"和"朋辈心理辅导与互助"等课程，符丹先后讲授了8门心理学相关课程。

将每一个枯燥的理论和抽象的概念讲出心理知识之美，将知识融于生活，将生活充实于课堂，"人课合一"的状态是符丹工作中最享受的过程。"技术是死的，人才是活的"，这是符丹经常给学生分享的理念，她非常重视对学生的认知提升，认为思维的迭代升级才是学习的核心目标，她自己更是从未停止学习的步伐。从辅导员岗位转到心理专职教师的身份后，符丹不仅提升了学历，还利用寒暑假和业余时间，获得了美国"盖洛普全球认证优势教练"、中国心理学会CPS注册系统"注册心理师"、系统式家庭治疗师等专业资质。

与时俱进　懂生爱生

作为一名入职近20年的老师，从"80后"到"90后"再到"00后"，每一代学生成长的背景和呈现的特点，符丹都会认真思考，仔细研究。在忙碌的教学和咨询之余，基于不同时代的大学生成长背景和成长环境的不同，符丹开展了富有意义的科学研究，先后主持完成了省级课题2项，校级心理课题10项，并在共青团中央青少年基金会的支持下，开展了"大学生心理关爱计划"的专项活动。

2019年1月，符丹建设了陕西省高校第一个积极心理学工作室——"心晴·小筑积极心理学"工作室，积极推动新时代大学生心理健康教育从被动干预到主动预防，从消极处理问题到积极品质培育的时代转型。她深知，懂学生才能爱学生，被学生接受的爱才是真的爱。工作之余，符丹以文字的形式向大学生分享心理学知识和大学生成长感悟，先后著《大学生积极心理发展与自我成长》1部，主编国家林业和草原局"十四五"规划教材《积极心理学与大学生成长》1部，参编国家"十三五"规划教材2部。

唯有学习方得真知，唯有真知方有真爱。符丹回顾了自己的从业经历，总结并坚定了自己的教育理念："选我所爱，爱我所选，萤火微光，愿为其芒。作为一名心理学教研人员，潜心钻研并坚定普及传播科学的心理学理念，是责任，更是使命！"

2015 年

何树斌

爱与责任同在

何树斌，男，1983年1月生，中共党员，草业与草原学院副教授，从教11年。主讲"饲草生产学""草学概论""草业推广理论与实践"等课程。2017年、2018年分别荣获"陕西省第二届、第三届高校教师微课教学比赛"一等奖、优秀奖。

小小三尺讲台，何树斌却以仁爱之心为学生铺就人生梦想大舞台。在专业课讲授过程中，他将知识传授、能力培养与价值引领同行并重，着力培养学生的家国意识及知农爱农的责任使命，处处体现着爱与责任同在。

站好三尺讲台　勇挑教学重担

何树斌2012年博士毕业于兰州大学，同年入职西北农林科技大学，成为一名光荣的人民教师。

从参加工作第一天起，他就将三尺讲台视为自己职业生涯中的第一个也是最重要的人生舞台。认真接受青年教师岗前培训，虚心向有教学经验的老教师学习请教，从跟班听课到逐步试讲，他用最短的时间成功完成了从一名学生向教师角色的转变。

在教学过程中，他始终秉持以学生为主的授课理念，坚持课本知识与实践紧密联系，不断跟进专业领域的最新动态，努力培养学生提出问题、分析问题、解决问题的能力。他将"翻转课堂"等先进的教育模式引入自己的课堂，改传统"填鸭式"教学模式为以学生为主体、教师为主导的互动方式，极大地调动了学生学习的积极性。

入职以来，何树斌先后独立承担了本科生、研究生多门课程，以扎实稳健和极具亲和力的教学风格赢得了学生的喜爱，多次获得院级"优秀教师"称号，其教案多次被评为"优秀教案"。

坚守使命担当　注重师德传承

在专业课程讲授过程中，何树斌坚守使命担当，注重师德传承，着力培养学生的家国意识及知农爱农的责任使命。

他特别重视课程思政的育人功能，充分挖掘草业科学专业内的思政教育资源，在生态文明视域中构建思政教育价值共同体，提升学生的生态伦理素养，激发他们对生态文明的认同感与自豪感；通过强调草业的国家战略与需求，增强当代大学生对草业科学专业的归属感与使命感。

2018年11月，草业与草原学院正式揭牌成立。在新学院的筹备阶段和成立初期，各岗位秘书还没到位，学院行政管理系统急缺人手的情况下，何树斌同广大党员教师开展党史学习教育，领会学习了以王栋先生等为代表的我校草业科技工作者胸怀祖国、服务人民的家国情怀，扎根草原的高尚人格，忠诚于党、献身使命的党性修养，敢为人先、追求真理的科学家精神，在学习教育中砥砺前行。在学院本科生2019版培养方案修订、学院"十四五"规划、草业科学一流本科专业申请及授课过程中，他将王栋、任继周等草业科学家不畏艰难、无私奉献的科学家精神与"三农"问题进行有机结合，强化知识传授、能力培养与价值引领同行并重。

师德永恒，代代传承。何树斌以身作则，在陕西省草业工程技术研究中心申报、学科评估、招生宣传、本科教学审核评估等学院事务中积极作为，忠实履行自己的责任和义务，落实爱岗敬业的责任与担当，传承老一辈科学家的精神品质。2019年荣获学校"本科招生宣传先进个人"，2021年荣获学校"优秀共产党员"称号、党史学习教育专题微党课教职工党支部书记组二等奖。

真心关爱学生　践行仁爱之德

作为草业科学2013级1班、2023级3班的班主任,何树斌经常与学生促膝而谈,全方位关注班级内每位学生的学习和生活。他多次组织"学长学姐对我说""优秀毕业生进课堂"和"把你的故事讲给我听"等活动,不仅帮助学生解决了学习中的实际困难,而且凝聚了积极向上的班级力量和氛围,帮助学生树立远大的理想信念和学习目标。他所带班级多次获得"优良学风示范班"荣誉,学生考研升学率高、就业率高。

作为一名研究生导师,围绕旱区饲草栽培高效技术等科学问题,先后获批国家自然科学基金、国家重点研发项目子课题、陕西省重点研发项目等课题,发表各类学术论文20余篇,培养硕士研究生10余名。

在研究生培养中,他抓住疫情防控、专注思想教育、毕业论文开题、学术诚信等关键环节,关爱每一个学生,特别是针对个别少数民族学生学习底子差、家庭困难等问题,安排专门的研究生协助其完成相关的实验操作,每年冬季为他们发放一定的爱心补助,帮助其安排就业实践岗位,让学生渡过困难时期。

以仁爱之心教书育人的何树斌,多次荣获"毕业生就业先进个人"和"优秀班主任"等荣誉称号。2017年获学校"思想政治教育先进个人"荣誉称号,2023年获学校"师德先进个人"称号。

彭 湃

教学相长 知行合一

彭湃，男，汉族，1985年12月生，中共党员，林学院副教授，从教10年。主讲"植物纤维化学""林产化学工艺学""生物基高分子材料"等7门理论课以及"林产化学工艺学实验""专业课综合实习Ⅰ"等2门实验实习课。

为党育人，为国育才。彭湃从事林产化工专业教学的10年间，始终将培养社会主义合格建设者和接班人作为落实"立德树人"根本任务的思考与实践。荣获学校"学生最喜爱的老师""优秀教师"等荣誉称号。

注重教学改革实践

新时代背景下，如何对标"新工科""卓越工程师教育培养计划""工程教育专业认证"等教育工作人才培养目标的要求，培养出卓越的林产化工人才？

参加工作以来，彭湃始终把教学工作放在第一位，年均教学工作量200学时，承担了本科生和研究生7门理论课以及2门实验实习课教学工作。

他深知实践教学对林产化工人才培养的重要性，始终强调理论与实践相结合的教学方法，在实践中提高学生掌握、运用、延伸知识的能力。他主导了专业综合实习课程质量标准修订，以"产学研"合作项目为纽带，不断增强校企合作育人基地建设；积极探索专任教师和企业人员"双师同堂"教学，采用课程嵌入、项目实践、实岗锻炼等多种形式，推进产教融合。

他立足学科特色和课程特点，注重开展教学改革与实践探索，不断更新人才培养理念，力求培养效果。在教学过程中，彭湃探索了课程组教师之间、教学内容之间以及"产学研用"协同创新教学改革与实践，在协同模式与机制上进行了创新和拓展，构建了"产学研用"人才协同培养模式，有效提高了人才培养质量；针对考试评价学生存在的形式单一问题，构建了"5+X"多元化考核评价体系及其考核评价指数计算模型，能够较为全面地评价人才培养过程与效果。依托学校实践教学项目，推进了新工科与新农科交叉融合，增强了工科人才知农爱农意识。

注重科研反哺教学

在教书育人过程中，彭湃十分重视科研反哺教学，把优质科研资源转化为育人资源和优势，将最新科研成果引入人才培养，不断提升学生的创新能力和水平。

他利用实验教学建设项目、教育领域扩大投资专项等推动了实验教学资源建设，购置、升级仪器设备50多套件，助力专业建成了植物提取、材料能源、化学化工三大模块功能本科教学实验室，极大地提升了学生科创实验条件，指导的本科生制备的"紫外吸收杜仲胶功能薄膜"获全国大学生生命科学竞赛一等奖。

他将参与获得的教育部自然科学二等奖科研成果"半纤维素绿色清洁分离科学与技术"用于"植物纤维化学"课堂教学，有效促进科教融合育人。持续对实验课程进行优化，将成熟的科研成果和先进的实验技术与设备引入实验课，使验证型、操作型实验逐渐向综合型、创新型和设计型转变，提高了学生综合实验能力。

在设备和生产工艺现场讲授中，彭湃以身作则，率先示范，近距离讲授设备的复杂构造和工作原理，通过实践教学和实际操作，不但加深了学生对课堂知识的理解与掌握，而且培养了学生精益求精、勇于担当、专注创新的大国工匠精神以及吃苦耐劳、坚持不懈、努力拼搏的奋斗精神。

彭湃鼓励学生踊跃参与科创训练，率先在全国创办了林产化工类学科竞赛，吸引了来自国内众多高校相关专业学生参加，影响力持续增大。

注重内涵因材施教

全面落实"三全育人"要求，实现全覆盖课程思政与思政案例库建设，彭湃春风化雨，因材施教，润物无声地将课程思政教育融入人才培养中，形成专业课教学与思政教育紧密结合、同频共振、同向同行的育人格局。

一方面，他发挥课堂思政育人主阵地作用，在实习过程中做到无微不至关心和爱护学生，融入红色教育与传统文化教学，不但增进了师生感情，而且提高了学生的思想和人文素养；另一方面，他立足林产化工专业班主任职责，根据不同学生的特点，因材管理，引导学生发挥自己的特长，对未来理想和职业规划作出正确抉择，收效显著。

他所带班级学生学习成绩在学院全年级排名第一，荣获校级"优良学风示范班""先进班集体"，彭湃本人也连续多年被评为"优秀班主任"。学生中有的成为卫国戍边的大学生军人，有的保研和升学至国内著名高校，如北京大学、天津大学、武汉大学、厦门大学等，也有应聘至上市公司圣象集团有限公司，所开发的"无醛绿色胶黏剂"获圣象年度创新奖。

一切围绕学生，一切为了学生。近年来，彭湃联合无锡市中惠橡胶科技有限公司，主持获批教育部供需对接就业育人项目1项；依托重庆雲志科技有限公司，主持获批教育部产学合作协同育人项目1项。参与陕西省"十四五"教育科学规划课题2项，主持的2项校级教改项目结题均被评为优秀。他主导提出并实践的产学研协同、多元化评价，构建新时代林化创新人才培养体系获学校2021年本科教学成果一等奖。

| 躬耕·匠心

朱首军

用实际行动诠释教育的真谛

朱首军,男,1965年5月生,中共党员,资源环境学院副教授,从教37年。主讲"水力学""水土保持工程学""水文学"等20余门课程。曾获中国水土保持学会"先进工作者",西北农林科技大学资环学院"先进工作者",2015年"我最喜爱的老师"荣誉称号。

37年来,朱首军始终如一地坚守在自己热爱的三尺讲台上,从未耽误学生一次课。"我首先是一名教师,时刻将教学作为头等大事谨记在心,这也是一名教师应该具备的基本道德和职业责任。"他是这样说的,更是这样做的。

以水为"媒" 寓德于教

朱首军,1986年7月毕业于西北林学院(现西北农林科技大学),之后就走上了讲台,一直从事水土保持与荒漠化防治专业基础课和专业课的教学工作,不知不觉已经37载。

对于农科学生来说,朱老师讲授的课程更偏重于工科,既要有一定的数理基础,还要掌握一定的工程实践能力。为了讲好课,朱首军利用外出参观学习、学生实习等机会收集了大量的工程素材,制作短视频,帮助学生加强感性认识。

他的课总是能够用一些生动的例子和轻松的语言帮助学生理解课程教学中的概念和公式，非常注重启发学生的思维，引导和帮助学生思考问题的本质和解决方法，而不是简单地给出答案。

教学中，朱首军时刻牢记"培养什么人、怎样培养人、为谁培养人"这一根本问题，站稳讲台，以水为"媒"，寓德于教。他牢牢抓住每一节课以及和学生交流的每一次机会，强化对学生的思想政治教育。

朱首军是第一个在资环学院申请我校"课程思政"示范课程建设项目的老师，承担的"水力学课程思政"利用大量的水利工程实践内容潜移默化地将思政元素融入教学中，提出了"以水为'媒'，传递人文情怀，播种水利精神""结合历史人物讲授典型知识，寓德于教""关注水流现象，分析流动原理，培养创新能力"的水力学课程思政教学改革。

任劳任怨　勤勤恳恳

37年来，朱首军在教学中任劳任怨，勤勤恳恳，把心全用在了教育事业上。

他先后讲授过"水力学""生产建设项目水土保持方案编制""水土保持工程学""水文学"等近20门本科和研究生课程。

当有教师需要出国进修，课程没人带的时候，他就甘愿承担其教学任务，帮助其他老师完成教学工作。这样一来，就占用了朱老师大量的时间，科研工作时间就显得不够，对此他没有怨言，依然勤勤恳恳做好教学工作，受到师生们的高度赞扬。

朱首军还热心公益事业，多次参加资环学院组织的宣讲团，赴湖北各地中学宣讲普及水土保持专业知识，积极为学校的招生工作作出贡献。除此之外，他还承担了陕西省水土保持学会的工作，参与制定了《陕西省水土保持条例》，参与3项陕西省地方标准的编制工作，主持1项陕西省地方标准的编制工作，参与5项陕西省水土保持科技示范园规划工作。参加陕西省水土保持方案技术评审、水土保持监测评审、水土保持验收评估项目200余项。这些工作也为他的教学工作提供了非常丰富的素材。

爱生如子　甘为人梯

朱首军常常和学生打成一片，把他们当成自己的孩子。"父母之爱子，则为之计深远。"

他性格谦和，业余爱好丰富，足球、排球、羽毛球、围棋、桥牌、音乐、舞蹈样样拿手，这些业余爱好使得学生更愿意亲近他，有事总愿意找他，师生之间也更容易成为朋友。

他经常主动走进学生群中，与学生互动沟通，了解他们的学习情况和困难，给予他们考研和工作等方面的建议和支持。他经常利用自己的人脉帮助学生介绍考研导师，介绍生产实践单位，帮助学生就业。

朱老师有较严重的腰椎间盘突出症，站的时间一长，腰部会疼痛。学生们很心疼他，劝他坐着讲。但朱首军上课从来不坐着讲，他说坐着上课没有激情。

朱首军的一言一行彰显着他的教学能力和个人品质，得到了学生们的认可和喜爱。他平凡踏实而富有意义的事迹也向大家展示了如何成为一名学生喜爱的老师，他不仅是给学生传授知识，更是甘为人梯、引导学生成长和发展的人生导师。

姚 军

桃李不言　下自成蹊

姚军，男，汉族，1970年6月生，中共党员，资源环境学院讲师，从教32年。主讲"自然地理学""地图学""地质地貌学"等课程。2012年被评为资环学院优秀党员，2018年获资环学院"课程思政"教学改革竞赛二等奖。

三尺讲台，他是严师讲授自然奥秘，用生动的方式传授自然的规律；野外实践，他用一块岩石、一种地貌，与学生共同感悟大好河山；教师岗位，他敬业爱生、乐于奉献、甘为人梯。"桃李不言，下自成蹊"，他就是任教32年的姚军老师。

教课不止教课

姚军所代课程"自然地理学""地图学"及"地质地貌学"为专业基础课，涉及资环学院的几个专业。

这些课程都属于自然科学类，本身就是反映大自然规律的课程，其中的很多道理也与人的生活道理是一致的。姚军边教学生知识，边引导同学们认识事物及做人的基本道理。比如河流的裁弯取直等，其中蕴含的人生哲理与处世方法总是能被他在教学中自然而然地包含进去。

姚军的教学内容生动有趣，教学手段灵活多样，用好的理念潜移默化地引导学生，充分调动学生们的上课热情，是一位深受学生喜爱的老师。很多学生在毕业后，仍能记得课堂及实践教学中的很多理念、思想，对他们的工作生活都有一定的影响。

用心与学生为友

姚军所教的课程，除了课堂讲授以外，还有实验及实习。他利用这些机会和同学们深入交流，了解他们的学业和对未来的规划以及人生中的困惑，帮他们出谋划策、明晰未来。

他喜欢摄影，经常外出拍摄各种自然风光照片，在上课时或实习时会拿来和学生交流探讨，学生们也乐意把他们看到的、拍到的与老师分享。

网络时代交流的途径很多，作为大学老师，姚军也紧跟时代，通过各种社交软件与同学们用心交流。他创建了自己的公众号"山水见闻"，与学生分享旅途中的见闻，并与教学内容联系起来，丰富了教学内容，同学们也乐于与姚老师分享自己学习、生活等方面的得与失。

姚军爱好广泛，尤其是体育运动。上学及工作阶段，他喜欢篮球、网球运动，也常常在实习期间组织学生与外校或外专业或本专业几个班的学生进行各种比赛，有时候他会上场参加比赛，或者担任裁判。

随着时间流逝，姚军逐渐取得了同学们的信任，曾担任过资环学院男女篮球赛教练，在历年篮球赛中也取得了不错的成绩，与学生建立了深厚的友谊。

用爱与学生同行

作为班主任，姚军能抓住同学们最迫切需要解决的问题，使他们能在大学生涯中成长为更加优秀的人。

从入学到毕业，同学们要面对很多问题，如就业和考研就面临着各种选择。同学们对未来的选择也通过与姚老师之间的交流而明晰起来。他在给毕业学生的寄语中写下"山高水长，前程似锦"的话语，表达自己对学生们的期盼。

为了帮助学生们找到适合自己的道路，借谈话的机会，姚军经常和同学们进行深入交流，帮助他们明确自己的目标，解决他们遇到的问题，提醒他

们提前做好各种准备。

在深入交流中,他了解了学生们的思想动态,让他们认识到学习的重要性;有的学生家庭困难,他组织大家积极争取学校的奖助学金,帮助他们尤其是贫困学生解决学费和生活费的问题,让他们安心学习。有的学生面临着是否考研以及考哪里的问题,通过交流,姚军帮助他们分析形势,使大家明确自己的目标,之后他会鼓励他们朝目标努力。

他还花心思特别邀请了前几届保研和考研的学生给大家做报告,交流经验,让大家明白将来有哪些专业可以报考,需要做哪方面的准备,使学生们对将来的考研目标更加明确,要做的努力更加清晰。

"我所做的都是一些微不足道的小事。"听到同学们发自肺腑的感谢时,姚军就很不好意思。的确,他做的都是平常工作中的一些小事,但正是这些小事,他只有用心用情去做,与学生建立深厚的友谊,才能引领学生走向更加辉煌的未来。

潘天丽

爱生如子的好老师

潘天丽，女，1964年10月生，九三学社社员，机械与电子工程学院副教授，从教28年。主讲"机械设计基础""机械制造基础""营林机械化"等课程。2008年被评为"校级优秀班主任"，2016年被评为"思想政治教育先进个人"，2020年获"在线教学优秀课程主讲教师"称号。

立"大先生"之志，修"大先生"之德。在近30年的教学生涯中，潘天丽言传身教，爱生如子，用真理、真情和真诚生动诠释了高校教师的初心使命。

为人师表　立德树人

潘天丽1986年7月毕业于西北农业大学（现西北农林科技大学）农机化专业，1995年站上了讲台。她忠诚于党的教育事业，始终扎扎实实做好本职工作，以专业的知识教育人，以正确的言论引导人。

从教以来，潘天丽尽职尽责，对教学有激情，对学生有爱心。她把"教书育人、为人师表，学高为师、身正为范"作为自身的使命和责任，在教育教学实践中努力提高道德修养、提升人格品质、丰富知识内容、改进教育观念，用良好的心态面对事业，用渊博的学识鼓舞学生，用高尚的人格感染学生，使学生"亲其师，信其道"。

她的一言一行，一举一动都被学生看在眼里、记在心里。她注重仪表，衣着整洁、大方、得体，举止稳重、端庄；对于不正之风严厉声讨，谈到正义之举由衷赞叹；言传身教，以真、善、美引导学生，鼓励学生做社会主义建设的"四有"新青年，培养学生积极向上的人生观。

潘天丽热爱学生，视生如子，把学生当成自己的朋友、孩子，当好学生奉献祖国、锤炼品格、学习知识、健康成长的引路人。

勤勉精进　教书育人

潘天丽主要承担"机械设计基础""机械基础""机械制造基础""机械工程基础""营林机械化"等机械基础类课程的教学任务。

近30年来，她每天都做着平凡的工作——备课、授课、再备课、再授课的重复而循环的过程，可她从不敢懈怠。每次上课她都提前15分钟到教室，每节课都以最佳的精神状态站在讲台上，以和蔼、轻松、认真的形象面对学生。

教好每一堂课是她最大的快乐，保证每一节课都做到"有备而来"，每堂课都在课前做好充分的准备，课后对该课做好总结，从教学设计、作业批改、课后辅导到课程考核都一丝不苟。

她上课语言生动、形象，善于通过提问的方式启发学生思考，使学生上课感觉不枯燥。在讲授"机械设计基础课"的机构部分内容时，她深入钻研教材，收集、整理和制作动画，充分利用多媒体教学，使学生对知识理解得更透彻。

她经常利用课间与学生进行交流，及时发现学生在思想、学习中的各种问题，并给予指导和帮助。指导本科生参加机械设计创新大赛，共获得国家级二等奖2项，省级一等奖6项、二等奖4项。

潘天丽对学生严慈相济，是学生的良师益友，用"身教"为学生播下了一颗爱的种子，获得了学生的一致好评。2006年"机械设计基础"课程教案被学校评为"优秀教案"，2020年获"在线教学优秀课程主讲教师"称号。

乐于奉献　爱无终点

师爱是师德的灵魂。潘天丽时刻注重树立以学生为主体的服务意识，因材施教创造出尊重、信任、包容、友爱的师生关系。

她曾担任过16年班主任，所带班级曾多次获得校级"优良学风示范班""先进班集体""先进团支部"等荣誉称号。从学生一入学就引导他们做好学业及职业生涯规划，带领学生们学习《写给大学生的100条肺腑之言》，邀请高年级优秀学生开展保研、考研经验交流会。潘天丽本人2019年获评"毕业生就业工作先进个人"。

潘天丽十分关注学生的学业，以爱心、耐心和责任心帮助学生顺利上学。当学生因家庭贫困交不起学费而产生退学念头时，被潘老师第一时间从火车站拦下，后经过劝说和帮扶，最终使其顺利毕业。2010级梁同学性格孤僻、高傲，在大二第一学期时有6门课不及格，潘老师经过反复教育引导和帮扶，毕业时梁同学英语四级顺利通过，和同学相处融洽。2015级郑同学在大一时沉迷游戏，经过潘老师多次批评教育和关心引导，大三时成绩跃升至班级第一名。

潘天丽老师以德立身、为人师表、严谨笃学、与时俱进，把工作当热爱、用情怀做教育，是一个不折不扣的"师者"。

张宏鸣

双核的大脑　课堂的达人

张宏鸣，男，1979年8月生，中共党员，信息工程学院教授，从教20年。主讲".NET技术""信息系统开发技术""面向对象系统分析与设计""科研基本方法"等专业课程，2009年获校级"青年教师讲课比赛"二等奖，2012年度校级"优秀教师"，曾2次荣获"我最喜爱的老师"荣誉称号。

从2003年7月任教至今，张宏鸣已经在讲台上站了20年。难能可贵的是，他始终保持为党的教育事业高度负责的态度，踏踏实实干好点点滴滴平凡的事，用他的工作态度、生活热情和学术激情感染学生、引导学生、教育学生。

口碑的背后

"双核的大脑，课堂的达人"。这是软件112班的学生对张宏鸣的高度评价。"金杯银杯不如学生的口碑，这个评价是学生对我最大的认可。"张宏鸣听到这个评价非常开心。

工作以来，张宏鸣讲授课程17门，累计授课61门次，年均300余学时，授课对象包括本科生、研究生和中职教师等不同层次的群体。

作为学院教学经验较为丰富的教师之一，在备课过程中，他对上次讲授的授课记录进行认真整理，对学生不易理解、存在误解的地方进行全面总结，转换讲授方法和教学案例，以达到较好的教学效果。

2009级软件专业黄载政在".NET技术"课程的学习过程中就说道："张老师的课讲得诙谐幽默、案例运用恰当，像QQ的窗口抖动程序，窗口透明度渐变等在实际应用中较常用，而我们又不知道怎么去做，他逐步引导，使我们很快明白了这些功能是如何实现的。"

张宏鸣常说，打铁还需自身硬。良好的口碑都是他坚持学习、勤于思考、认真用心的结果。2008年，由于新专业建设的需要，他从计算机技术系调至软件工程系，等待他的是各种各样的挑战。他经常利用节假日、晚上等时间勤奋学习，在暑期先后赴北京、深圳、西安等地，参与微软、IBM、计算机学会组织的学科研讨会，充实学科前沿知识，使业务水平有了很大提升。

每一门课程授完，张宏鸣都会让学生不记名写下对课程的意见和建议，以此来改进课程讲授过程中的不足。他还通过信息学院教学管理系统、邮箱、面对面等方式与学生进行全面交流，对教学内容、方法、手段、作业中不完善的地方及时作出修改，得到了广大师生的一致认可。

亦师亦友伴花开

如何让学生充分利用好课余时间，学习、掌握科研基本方法和技能，是张宏鸣在学生培养中所注重的一个方向。

工作以来，他不仅自己主持或参与到"973计划"、"863计划"、自然科学基金等项目中，从事科学研究、发表学术论文，还利用经验去指导本科生，为他们搭好上升的平台。他指导过的本科生有很多已经博士毕业，像王美丽老师，已经从英国伯恩茅斯大学毕业留校工作。近几年他积极带领本科生做科技创新项目，将他的学科知识、科研方法无私地传授给学生。

在科创项目中，张宏鸣对学生不仅是"传道、授业、解惑"，更多的是"亦师亦友"的陪伴。在耐心、认真指导学生之余，通过包容、责任心、人格魅力打开学生对科研的启蒙大门。可喜的是，他的学生也取得了一定的成绩：2007级计算机专业闫晨、陈现，2008级张杰、汪晋祥、韩霄，2008级信管专业白鹤、李一恒参与发表论文4篇，其中EI论文2篇，软件著作权4

项，多个毕业学生在国内知名IT企业工作，陈现、汪晋祥分别在浙江大学、北京邮电大学继续提升学历。

目前，正在参与研究项目的学生，2011级软件专业于尚尚、熊志国、郎环，信管专业赵晓燕、郭晓毅等都纷纷表示："张老师平易近人，他对待科研工作严谨、认真的态度，让我们受益匪浅！"

情怀无处不在

锤炼品行、严格操守、敬业奉献，张宏鸣在职业生涯中处处体现出对教育和学生的热爱、奉献和责任，这种情怀延伸到了每一处。

他先后担任三届学生班主任、学生支部书记、代理系主任等职务，对每一件琐碎的事情都能保质保量按时完成，经常工作到深夜，晚上十一二点才从学院回家，把宝贵的时间都奉献给了教育事业。

学生冯锐在生病期间，张宏鸣与王淑珍老师往返于医院学校之间，联系家长、安排陪床、协调各方事务，让学生及家长备受感动。学生马德、曹爱红毕业后办理成绩、户口、相关证明等都委托张宏鸣办理，他不辞辛苦，用最短的时间帮学生办理完各种手续。

同学们都说："我们在校时，老师是我们的良师益友，离校工作后他就是我们在杨凌的亲人。"很多已经毕业的学生还继续从他的指导中受益，2008级学生张杰在工作后感慨道："这些年来的编程经验基本上都是在张老师的项目中得到的锻炼。"

张宏鸣的工作方法、工作态度得到了师生们的信任、称赞和认可。他先后荣获"优秀班主任"、学院"优秀党务工作者"、2014年校"优秀共产党员"等荣誉称号。可他却说："荣誉只属于过去。我应该以更高的标准努力做好本职工作，用积极的行动去鼓励、影响、感染学生，这样才能不辜负组织的培养，学生家长们的期望。"

胡华平

在教学中绽放青春才华

胡华平，男，1982年9月生，中共党员，经济管理学院讲师，从教12年。主讲"统计学原理""计量经济学""数据、模型与决策"等课程。先后获学校"研究生教育优秀导师团队"、杨凌示范区"科学技术"二等奖、"湖北省社会科学优秀成果"三等奖、"陕西高等学校人文社会科学研究优秀成果"二等奖等荣誉。

方寸讲台，精心授课；潜心钻研，不舍昼夜。心怀学生，愿为春泥；诲人不倦，亦师亦友。胡华平，在教学中绽放青春，在学术中施展才华；在平凡中创造非凡，在前行中超越自我。

亲近学生　教学相长

2011年，胡华平从华中农业大学博士毕业后进入西北农林科技大学经管学院数量经济教研室工作。他坚持严格执教、创新教学、亲近学生、教学相长，工作认真尽责，真诚对待每一位学生。

10余年来，他分别为本科生和研究生讲授"统计学原理""计量经济学""中级计量经济学""数据、模型与决策""Advanced Econometrics"等课程，近五年来累计完成18门次、900余学时、1100余人次本、硕课程教学。

胡华平十分专注教学，他坚信这不仅仅是"一份良心活"。他在严格执教中坚持创新教学，主动引入、探索国内外优秀教材和教学模式。很多学生曾因参与"计量经济学"课程"个体—集体互动式"训练而兴致盎然，因自主融入"统计学原理"问卷设计和图表分析而心得满满。"我们都觉得您把计量课程讲得通俗易懂，也让我在本科期间学习计量时的很多疑惑得到了解答！"这是学生们对他的评价。

　　他特别热爱教学，经常自购扩充教学新设备和新技术。早期大班教学中常常有盲区，同学看不清板书、听不清老师讲课，胡华平就自购"汉王双无线"设备，走动式教学，改善学生听课体验。

　　教学中，胡华平更是响应学生需求和学校号召，最早一批率先主动创建网络课程和个人网站，同时充分利用、丰富网络课程和新媒体视频建设。累计网站互动访问数超过30000人次，学习录制并上传配套教学音视频40余期，不断迭代改进以适应新媒体时代的教学特点和规律。

秉持仁爱　德教育人

　　胡华平不忘初心，倡导并践行以仁爱之心教化育人。他悉心指导每一届本科生毕业论文和本科生创新创业项目，其中多人获得学院优秀毕业论文、学校优秀毕业论文、国家级创业项目优秀结项团队。

　　在担任数量经济教研室主任期间，他积极完成学院各项任务，热心协调教研室团结工作。积极组织开展"统计学原理"和"计量经济学"课程标准化建设和双一流课程建设，全力推动基础核心课程的本硕博全链条育人融合创新探索。

　　胡华平积极组织承办全国大学生市场调查与分析大赛和2022年学院高级计量经济学暑期培训班，指导和鼓励本科生和硕博研究生积极开展研究能力训练、提升和展示，获得校内外参赛参训学生广泛好评。

　　自工作以来，他连续多年主动承担班主任工作，创新性开展学生动态反馈追踪管理，主动关心学生，热心指导学生学业和职业发展规划。同时定期利用在线调研问卷记录和分析学生学习、生活和心理等变化，结合课堂听课、宿舍走访、面谈交流等，与学生建立密切联系和信任关系。

　　胡华平所带的班级，先后获得本科生优良学风示范班、先进班集体等荣誉，由他介绍和推荐的多名学生成功获得"2+2"联合培养以及英国、澳大利亚等国家大学的研究生录取，学生就业升学始终保持在学院前列。

奉献团队　服务社会

尊重科学规律，关注社会需求；利用专业知识，积极服务社会。胡华平热心教学科研及公益，积极为社会提供力所能及的专业服务，积极为团队和单位组织贡献力量。

他扎实开展科学研究，多年投身于农产品贸易、农业技术经济、数字农业等研究领域。在《农业经济问题》《管理评论》《中国流通经济》《光明日报（理论版）》等重要期刊上发表学术论文多篇，参与编写出版《中国旱区农业技术发展报告》《中俄农业发展研究》《西北地区食物安全可持续发展战略研究》等著作，主持陕西省软科学项目、参与多项国家自然科学基金和国家社会科学基金项目。

他长期投身于国际农业合作交流与国际合作平台建设，积极参与中国科学技术协会"中俄农业科技发展政策研究中心"的平台建设和国际合作研究工作。积极协调杨凌示范区、西安市浐灞生态区等校内外研究生实践基地，安排指导学生参加社会实践实习，所在"中俄农业科技政策发展研究中心"团队荣获"2020年度学校研究生优秀导师团队"称号。

他深度参与上海合作组织农业技术交流培训示范基地建设实施方案和发展规划、上合组织国家农业科技推广服务模式和支持政策等政府部门和机构的委托项目工作，撰写的相关咨政建议得到有关部门的关注和批示。

杨 鹏

触动学生心灵　升华学生思想

杨鹏，男，1982年1月生，中共党员，马克思主义学院教授，从教12年。主讲"中国近现代史纲要""形势与政策""中共党史研究专题"等课程。2015年获"学生最喜爱的老师"，2016年获校级"青年教师讲课比赛"一等奖，2018年获"陕西省高等学校第四届青年教师教学竞赛"一等奖。

以德而耕，拾获山海；以生为本，谆谆育人。用生动有趣的思政课，触动学子心灵。这就是让学生们念念不忘的杨鹏老师。

端正态度　全心投入

杨鹏2011年7月入职西北农林科技大学马克思主义学院，致力于马克思主义中国化的教育与科研工作，主讲"中国近现代史纲要""形势与政策""中共党史研究专题"等课程。

"杨老师历史功底深厚，从不生搬硬套。他讲课有独到的技巧，把客观历史讲得有声有色，活灵活现，很受学生欢迎。"这是马克思主义学院邓谨教授对杨鹏教学风格的评价。

这种高度认可，是对杨鹏教书育人态度和全身心投入教学的肯定和鼓励。每一场精彩的授课，都凝聚着他的心血。课前充分准备，精心设计PPT，让图片、视频、影像资料剪辑应用恰到好处；课后，杨鹏还会对课堂教学进行反思和总结。他在教学设计中特别注重对学生学情的分析，根据大学的特点认真准备和采用适合他们的语言表达和教学风格。

渊博的历史知识，扎实的理论基础，符合大学生特点的风格，使他的课堂不是空洞的说教，而是用心、用情去感动、影响学生，用中国近代史中伟人英雄的事迹和力量感化学生，通过讲述历史事实、风流人物，去触动学生的心灵，升华学生的思想。

学生李婵表示："最不想结束的就是近代史课了，特别喜欢杨老师风趣幽默又客观谈史的风范，每次想起他叙述历史事实，谈论风流人物，指正思想错误，时常有所触动。我们都特别享受这短暂而又充实的近代史课。"

方式灵活　激发兴趣

杨鹏老师教学方法灵活多样，善于调动课堂气氛，很容易激发大家的学习兴趣。为了做到这点，杨鹏挖掘多样化教学资源，例如陕西历史文化资源、西北农林科技大学校史资源、文学作品、优秀传统文化等，把这些资源"集成"运用，使之成为有效的教学手段。

针对新时代大学生思维活跃、兴趣广泛的特点，杨鹏精心设计并实施了更加贴近他们思想实际的专题化教学。依据教材内容，坚持以学生为本，实施专题教学，初步形成了比较适合学生实际的课程讲授体系及教学设计。

同时，他不断改进教学方式和方法，大胆尝试翻转课堂的教学模式，以引发学生思考，激发学生学习的求知欲。这种接地气的、新颖多变的授课方式，培养和激发了学生的求知欲和学习主动性，开阔了学生的视野，启迪了学生的批判性思维。

在授课过程中，杨鹏本着对工作和学生负责的态度严格要求自己，十分注重从教学中寻找科学研究的灵感，以科研来提升教学水平，达到教研相长。近五年，他先后主持国家社科基金一般项目1项、省部级课题7项，公开出版学术专著4部，发表学术论文30余篇，其中CSSCI期刊10篇。通过教学科研两手抓，较好地实现了"教学推科研、科研促教学"的良性互动，提升了教学效果。

以生为本　以德立身

学生曹志超表示："杨老师的近代史课一点也不枯燥，他讲课的思路很清晰，语言很有感染力，大家都愿意去听。"这话一点也不假，近五年，杨鹏的学生评教成绩平均为98.2分。

2012年他被评为校优秀教师，2013年被评为校优秀班主任，2015年获我校"学生最喜爱的老师"称号；2016年获校青年教师讲课比赛一等奖，2017年被学校推荐参评教育部优秀思政课教师。2018年受邀到北京人民大会堂参加马克思诞辰200周年纪念大会，同年获陕西省高等学校第四届青年教师教学竞赛一等奖。

以德立身、以德立学、以德立教，淡泊名利，为人师表。杨鹏还通过参加学生的各种活动，面对面谈话、辅导、讲解、做专题报告，建立QQ群、微信群等方式，走到他们身边，传递先进思想。学生王力表示，通过课程学习以及与杨老师的相处，自己的历史使命感和责任感更强了，人生观和价值观也得到了提升。

"中国近代史故事讲得精彩，通过讲解客观真实的历史故事，让学生学会运用马克思主义和历史唯物主义观点，审视当今社会的主流问题、热点问题，增强学生的时代感和责任感。"校教学督导组专家的评价，既是对杨鹏教学效果的客观审视，也是对一名年轻好老师的激励鞭策。"我会按照'四有'好老师的要求，沿着'立德树人'、教书育人的教学之路不断前行！"

2016 年

党瑞华

学生心目中的良师益友

党瑞华，男，1976年10月生，中共党员，动物科技学院副教授，从教11年。主讲"动物遗传学""动物免疫学""马业概论"等课程。多次获得学院"优秀教师""优秀共产党员"等称号。

"教学是教师的第一要务，既然选择了教师这个行业，就要认真对待教学工作。"话语朴实，行动扎实。党瑞华在教书育人的岗位上奋力拼搏、殚精竭虑，陪伴学生共同成长。

勤勤恳恳　一丝不苟的教书人

2012年3月，党瑞华在日本北海道大学实验动物学专业博士毕业后回校任教，主要承担动物科技学院动物科学专业、水产专业以及创新学院生物科学专业多门课程教学工作，为硕士研究生、博士研究生讲授"细胞遗传学"课程部分内容。

肩负传播知识、启发思想、引导学生探求真理的职责，党瑞华在课堂上极其严谨负责。每节课的PPT他都会花大量时间和精力去制作，反复修改、更新，做到知识性、专业性与针对性相统一。

课堂上，他会关注到每一名学生，争取每位同学都学得懂、学得充实。

"党老师深入浅出的讲解，让我们深刻掌握了动物遗传学的知识。他的课堂内容充实、节奏紧凑，经常引入课外知识，也扩大了我们的知识面。"创新学院的学生对党老师赞誉有加。党瑞华经常鼓励学生勇敢问答："要勇敢发言，不要害怕发言，回答可以不是完全正确，但一定要勇敢表达观点，你们在我眼里都是优秀的学生。"

在教学上，他还勇于创新。结合"动物遗传学"课程相对抽象，需要提升学生学习主动性的现状，他在教学过程中导入了分组讲解高水平专业论文的环节，取得良好效果，是学校教学改革工作的首创，随后在全校其他课程中推广应用。

党瑞华对待学生耐心细致，谆谆教导，不厌其烦，循循善诱，勇于改革，取得良好效果，所在教学团队获评2010年陕西省教学团队，讲授课程获评2010年国家级精品课程、2013年国家精品资源共享课。

埋头苦干　专心致志的科研人

党瑞华长期致力于动物遗传育种与繁殖的科研工作，主要研究领域有家畜（牛、马、驴）经济性状遗传基础、基因功能及基因组学、家畜遗传资源及起源进化、消化道遗传性疾病易感基因挖掘、肠道神经嵴细胞迁移、增殖等相关基因及非编码RNA鉴定及机理分析等。

近年来，党瑞华先后在国际知名杂志 *Cell Proliferation*、*JIA* 等刊物上发表论文30多篇。尽管研究任务繁忙，他仍抽出时间不断进行自我提升，分别于2013年7月、2015年7月两次前往日本北海道大学开展合作研究和研修。

在科研工作上，他不跟风、不跟热点，执着于自己的领域，近年来围绕驴产业发展做了大量系统性的工作，如中国主要家驴地方品种重测序分析、毛色及生长性状分子标记开发、驴精子抗冻性差异机制分析、国际首个家驴液相芯片开发等，已成为国内马属动物遗传育种与繁殖领域最主要的学术贡献者，先后应邀参加了首届北方种业青城论坛及第八届中国驴业发展大会并做学术报告。

科研与教学之间是相辅相成的，通过高水平科研既提升了教师的水平，也给学生提供了培养平台和机会。党瑞华利用自己主持的课题，积极指导大学生申报科创项目、参加创新创业大赛，先后指导大学生科创项目10多项，多次获得国家级大奖，他本人先后获得"全国大学生生命科学创新创业大赛指导教师"一等奖、二等奖及学校2020年度校级"大学生创新创业优秀指导老师"称号。

和蔼可亲　学生成长道路上的引路人

在学生心目中，党瑞华是一位敬业、负责、充满爱心的优秀教师。他不仅在课堂上认真教学，而且在平时也时刻关注学生的不同需求，通过QQ、微信等方式与学生保持联系，随时解答他们的疑惑。党老师的耐心分析、理解和判定，总能帮学生找到最合适的解决方式，教导学生在解决问题时要深思熟虑，不可盲目行动。

党瑞华还特别关注学生最为关心的问题，如考研和就业。他为迷茫和困惑的学生提供有价值的建议，比较选择就业和读研对个人发展的不同影响，并鼓励学生要深思熟虑，选择一个方向后要全身心投入，相信坚持努力就会取得成功。他引导学生树立正确的理想信念，培养正确的思维方法，使学生终身受益。

他先后担任了动科学院2012级和2016级动科2班班主任，对待学生耐心细致、平易近人，带领学生取得了出色的成绩。所带班级先后获校级优良学风示范班、校级优秀团支部及先进班集体等荣誉。累计指导本科生毕业论文40多篇，指导的研究生多次获得"优秀共产党员""优秀研究生干部""优秀毕业生"等荣誉称号，已指导毕业的2名博士均在国内知名高校工作。

作为一名高校教师，党瑞华对待教育事业认真执着，以责任和热爱书写着自己的教育人生。"我要以坚定的理想信念、高尚的道德情操、扎实的学识以及勤奋修养仁爱之心的'四有'素质，真正做好教书育人这件事"。

谷 芳

坚守师心 耕耘不辍

谷芳，女，1979年2月生，群众，机械与电子工程学院副教授，从教22年。主讲"工程制图""工程制图测绘"和"计算机绘图"等课程。荣获校青年教师讲课比赛二等奖、"中图杯"全国大学生先进制图技术技能大赛"优秀指导教师奖"、陕西省第五届图学青年教师讲课比赛一等奖。

谷芳2002年毕业于我校机械与电子工程学院，同年留校任教至今已22年。她以"教育无小事，教师无小节"的原则严格要求自己，以工匠精神深耕在教学第一线，讲授的课程深受同学们喜爱。

以工匠之心执教

自参加工作以来，谷芳先后承担机电学院"工程制图""工程制图测绘"和"计算机绘图"等课程的理论、实验和实践课教学工作。尽管教学任务繁重，但她却一丝不苟地坚持以工匠之心执教。

"工程制图"作为一门专业基础课，教学任务量大、作业批改工作量繁重，需要花费大量时间和心血。谷芳却从不懈怠，认真批阅每一份作业，热心对待每一位学生，力求给学生上好每一堂课。

她注重从思想上引领学生，将课程思政贯穿于教学之中；从知识上启迪学生，培养学生的创新意识和工程意识；从行动上塑造学生，提高学生的学习主动性。

"教育无小事，教师无小节。"这是谷芳最爱说的一句话。她始终坚守并努力工作在教学第一线，以学生的获得感作为自己的幸福感，讲授的课程也深受同学们喜爱，连续两年获机电学院教学质量优秀奖。

学高为师　　身正为范

如何与时俱进，知识讲授和学生所获处于最佳值？这是谷芳经常思考的问题。因此，她积极储备各种知识和技能，使自己的能量总是处于饱和状态。

她特别重视校内外举办的培训课程和赛事，在这些能量场中不断积累和历练，不断充实自己的知识，提升自己的教学能力。2007年，谷芳首次参加学院举办的青年教师讲课比赛，就获得一等奖并汲取了很多宝贵经验，随后在学校青年教师讲课比赛中获得二等奖。2008年，她带队参加"中图杯"全国大学生先进制图技术技能大赛，在学生获奖的同时自己也荣获"优秀指导教师奖"。

此外，谷芳还努力提高自己的科研能力和水平，近年来以第一作者公开发表论文4篇，参编教材2部，参与教改项目4项，参与优质课程建设项目3项，参与科研项目3项。

春风化雨　　默默耕耘

谷芳还积极参与学院的学生工作，近年来一直担任班主任。她热情、真诚、周到，用心播种声音，用爱感化学生，用行动鼓舞学生，认真做好每一项工作任务，深受学生爱戴，是学生心目中的好老师。

在她所带的班级中，有多名学生获得"口才之星""优秀学生干部"等称号；该班同学参加的校重点创新项目"一种蓄电池状态记录器"和国家级创新项目"一种自适应刷树机"均顺利结题并验收结果为优秀；所带的班级还荣获了院级"优秀团支部"、校级"先进班集体"、院级"优良学风示范班"等荣誉，班级保研人数在专业排名第一……一点一滴的成绩，是她带领同学们通过辛勤的努力和顽强的拼搏获得的结果，是对她真心真意努力工作的回报。

荣誉本身就是一种责任。谷芳始终以"学高为师，身正为范"为标尺，在三尺讲台上勤耕不辍，以身作则，成为照亮学生的引路人。"我将继续学习、研究学术，用自己的执着和热忱为科研育人工作书写崭新篇章！"

| 躬耕·匠心

王美丽

十年耕耘的"美丽"收获

王美丽，女，1982年6月生，中共党员，信息工程学院教授，从教11年。主讲"Java语言程序设计"等10余门课程。荣获学校"优秀教师""我最喜爱的老师"创新创业"优秀指导教师"，杨凌示范区"巾帼建功标兵"等荣誉称号。

2012—2022年，是信息学院王美丽老师追梦的十年、奋斗的十年、成长的十年、收获的十年。她完成了从初为人师到传道授业解惑之师的华丽转身和角色升华，培养了一大批有理想、敢担当、能吃苦、肯奋斗的信息行业专业人才，同时也为下一个十年蓄满了再出发的力量。

与信息专业的"美丽"邂逅

大学入学填报志愿时，机缘巧合之下，王美丽选择了信息专业。该专业课程较多，用"累"字来形容4年大学生涯一点都不为过。作为一名女生，她不但坚持了下来，还爱上了这个专业，2008年顺利拿到硕士学位。

信息专业扩展性比较强，且对逻辑思维的要求较高，但很符合王美丽的性格。她在2008—2011年英国伯恩茅斯大学攻读博士期间，面临研究不顺利、论文写作有挑战等诸多困难，在"敢为先、重细节、合为贵"理念的指引下，王美丽坚持了下来，并于2012年带着博士学位毅然选择回到母校任教，并实现了从"跟跑到并跑再到领跑"的飞跃，为学校信息专业建设及学院高质量发展作出了新的贡献。

学生心中永远的"美丽"姐

"教导学生做科研是没有捷径的，踏踏实实做才会有收获。"王美丽一直坚持每周的组会汇报制度，及时掌握并调整研究生的课题研究进展。英国伯恩茅斯大学博士生李婷婷说："感谢美丽姐在读研期间给予我们的关怀和指导，以及在科研上给予的行之有效的解决方案。她带领我们参加各类国际会议，学习前沿科学知识、开阔眼界。生活中，她理解学生、尊重学生，给予我们一切她能给予的关爱，她就是照亮我人生前进方向的那盏灯。"

2018年6月，学院一名学生不幸遭遇严重车祸，昏迷长达18天。作为该生曾经的班主任，远在英国访学的美丽老师得知消息后心急如焚，远程疏导和解决学生家长的各种顾虑。回国后，美丽老师经常与该生一起去食堂就餐，为他加油鼓劲，在身体情况允许的条件下，师生共同设计"时间表"和"路线图"，补足了他落下的学业任务；担任该生的毕业设计指导教师，手把手带他完成毕业设计任务，该生最终顺利毕业。"之后的每年教师节清晨，他的祝福都会如期而至。"美丽老师眼含泪光幸福地说，或许这份节日的问候便是对感师恩、颂师德的最好诠释了。

十年风雨拼搏，十载春华秋实。王美丽培养了50余名硕士、博士人才。近几年，学生既有进入百度、腾讯等知名互联网企业工作的，也有在英国爱丁堡大学、德国海德堡大学、英国诺森比亚大学以及北京大学、浙江大学继续攻读学位的。他们每每谈起自己的老师，都会亲切地称呼一句"美丽姐"。

10年耕耘的"美丽"收获

王美丽认为，教师需要终身学习，教学艺术的修炼永无止境。曾多次主持省级教改课题的她表示："我不敢说有什么好的教学方法，但我一直在努力学习好的教学方法。"

| 躬耕·匠心

十年来，王美丽先后承担了5门本科生课程、2门研究生课程及4门实践课程。其中，"Java语言程序设计"获批校级一流本科建设项目，评教成绩多次排名居学院前10%。

在提升教学能力的同时，她还积极创新教学方法，推动教学改革。先后主持教育部高等教育司产学合作协同育人项目、陕西省计算机学会教改课题等教学改革项目，以第一作者发表教改论文6篇，其中B类核心期刊3篇，并将教学方法应用到实际教学过程中。

十年来，王美丽一直从事计算机图形图像学研究，在计算机辅助艺术设计、作物三维建模、仿真与可视化等多学科融合方面积极探索，坚持做对社会有用的科研是王美丽的科研理念。近几年，专利"一种基于单幅图像的三维数字凹浮雕生成方法"成功在江苏园上园智能科技有限公司进行转化，开创了学院首次专利转化。她研发的高效三维模型滤波算法和精简算法被宝鸡高新智能制造技术有限公司采纳应用，解决了浮雕生产过程中人工数据建模工作量大、效率低的瓶颈问题。研发的高精度羊只个体识别系统、异常行为检测系统被甘肃庆环肉羊制种有限公司采纳应用到生产与管理过程中，能够对动物的异常行为进行预警预报，提高了生产管理效率，降低了人力成本。

面对教师和科研工作者的双重身份，王美丽表示，要自觉担当为党育人、为国育才使命，坚守修身立德、终身学习的根本，做好为人师者的传承，换来下一个十年的美丽绽放。

林雁冰

平等对话的严师

林雁冰,女,1976年1月生,中共党员,生命科学学院教授,从教23年。主讲"微生物学""环境微生物工程""生态与环境微生物学"等课程。所讲授的"微生物学"2020年获"陕西省线上教学优秀案例奖",2021年获陕西省一流课程;个人获"第七届全国青年科普创新实验暨作品大赛陕西赛区优秀指导教师"称号。

勇于创新、关爱学生、热情阳光,以自己的专业能力和个人魅力感染着学生,是一名热爱教育事业、热爱学校、热爱学生、备受学生喜爱的优秀教师。她,就是生命学院教授林雁冰。

潜心教书育人 勇于创新改革

从教23年来,林雁冰始终坚持潜心教书育人,积极对教学模式进行改革和探索。她推进多种模式教学,课堂气氛活跃,授课互动内容多、提问环节多,有效提升学生积极思考的意识,培养学生的质疑精神和创新思维。

比如她采取"进阶式"教学模式开展了生物科学拔尖基地班的"微生物学实验"课程,培养学生的科研思维和创新能力。她积极探索改革考核方式，将课前提问、随堂测验、平时作业纳入考核，避免学生考前突击；授课中注意与学生平等对话，细心观察学生学习状态，并进行个性化辅导。在课外解答学生问题时，常与学生讨论做人做事应遵循的基本原则，对学生进行多方面的培养。

注重平等对话　严厉慈爱结合

自2004年学校实施班主任制度以来，林雁冰先后担任2004级、2008级和2012级班主任。在她眼中，学生是孩子、是朋友，与学生在一起最幸福。

针对学生的困惑，她结合自身经历为学生答疑，给予他们鼓励和帮助。她严格要求学生，早起检查宿舍，督促学生遵守校纪校规，培养自律意识；她关爱学生，节假日带学生们到家里包饺子，带考研学生去家里吃饭，加强沟通，疏导学生们的心理压力，帮助他们度过艰难时光。在遇到难题时，她告诉学生"不要怕，有我呢，"在解决问题的同时也帮他们总结经验、吸取教训。

做导师以来，团队中的每位学生，不论家中有事、学业进展不利，还是个人身体不适，总能收到老师各种形式的问候和关心，暖人心田。新冠疫情期间，研究生不能返校，林雁冰在遵守学校有关规定的前提下，在实验室为学生保留了宝贵的实验材料，积累了大量的连续试验数据。2022年，林雁冰

获校级"师德师风先进个人"荣誉称号。

为师先为人　育人先正己

　　林雁冰严格要求自己，在投入科研时间、对待科研态度上争做学生榜样。每天在处理完教学、管理、学习事务之余，她几乎都在与学生交流讨论学习心得、科研进展，科研工作中严格要求学生实事求是，杜绝学术造假，时刻保持严谨的科研态度，引导学生在科研道路上逐梦成长。

　　在她正人先正己的严格要求下，团队形成良好的互帮互助、创先争优的育人环境，研究生培养取得丰硕成果。以2020届毕业的3名研究生为例，他们在学校期间获得多项奖项和荣誉，1人获得国家奖学金、校级创新论坛三等奖、一等奖学金，1人获得校长奖学金、校级优秀研究生干部，1人获得校级优秀研究生。

　　林雁冰教授2019年获硕士研究生国家奖学金指导教师奖，2021年获校级专业学位硕士研究生优秀论文指导教师，2022年获校级专业学位和学术型硕士研究生优秀论文指导教师。

贾良辉

用心将教室铸成快乐学堂

贾良辉，男，1977年2月生，生命科学学院副教授，从教12年。主讲"合成生物学""抗生素专题""微生物遗传学"等6门课程。先后荣获学校"学生最喜爱老师"、优秀班主任和优秀教师等荣誉。

静能春风化雨，润物无声；动能点石成金，琢璞成器。这就是用心将教室铸成快乐学堂的生命学院副教授贾良辉在学生心目中可亲可赞的形象。

在课堂点燃火把

贾良辉毕业于中国科学院微生物研究所，是微生物遗传学博士。在生命学院，他是生物工程系教师兼微生物学教研室主任。

生命学院前身是基础科学部，"基础不牢，地动山摇"，因此历任领导一贯强调要注重教学质量。时任院长、现任学校副校长的韦革宏教授，在新进教师正式上讲台前特别召集青年教师，叮嘱他们要牢记教师使命，不懈提高教学质量。这些要求深深地走进了青年教师的心中。

从事大学教学12年间，贾良辉分别为本科生和研究生开设"微生物学""合成生物学""抗生素专题""微生物生理学""微生物遗传学""微生物学实验"等6门课程,年均工作量200学时以上。但他牢记教书育人神圣职责,加班加点下功夫,以保证每堂课的教学质量。

古希腊哲人普罗塔戈曾说,"头脑不是一个要被填满的容器,而是一束需要被点燃的火把"。在贾良辉看来,老师的责任就是帮助学生把这火把点燃。因此,他在授课过程中特别注意教学的互动。无论是课上还是课下,他都激发引导学生的自主性。

教学有法,教无定法

学生的喜爱给贾良辉打了一剂强心针,他在授课内容和形式上反复思考:"如何找到学生的兴奋点和需求点。"

于是,课堂之外,他认真学习贯彻习近平总书记提出的心中好老师的"有仁爱之心"标准并认真学习、领会、贯彻习近平总书记有关"四有"好老师的思想内涵。在授课高度认真负责的同时,他还积极学习先进教育理念,注重结合专业前沿,及时更新课程内容。

作为导师,他主持引进人才专项、高校博士点新教师基金、国家重点实验室开放基金以及中央高校基本科研业务费等多项基金,认真负责地培养硕士研究生20名。

做好"四个引路人"

和学生打成一片，赢得学生信任就能赢得教育主动权。作为班主任，贾良辉总是立足于学生需要终身发展的角度，非常注重学生的人格培养，教育学生要成为一个宽容、热情、有爱心的人。

在班级管理上，他宽严相济，抓学风班风；在氛围培养上，他激发学生自强、团结向上的精神品质。他对班级集体活动也投入了极大的热情，给予支持并常常参与其中，有力地促进了班集体的活力与凝聚力。

他真诚对待班上的每一位学生，通过细致入微的观察和及时有效的沟通，了解他们的学习、生活和思想动态，及时帮助学生，尽力排除学生遇到的障碍。2016年7月，他任班主任的生工124班上交了满意的答卷：新生辩论赛冠军、优秀团支部、班级的多项指标名列专业或年级第一（获奖学金人数最多、保外研究生人数最多）、100%的就业率。

成绩的背后是辛勤的付出。凡此种种，都能看出贾良辉老师一直践行的教育理想，乐于和学生接触，乐于帮助学生解决他们成长过程的琐碎问题。

在未来教书育人的道路上，贾良辉表示将继续践行习近平总书记提出的做学生的"四个引路人"的重要指示，踏踏实实做一名师生都认可的好老师。

| 躬耕·匠心

王 华

守护三尺讲台　潜心教书育人

王华，女，1977年12月生，中共党员，人文社会发展学院副教授，从教22年。主讲"组织行为学""社区管理""领导科学与艺术"等课程。2014年获"陕西省高校教师教学竞赛"三等奖，2015年获"陕西省微课教学竞赛"三等奖，2019年主持陕西省精品慕课，2023年主持陕西省课程思政示范课；先后5次获学校教学质量奖。

严肃而温暖，智慧且从容。人文社会发展学院公共管理系王华从教22年来，始终坚定正确的政治方向，珍爱教师荣誉，引导学生自觉树立和践行社会主义核心价值观。

坚持德育为先

在教育教学中，王华深挖课程思政，创新思政教育形式，并在实践中凝练研究成果，发表《高校课程思政的核心思想、实践误区与教学策略》《社会建构主义理论视域下课程思政的教学逻辑与发展路径》《中华优秀传统文化融入高校思政教育刍议》等多篇思政教育方面的学术论文。

2013年，王华老师荣获学校"思想政治教育先进个人"。2016年，她作为党代表光荣参加了学校第三次党代会。2023年，王华老师光荣参加了学校第四届"双代会"。2019年和2021年，她在学校师德师风年度考核中获得优秀。

王华老师先后担任过两届学生班主任，为了解决学生在思想、学习、生活及交往中的困惑，她与学生建立了"一对一周谈话"制度，在坚定学生理想信念的同时，培养他们积极乐观的品格。一名学生家庭突遭变故，她了解后及时向学院申请帮扶，自己也给予学生经济帮助。有几位心理困难的学生，她坚持四年与他们进行心理疏通，帮助学生顺利走上工作岗位或继续深造。

她的努力赢得学生的信赖和喜爱，每逢毕业季，学生们都会用明信片和书信写下心里话悄悄塞进王老师的办公室。2016年她获评"我最喜爱的老师"，同年获得"就业工作先进个人"等荣誉称号。

潜心教书育人

王华老师始终把教育教学质量放在首位，关注学生的全面发展、持续发展及健康成长，以兢兢业业的工作态度上好每一节课。

为了培养学生独立思考的能力，她课堂上鼓励学生提出质疑与批评，课余带领学生开展"三农"问题调研，将课堂研讨与课外实践深度结合。她所讲授的课程获得了学生和同行的高度认可，学生评教和督导评价均位于学院前列。2013年、2022年获评学校"优秀教师"，2013年获学校青年教师讲课比赛一等奖，2015年获学校微课教学竞赛一等奖，2014年获陕西省高校教师教学竞赛三等奖，2015年获陕西省微课教学竞赛三等奖。先后5次获学校教学质量奖。

她积极学习国内外先进的教育理念及方法，深钻教学研究，近五年，主持12项省级、校级教改课题，以第一作者在B类核心期刊发表教改论文8篇，荣获学校教学成果二等奖2项。她多年持续的教改卓有成效，2019年主讲的"组织行为学"获陕西省一流课程认定，2023年获陕西省课程思政示范课认定；2022年主讲的"领导科学与艺术"获校级一流课程认定，2021年主持的城乡公共治理教学团队获评学校"优秀教学团队"。

持续提升业务能力

王华老师坚持参与校内外教育服务活动，并在教学实践中不断学习和总结，提升教学业务能力。她通过教学工作坊、教学沙龙、师资培训等方式，与省内外同行深入交流学习，并坚持通过教育服务，促进个人业务能力持续提升，从而更好地服务于教学工作。

她自2015年被聘为学校教学发展中心师资培训师以来，在校内外开展教学法讲座及培训累计30余场次。主讲的"学业评价与教学反思"教学模块，获得西安理工大学、西安财经大学、新疆农业大学等高校相关负责人及培训教职工的一致好评。参与学校教学发展中心组织的"高校教师教学实务"视频录制，并在超星集团"学银在线"上线运行，服务于国内高校教师线上教学实务培训。

王华老师始终坚定正确的政治方向，关注学生的全面发展、持续发展及健康成长，坚持参与校内外教育服务活动，赢得了学生的信赖，获得了社会的认可。

张晓容

"阳光雨露"滋养学生茁壮成长

张晓容,女,1976年11月生,中共党员,语言文化学院教授,从教24年。主讲"高级英语""英语口语与演讲""中华农业文化英译"等20余门课程。主持的"口语与演讲"慕课已被全国20多所高校共享,主讲的"英语口语与演讲"线上线下混合式课程获批国家一流本科课程。

她是学生心中的"阳光雨露",用爱滋养着学生茁壮成长。她就是毕业于香港中文大学、被学生亲切唤作"晓容老师"的语言文化学院张晓容。

打造"有趣有料"课堂

从教以来,张晓容始终坚守教学一线,以教书育人为己任,为本科生、研究生和留学生开设20余门课程。课堂上,她总能以渊博的知识、精心的教学设计、饱满的精神状态感染和带动每一位学生积极参与学习。张晓容认为,大学教师应该把学生当成即将被点燃的蜡烛,而不是有待填充的空瓶子,培养学生的自主学习能力才是最长远、最高效的英语学习模式。她总是在学情分析的基础上因材施教,帮助学生找到英语学习的正确"打开方式"。

在理论教学中，她重视现代化教学手段的应用，力求授课内容丰富准确，重点突出。在实践实习、指导学生论文、科创项目和学科竞赛中，她耐心辅导学生，加强学生语言应用能力和综合素质的培养。无论是课前课下，她总是尽可能地为学生提供大量真实的语言输入，引导学生不断完善语言表达，开阔学生视野，启发学生思考，培养学生思辨能力，让看似枯燥乏味的语言课程"有趣有料"。在每学期的学生评教中，张老师均名列前茅。

构建教学新生态

张晓容通过创新教学内容、设计、方式方法、评价、资源等教学要素构建了教学新生态，保证了语言学习的实践性、连续性和积累性。

她率先创建优质线上教学资源、使用雨课堂智慧教学工具、使用智慧教室、将"东南窑"等西农文化元素融入课堂教学、建成学校第一门外语慕课。组建语言学院课程思政教学团队，获校级"课程思政教学示范团队"称号。

张晓容主持的"口语与演讲"慕课现已被全国20多所高校共享，应用效果好，师生评价高，课程成效在凤凰网教育新闻上被报道。2023年，"英语口语与演讲"线上线下混合式课程获批国家一流本科课程。

为使更多学生受益，探索"一站式"社区教学服务，张晓容深入学生社区，开展题为"英语演讲的道与术"的社区育人讲坛，获得学生的一致点赞及好评。

用爱浇灌待花开

张晓容始终用自己的一言一行影响着每一个学生的成长，成为学生的良师益友，被学生亲切地称为"晓容老师"。

她鼓励对学习有畏难情绪的学生，让他们明白"坚持，需要突破自己忍耐的极限"；她开导过于追求完美无法接受挫折的学生，"努力的过程比完美的结果更为重要"；对于生活中出现重大变故的学生，她积极与家长沟通，减轻学生思想负担，教会学生"勇于承担才是生活的强者"。她所带的班级在创造良好学风、明确学习目的、增强学习动力方面成效显著，获得"优良学风示范班"称号。

她指导的学生多次获校级优秀毕业论文、校级百篇优秀毕业论文和"优秀毕业生"。近年来她带领团队指导学生参加全国英语演讲比赛，获国家二等奖2次、省级特等奖3次，这是我校外语学科竞赛的最好成绩。她指导学生完成多项国家级、省级科创项目，在提高学生语言运用能力的同时，融入了中国优秀文化、中华农业文明等元素，培养了学生的知农爱农情怀。

"学然后知不足，教然后知困。"新时代背景下，张晓容深感教与学的方式也要与时俱进。她积极参加各类教学比赛，不断提升教学能力、信息化能力和课堂创新能力。2020年获陕西省高校课堂创新大赛二等奖，2019年带领团队获外研社杯全国"教学之星"比赛复赛特等奖、全国决赛二等奖，获教育部在线教育研究中心"智慧教学之星"称号。

2017 年

孙秀柱

仰以事国　俯以齐家

孙秀柱，男，汉族，1976年3月生，黑龙江省望奎县人，博士研究生，动物科技学院教授，博士生导师。民盟盟员，陕西省家兔产业技术体系岗位专家，中国畜牧兽医学会动物繁殖学分会理事，陕西省畜牧业协会第三届理事会理事，草畜一体化带头人，农牧交错带牛羊牧繁农育项目陕西省专家组负责人。

他就是治学严谨，执教醇笃，热情友善，风趣幽默的孙秀柱教授。

教学艺术　研学成就

作为师者，孙老师对学生的成长着意且关怀，坚持"仰以事国　俯以齐家"的教育理念。孙秀柱教授主讲本科生"动物生产学""动物生产学实习""草食动物饲养学""草食动物饲养学实践""动物繁殖学""动物繁殖学实习"等课程，参讲研究生"草地农业系统学""动物繁殖技术""动物胚胎工程技术""动物生物技术专题""动物生殖生理调控专题""博硕士科技论文写作"等课程。自入校任教以来，他始终以"立德树人，服务国家"为指引，坚持课程育人。他对教学投入满腔热情，因材施教，注重激发学生的学习兴趣，充满热情地教学已成为每一届毕业生最深刻的记忆。一心育桃李，研学功底深。严师犹益友，晖光日日新。在课堂教学中，坚持教书和育人相结合，实施课程思政，构建和完善主讲课程思政教育途径，注重在教学活动中把价值观树立、职业道德养成、人文素养提升及创新精神培养和专业知识讲授等进行有机结合，充分发挥专业课程与思政课程的协同育人功能；孙老师在担任班主任期间，在学业上给予学生针对性的指导和帮助，在生活给予学生关心，是学生的良师益友。

主持建设一流课程2门、实践教学获批我校首批场站"双百"实践教学基地、编著校级教材等。主持完成了第二批校级在线课程建设项目、全英文授课项目、虚拟仿真可视化操作在实习课程中的应用效果研究、课程思政示范课程等教改与课程建设项目，参与完成国家级视频公开课、本科生优质课程建设项目。指导多名本科生毕设与科创训练，并获全国大学生创新创业大赛二等奖。2019年获西北农林科技大学草业与草原学院优秀教师2017年西北农林科技大学"我最喜爱的教师"；2016年西北农林科技大学动物科技学院 教学改革立项奖；2015年西北农林科技大学第十届青年教师讲课比赛三等奖；2015年西北农林科技大学动物科技学院 青年教师讲课比赛一等奖；2015年西北农林科技大学思想政治教育先进个人；2015年西北农林科技大学动物科技学院优秀教案二等奖；2015年西北农林科技大学动物科技学院优秀教师；2014年西北农林科技大学首届微课教学比赛 三等奖。

孙老师见闻广博，态度开明，认真且谦虚。他注重带动学生思考，讲课内容涉及面广泛。他的课堂氛围活跃，能够充分调动学生的学习积极性，课程内容深入浅出，易于理解。他讲课虽风趣幽默，却不失严谨，营造的氛围轻松温暖，专业知识丰富，教学形式新颖，逻辑思路清晰，课堂开放性强。

孙老师性格直率、豪爽，对待学生和蔼可亲，总是能用自己的热情感染学生，日常生活经常被学生亲切唤作"柱哥"。

学术坚守，知识之光

作为学者，他对学术的追求纯粹而笃定。他秉持"授人以鱼，不如授人以渔"的教育理念，注重因材施教，循循善诱，引导学生独立思考，培养学生的科研能力。主持国家自然科学基金面上项目、转基因重大专项（子课

题）、农业农村部及陕西省重点研发等项目十余项，发表SCI论文60余篇，参编教材及著作9部，担任国家自然科学基金委通信评审专家，教育部学位论文评审专家，Immunobiology、《家畜生态学报》等审稿专家。执教以来，已培养多名硕、博研究生，指导的研究生获校级优秀研究生、优秀毕业研究生、校级优秀研究生干部多次，已有两名研究生留校。

社会服务的使命

作为行者，他对社会的服务赤诚又执着。担任牧繁农育项目陕西专家组负责人，家兔产业技术体系岗位专家，牧草技术体系榆林站成员，省三区人才等，积极投身草食家畜产业发展和产业扶贫工作。完成了农牧交错带牛羊养殖企业典型案例调查分析，在项目示范企业及带动的养殖场户对肉用母牛繁殖及犊牛/羔羊培育关键技术进行了集成与示范推广，犊牛腹泻等发病率和死亡率降低8%，企业与农户养殖效益分别提升8%和5%以上。深入家兔养殖和牧草产业一线，解决农户实际技术需求，参与家兔产业调研扶贫和繁殖技术指导。多次组织技术培训，累计培训技术人员千余人次。并受邀在西藏拉萨、内蒙古通辽/呼和浩特、宁夏固原、甘肃庆阳、陕西杨凌/府谷等多地进行草畜一体化及肉牛肉羊养殖关键技术培训，"理论+实操"培训模式深受农牧民养殖场户的欢迎，并受到《农民日报》、中国农网等媒体的关注报道。孙老师还参编多部出版著作，如《肉牛养殖实用技术问答》《秦川牛》《基因编辑与猪抗病育种》《现代养鹿与鹿产品加工关键技术》《鹿高效养殖技术》《细胞工程原理与技术》《动物生殖免疫学》等。

孙景荣

用一颗真心做受学生欢迎的老师

孙景荣，女，1978年9月生，中共党员，林学院讲师，从教21年。主讲"室内设计""建筑设计基础"等课程。

孙景荣以爱育爱，用心守护每一个学生的成长，求真务实，脚踏实地，立足本职，一直努力做一个好老师。

教育路上，做一个有宽度的教师

在课堂教学上，孙景荣勤于思考，乐于钻研，善于反思。根据所授课程的性质和职业岗位需求，打破传统以教师为中心，进行单向知识灌输的教学模式，采用以任务为驱动、项目为导向的形式组织教学，将与市场对接的酷家乐等3D云设计平台的运用引入到教学中，引导学生利用网络云设计平台提供的功能进行云建模、云渲染，创造了基于职业岗位的体验式学习情景，实现课程教学内容与市场需求的对接。

每节课上课前，孙景荣基于教学内容，都会指定1~2名学生进行课前优秀设计案例分享，再让其他学生对案例作品进行评价探讨，提升学生的设计审美能力，激发学生的设计灵感。

授课时，她会结合课程内容加入反映社会主义核心价值观的典型设计案例，从设计元素表达、人文精神、绿色环保等方面对学生加以引导。在做好教学工作的同时，她还积极进行科学研究和教育教学改革，先后主持、参与"十三五"科技支撑计划项目、陕西省自然科学基础研究计划项目等多项研究课题，发表论文15篇，担任主编、副主编或参编著作和教材5部。

教育路上，做一个有高度的教师

为了提高个人的综合素养，孙景荣不仅大量阅读相关专业书籍，还经常阅读《卓越的大学教学：建构教与学的一致性》《如何成为卓越的大学教师》《班主任必读》等提升教学能力和德育素养的书籍。在她看来，不断提升自身知识水平和文化修养，是每一位教师应该不懈追求的行为常态。

孙景荣积极参加学校举办的各种教师教学能力提升培训和专业学科教育与发展研讨会等学术会议，她的默默付出赢得了学生的认同，学生评教排名每次都位于学院前列，2023年获学院课程思政竞赛一等奖。同时，她还十分重视对学生创新意识及团队合作精神的培养，积极指导学生申报各类专业学科竞赛。2021年，她获"第三届Tata木门创意设计大赛"优秀指导教师；2019年，获得"乡村阅读空间"公益设计大赛最佳组织奖和优秀指导教师，同年获百隆杯第五届中国高校"我最喜爱的家具（家居）毕业设计作品大赛"优秀指导教师。

孙景荣认为，做一个有高度的教师，要不断开阔眼界，要有大思想、大格局，更要不忘初心，以身作则。

教育路上，做一个有温度的教师

教育路上，做一个有温度的教师，以爱育爱，去守护每一个学生的成长。作为专业任课老师，为了提高学生完成设计作业的积极性，她对待学生就像对待自己的孩子一样，有时给学生颁发作业进步奖、最佳创意奖等小奖状，有时会自掏腰包给学生买糖果、饮料，只要作业完成得好，都会得到小小的物质奖励。

作为班主任，她与学生更是亲如家人，能够放下架子、耐下性子，用包容与爱守护每一位学生的成长。为了体现"每个学生都很重要"的教育理念，她不会只关注问题学生和优等生，而是不定期地按照学号把学生叫到办公室聊天、谈心，哪怕只是拉家常，对学生来说，都是很好的心理疏导；她会组织班里学习好的学生组成帮扶小组，帮助学习上有困难的学生；当学生无法回家过年时，她会带着大包零食去宿舍看望他们，给他们温暖；为了解决学生考研、就业的困惑，她会专门邀请大四已考上研究生或已保研、就业的优秀学生给学弟学妹做经验交流……

因此她所带的每一个班级都学风浓、班风正，班级考研率和就业率位居专业前列。

"水之如天，本色是矣"。孙景荣便是这样一位本色老师，她有一种单纯的执着，就是永葆一颗求真务实、脚踏实地做一名最好的普通老师的初心，一路追梦，一路风景。

杨创创

春风化雨引路人

杨创创，男，汉族，1966年2月生，农工党党员，机械与电子工程学院副教授，从教29年。主讲"理论力学""材料力学""工程力学""高等工程力学"等课程。曾荣获"机电学院讲课比赛"二等奖、"成教学院优秀授课教师"、"校级教学成果"二等奖等荣誉。

"正人必先正己，正己才能正人"。杨创创始终坚持贯彻党的教育方针，爱岗敬业，教书育人。在所承担基础力学课程教学中，始终坚持把工作放在第一位，以扎实的专业知识武装自己，以崇高的教师职业道德规范自己，以真诚的态度对待学生，以德树人，乐于奉献。29年来，他努力践行全过程育人、全方位育人的理念，真正做到教书和育人相统一、言传和身教相统一。

以情育人　撒播梦想

每一个初入大学的学生对大学课堂都会有各种不适应，杨创创用耐心、爱心、信心帮助他们，让每一张白纸都能描绘出美丽的图画。在长期的教学过程中，他努力做到"心与心"交流，找到学生身上的闪光点，让他们会学习、爱学习，学会珍惜时光、感恩社会，为报效祖国而努力成才。

任教以来，杨创创先后担任过5个班级的班主任。他对待学生严慈相济、亦师亦友。工作中真心诚意替学生着想，与学生将心比心，让他们学会生存、学会学习、学会做人、学会办事、学会健体，共同营造良好的班风、学风。所带学生都顺利完成学业走向社会，不少学生还获得国家奖学金、推免研究生资格以及优秀学生干部荣誉。

三尺讲台上，他用真诚和爱播撒希望与梦想，送走了一批又一批西农学子走上工作岗位，成为对国家建设有用的人才。

以德树人　身正为范

师而有德，才能育人。三尺讲台不仅是传授知识的地方，更是树标立德的重要舞台。课间和课余与学生积极交流，一旦发现学生在思想、学习中的问题，第一时间给予指导和帮助。他经常以学校优秀毕业生为在校学生树立榜样，激励在校生发奋努力，能够更好地成为德才兼备的社会人。

他常说，为了给学生一碗水，就要努力把自己变成一桶水。杨创创工作以来认真做好备课、上课、批改作业等各环节工作，不断进行教学方法和教学手段的改革，以提高教学水平。先后主持完成4项校级教学改革项目，完成多本教材的编写。指导学生完成了多项大学生科创项目并取得专利申请，指

导学生将知识与实践能力相结合，帮助学生在实践中获得快乐学习的能力。

乐于奉献　甘为人梯

从教以来，除了尽职尽责完成课程教学工作，杨创创还积极完成不同院系和各类学生的答疑解惑工作。先后对我校朱瑞祥、韩文霆、陈军、杨福增等老师指导的硕士研究生在学术研究中遇到的有关力学问题给予热情指导。每年都有就课程复习中遇到问题登门求教的考研复习的本科生，作为老师，杨创创总是尽心尽力予以解答。

最让杨创创感到开心的是，一位曾在成教学院机制专业就读的本科毕业生，为了考取研究生，自学"结构力学"，整个学习期间，杨创创给予该生将近一年的无偿辅导，最终该学生如愿考上西南交大研究生。

"春雨，染绿了世界，而自己却无声地消失在泥土之中。老师，您就是滋润我们心田的春雨，我们将永远感谢您"——这是免试推荐清华大学硕士研究生、2017届本科"十佳毕业生"黄毅杰同学写给杨创创老师的毕业赠言。

作为师长，乐于奉献的春雨精神和甘做学生学业铺路石的奉献精神，便是杨创创执教生涯的真实写照。

寇小希

课堂有温度　机械亦炫酷

寇小希，女，1983年9月生，中共党员，机械与电子工程学院副教授，从教15年。主讲"机械设计""机械产品数字化设计"等课程。曾获"陕西省课堂教学创新大赛"一等奖，"陕西省高校青年教师教学竞赛"二等奖，"陕西省高校课程思政教学能手"和学校"我最喜爱的老师"与"金牌教师"称号。

因为喜欢，所以热爱；因为热爱，所以敬畏。对自己的职业，寇小希老师满心敬畏，唯恐不周，误人子弟。她对工作高度负责，对学生严慈相济，对个人严格要求，表现出了一名高校教师强烈的事业心和高度的责任感。

机械世界与武侠小说

在机电学院，寇小希老师的课很受欢迎。"酷"和"炫"是学生们对她的课的评价。究竟怎么把一门冰冷的"机械设计"课讲得又酷又炫，深受学生欢迎的？她是这样给课程定位的："机械世界并不像大多数人想象的那样'乏味''枯燥'和'冰冷'，我要给学生描述的是一个'多彩''有趣'和'高端'的世界。"为了让学生感受到这样的氛围并快乐学习，寇小希花费了很多时间和心血建造了一个让学生能享受其中的"机械城堡"。

在寇小希看来，课堂首先要有强大的吸引力，这样学生才会专注其中。她虽然是工科出身，但一直痴迷于武侠小说，尤其推崇古龙的小说。如何把机械知识讲得像古龙小说那样精彩有吸引力？从成为大学老师的那一刻起，就成为她一直琢磨想要达到的目标。

"我每天思考最多的事情就是内容的引入，大到每章的开篇和收尾，小到每句话的承前启后。我尝试从身边生活、热点事件、电影音乐、游戏周边等话题开始一节普通的螺栓机械设计课。"在寇小希的课堂上，古龙小说的章节手法和叙事方式被她娴熟地运用到课堂上，近百人的大课堂，学生们的眼睛都盯着黑板，兴趣盎然。

学生张雷锋特别喜欢寇小希老师的课。他评价道："寇老师真的把'机械设计'这样一门枯燥复杂的课程讲活了，跟着寇老师的节奏，你会觉得上课如同寻宝，思绪在各大经验公式、校核公式之间飞舞，不知不觉一堂课就结束了。"

喜欢"炫技"与精益求精

"不照本宣科"是寇小希的教学风格。她想象力丰富，喜欢挑战，善于用最潮流、最前沿、最符合年轻人口味的方式去教学。每一次上课前她都要扩充新的课件内容。"只有我被吸引了，才是满意的课件。另外，我喜欢IT周边和最新科技，无论是硬件组装，还是软件应用，我都乐于跟学生去尝试，尤其喜欢研究PPT怎么作出大片特效。"谈起专业教学，寇小希的话匣子就关不上。流媒体、钢琴、乐高、运动等，广泛的爱好为她带来无限灵感。

为了增强课堂趣味性，她还自学了视频剪辑、动画制作等技术，在讲述内容时增加了视频短片辅助教学。采用"寓教于乐、寓知于趣"的方式，形成了灵活幽默的教学风格，极大地提升了学生的学习积极性。

授课之余，寇小希还积极参加教学培训和交流活动，学习新的教学理念。在课程中落实工程认证OBE理念：学为中心。根据每位同学的个体差异，制订低阶、中阶和高阶的学习目标、方法以及评价内容，激发每位同学的学习积极性，帮助学生实现个人学习目标；在工程导向方面，她利用线上平台、实物模型、科创科研、前沿文献、真机操作、周边参观等多元方法在课堂内外穿插，引入工程案例，强调每位学生参与并反馈，提高学生动手能力和创新能力。还利用"SPOC"+"云班课"信息化平台建立了线上线下深度融合的混合式教学模式，其中"机械设计"SPOC课程已通过学校认定，在线课程所有内容均为自行录制和编辑。

"我很庆幸从事了自己喜欢的职业，站在每天充满能量、激情和快乐的三尺讲台，将我的机械世界描绘给我的学生，期待他们创造出属于他们的智慧未来。"寇小希说。

陈 勇

学生心中值得信赖的好老师

陈勇，男，汉族，四川省眉山人，信息工程学院副教授，中共党员，1993年毕业于西北农业大学农业化学系土壤与植物营养专业，现为西北农林科技大学信息工程学院教师。先后获2016年度信息工程学院优秀党员、校级优秀教师、杨凌示范区先进工作者。

"有困难，找勇叔"，他就是勇斗病魔依然坚守讲台，用正直、真诚、善良的人格，影响着一届又一届学生的陈勇老师。

执教22年来，陈勇始终忠诚于党的教育事业，全面贯彻落实党的教育方针，以德立身、以德立学、以德立教，以高度的事业心和责任心投身教育教学活动中，用正直、真诚、善良的人格，影响着一届又一届学生，成为学生心目中值得信赖的好老师。

他待生如子、视教如命、爱校如家，用实际行动践行"立德树人"的根本使命，诠释了教师的初心使命，是大家学习的好榜样，是新时代的"四有"好老师。

为人师表　立德树人

陈勇热爱教学、潜心教学、静心育人，始终以饱满的热情和十足的干劲，为学生上好每一节课，带好每次实习，批阅每一份作业。他坚持将科研项目中遇到的问题变为经典教学案例，并不断迭代更新形成一套由200多个案例组成的"大学计算机基础"和"程序设计基础"教学案例库，丰富课堂内容，扩大学生的视野和知识面，培养学生学以致用。

他自觉践行"心中没有爱就没有教育，没有学生也就没有教学"的职业操守，把关爱学生健康成长融入课前、课中和课后，坚持通过手机、QQ、微信、自主开发的网络互动平台等各种渠道与学生保持无障碍交流，解决学生在任何时候遇到的任何问题。近三年来，通过网络平台与学生交流互动每年超过1000人次，累计超过5000人次，QQ空间访问量累计超过20余万人次。

陈勇担任信息学院计算机基础教学部主任十多年来，团结同事，无私奉献，务实肯干、开拓创新，带领团队积极投身计算机基础教育改革和实践，在全国农业院校计算机基础教育中有一定的影响力。他秉承团队"传帮带"精神，对青年教师备课、写教案以及讲课艺术技巧等方面进行悉心指导，及时帮助他们解决在教学中出现的困惑或问题。他所带领的计算机基础教学团队先后主持完成省级、校级教改项目17项，获校级教学成果奖一等奖1项，二等奖2项，荣获校级青年教师讲课比赛一等奖3人、二等奖5人，获学校微课比赛课件制作奖和最佳风采奖各1人，营造了团队教师深度参与教学改革和人才培养的激励环境。

关爱学生　传递正能量

陈勇坚持"以学生为本，因材施教"的教学理念，坚持爱是教学成功的基础，创新是教育的希望。当学生在思想上有困惑、专业上有情绪、和同学不和睦时，无论是哪个学院、专业、来自什么地方、认识的、不认识的，只要他遇到、知道，他就会自觉承担起教育、引导和帮助的责任，更会耐心、细心、周到地帮助学生分析问题，提出解决方案并监督学生执行，直到学生恢复正常学习生活为止。他患重病时，其爱人在他QQ空间发布了一篇医疗信息求助的日志，短短几天受到17万多人关注，他曾经的很多学生通过各种渠道打听、提供医疗信息，通过各种途径表达对他的问候与关心，甚至有不少毕业生从各地赶赴医院看望他。

陈勇率先提出了"多元化考核"教学模式，将"爱学生"落实到具体教学工作中，以学习金字塔理论为指导，在翻转课堂、微课的基础上增加了对学生教、学、思、辩、行过程中的多种考核激励方式，以积分制完成期末成绩评定，将学生由被动学习彻底转变为主动学习，最大限度地提高了学生的学习积极性，取得了良好的教学效果。

潜心教学　　无私奉献

大学计算机基础教学内容多、知识杂、理论多、实践难，面对大一新生的基础水平千差万别，如何让这些学生尽快进入学习状态，他科学谋划教学实施方案，精心设计教学组织过程，优化教学内容，注重传统经典理论与新技术有机结合，逐步形成了"风趣幽默、亲和力强、感染力强"的独特教学风格，受到学生及同行的好评。

陈勇多年来探索实践多元化教学，把传统灌输型教学与现代翻转教学、案例驱动教学等方法融合统一，在校内举行公开观摩课15场，参与教师达200多人，先后有26门课参与多元化考核模式的教学实践，带领课程组全体成员建成覆盖课程教学全过程的各类教学资源，累计受益学生人数达10万余人次。"课程多元化考核模式研究与实践"教学模式的应用，得到了各方面的一致认可，他先后应邀在重庆大学、北京理工大学等高校作专题报告，课程资源于2015年被中国农业出版社出资收购，并于2016年11月受教育部网培中心委托在大连大学进行了面向全国高校的网络培训直播，他探索设计的过程考核方式、无纸化考试等多元评价方式已经被广泛借鉴采用。

龙芳羽

学生的良师益友

龙芳羽，女，1982年1月生，中共党员，食品科学与工程学院副教授，从教12年。主讲"食品营养与卫生学""食品环境学"等课程。2016年获西北农林科技大学"我最喜爱的老师"荣誉称号。

龙老师下课时让学生印象深刻的结束语总是："大家有什么问题的话，欢迎随时来找我，不管是学习上的还是生活上的，老师都很乐意给你们解答，你们的事是老师的头等大事。"她授予学生的不仅仅是一门课程的知识，更是学生成长路上的一阵阵春风。

俯首育桃李　润物细无声

从教以来，龙老师一直坚守教书育人的初心和使命，以学生发展为中心，积极探索教学方法，创新教学模式，用心上好每一堂课是她的育人理念。在本科生"食品营养与卫生学""食品环境学"授课过程中，她秉承西农传帮带的优良教学传统，因材施教、传道授业、解惑育人，以启发式教学引导学生思考，帮助学生开阔思路，培养学生社会责任感，帮助学生将所学知识与生产实践进行紧密结合。她重视对大学生创新能力的培养，指导的学生多次获得国家级、省级等科创项目，并在第十一届中国食品科学技术学会"盼盼食品杯"以及"互联网+"等比赛中获奖。

作为研究生课程"食品工程新技术"的主讲教师，她不断创新教学方法，打造校企联合课堂，进行线上线下混合教学，注重提高每一位学生的创新能力和成长潜力，这门课程因此获得"校级优质建设课程"。

怀爱生之心　树师者之行

在长达10余年的班主任职业生涯中，龙芳羽多次荣获"优秀班主任"称号，在她的带领下，食工174班分别荣获优秀团支部、五四红旗团支部、先进班集体和优良学风示范班等多项荣誉称号，英语四级通过率97%，英语六级通过率55%；80余人次获得奖助学金；11人获得推免资格，被保送到复旦大学、浙江大学、上海交通大学等国内知名学府继续深造。同时，她还是学生生涯规划与发展过程中的领航人，结合社会多元化能力需求与学生个性化发展双重因素，给予学生个性化指导和建议，帮助学生找到最适合自己的目标定位，尽其所能在毕业后的科研、工作和生活等方面给予学生全方位的支持、帮助和引导，让学生不仅感受到"导学"，更感受到"导心"。学生乐于和她相处，也乐于分享自己的点滴，有事情第一时间想到的就是龙老师。她用实际行动诠释了对学生成长、成才的关爱，助力学生规划和奋斗出最美

的大学轨迹。

科教深耕　绘梦山河

龙芳羽十分注重加强自身师德建设，以身作则，引导学生"扣好人生第一粒扣子"。在指导研究生的过程中，她从指导学生阅读第一篇文献做起，逐渐引导学生关注国内外学术前沿，不断培养学生提炼和发现问题的能力，从而精准选题。同时，每周组织课题组进行交流，密切关注学生的科研进展及学术能力的提高，为学生营造自由和谐的学术氛围。

龙芳羽对待学术的态度认真严谨，一丝不苟。对于学生的文章和论文，她一定会逐字逐句仔细阅读并修改。这种严谨的治学精神，不仅培养了学生科学研究的思维方式，也培养了他们分析问题、解决问题的能力。

回顾过往，龙芳羽从2012年执教至今，一直秉持着教书育人的初心和信念。专业的知识、温柔的性格、民主的氛围、细心的关怀，春风化雨般滋润、吹拂着每一位学生的心灵，为一个个家庭托起梦想，助力鲲鹏生羽翼，一跃龙门行千里，她就是同学心目中可亲可敬的龙芳羽老师。

| 躬耕·匠心

宋育阳

追光迎风　护花而生

宋育阳，女，1983年12月生，中共党员，葡萄酒学院副教授，国家一级品酒师、一级酿酒师。从教11年，主讲"葡萄酒工艺学""葡萄酒微生物学""葡萄与葡萄酒专业外语"等课程。2017年获"我校青年教师讲课比赛"一等奖。

入职以来，宋育阳兢兢业业，努力做学生的良师益友；竭力将科教深度融合，在农业科技中挥洒青春。

立足教学，带动学生创新挑战

教学中，宋育阳能保质保量完成各项教学任务，并主动参与教学方法改革与创新。任职以来，她共承担7门课程的课堂教学和实践教学。主讲完成"葡萄酒工艺学"慕课的录制，并在中国大学生慕课平台上线，该课程获批2020年国家级"双一流"课程，校一流本科课程，校示范课建设项目。同时，她还主动参与到本科优质课程建设工作中，进行葡萄与葡萄酒全英文教学的课堂设计与改革创新，积极参与设计葡萄酒工艺学虚拟仿真实训。

对于本科生毕业设计和科技创新项目，宋育阳进行积极指导，相继有学生获得校级优秀论文和陕西省以及全国的各类奖项，她还指导学生在本科期间发表论文，所带的葡萄酒133班获得"优秀团支部"称号。她是学生心目中的好朋友、大家长。

在完成教学任务之余，宋育阳还经常学习并探索提高教学质量和水平的方法，积极参与"葡萄酒工艺学""葡萄酒微生物学"本科优质课程建设，场站"双百"实践教学项目建设，进行双语教学的课堂设计与改革创新，先后发表教学研究论文2篇，参与的教学团队获2017年陕西省教学成果一等奖。所在团队获批优秀研究生导师团队，入选学校第二批"黄大年式"教师团队创建培育对象。

科研与产业相结合，明确科研方向

在科研工作中，宋育阳时刻保持思路清晰，善于探索，坚持理论研究与技术研发并重。针对我国葡萄酒产业发展的现状，她凝练课题方向，坚持刻苦钻研，勇于创新，先后主持国家自然科学基金、教育部留学回国人员启动基金、国家重点研发计划子课题等项目。她还积极开展科技推广与服务，参与合阳葡萄试验示范站的驻站和技术服务工作，并勇于走进产区、服务产区。

她任职以来，共发表科研论文50余篇，参编中英文著作各1部，参与申报专利10项，获陕西省"巾帼最美农业科技工作者"称号。

潜心学生管理，做他们的良师益友

宋育阳热爱教育事业，深受学生喜爱。担任班主任期间，她积极引导学生自我管理、自我约束、自我成才，创建了一个学风正，人人受益的良好氛围。积极指导学生参与创新实践活动，鼓励并带动学生参加"三下乡"社会实践考察活动，夯实学生专业基础。通过走访学生课堂宿舍、面对面约谈等与学生打成一片，全面掌握学生情况，与学生建立了亦师亦友的良好关系。她还主动将班主任津贴等作为班级活动资金，组织同学参加各项班级生活，以加强班级凝聚力。

宋育阳老师对待她热爱的教学工作更是兢兢业业，骨折后仍坚持坐着轮椅去上课、办公、开会。成为医生眼中"不听话的病人"和家人口中"倔强的斗士"。

| 躬耕·匠心

　　正是如此,她多次被评为院级优秀班主任。培养的学生有的进入长城、御马等葡萄酒领域知名企业工作,有的被保送到北京大学、浙江大学、上海交通大学、阿德莱德大学、墨尔本大学等攻读硕博士学位。她本人也获得公派赴牛津大学学习的机会,先后获得校级"思想政治教育先进个人"、学校青年教师讲课比赛一等奖、杨凌示范区"三八红旗手"荣誉称号。

李天保

唤醒学生心中的最美好

李天保，男，1982年9月生，中共党员，化学与药学院副教授，从教13年。主讲"物理化学""物理化学实验"等课程。参编"十二五"普通高等教育本科规划教材《无机及分析化学》和"十三五"规划教材《物理化学实验》各1部。

李天保年均教学工作量近300学时。他勤于钻研，善于学习，非常注重对教学方法和教学理念的学习，并积极向身边模范教师请教，不断提高自身教学素养和教学能力，逐渐形成了自己独特的教学风格，先后荣获"首届微课比赛三等奖"和"2014年青年教师讲课比赛二等奖"。

以身作则　教书育人

教学中，李天保时刻用"学为人师，行为世范"的标准严格要求自己，努力挖掘课程教学资源，将教学内容与学生专业密切结合，形成了体现物理化学与各专业交叉融合的课程资源，为学生的知识、能力、素质的全面拓展奠定良好基础。

他始终坚持"以学生的全面发展为中心"，想方设法应用先进教学技术提高教学效果，通过运用QQ、云班课、慕课堂等线上教学平台，高效进行线上线下讨论、测试、问卷等教学活动，轻松实现交流互动。实时掌握学生学习状态，征集学生的学习要求及建议，并适时调整教学方法和内容，让每一位学生都能在他的教导下取得进步。

李老师先后主持和参加教改项目10项；获批2023年国家级一流本科课程1项；校级教育教学成果一等奖1项；发表教改论文3篇，其中1篇为北大中文核心期刊；所在物理化学教研室荣获"2020年在线教学优秀教研室"和"2022年校级优秀教学团队"。

唤醒心灵　点燃青春

李天保始终认为最伟大的教学就是把学生心中最美好的东西唤醒。因此，他的课上除了教授学生基础理论知识及实际应用外，还经常通过挖掘物理化学知识中所蕴含的人生哲理，用典型事例、科学道理、独到观点，在润物细无声中促使学生的正确价值观、生命感、创造力的觉醒，将自己的青春年华用于对基础理论、高新技术和前沿探究的学习和探索中，为创造美好未来奠定坚实基础。

李天保老师本着"每一位学生都是可塑之才"的教学理念，在13年的教学实践中，李天保关心和爱护每一位同学，聆听他们的心声，并针对不同学生的特点及时给予指导。他注重引导学生深入思考"人生怎么过才能无悔""如何规划自己的未来""我能为祖国和人民做些什么"等问题，通过思考，从心灵深处唤醒他们的自主学习意识和学习热情，帮助学生健康成长。他的良苦用心也得到学生们的认可，无论是理论课还是实验课，都深受学生的喜爱，学生评教成绩多次名列学院前10%，获得2017年度学生心中"我最喜爱的老师"称号。

以研促教　研以致远

在李天保眼中，教学和科研是相辅相成的。为了提高教学质量，他积极投身科研工作，坚持以研促教，紧跟前沿研究，激发学生科研兴趣。他十年如一日、坚持不懈地带领本科生和研究生进行电分析化学前沿研究，并围绕电化学传感器的开发与应用，创建了一系列电分析新技术与新方法，开发了具有完全自主知识产权的高灵敏、便携式金属离子、抗生素残留等电化学检

测仪器，培养了学生的综合科研能力和创新意识。

李天保先后主持国家自然科学基金项目和陕西省自然科学基金项目各1项，教育部留学回国人员科研启动项目1项，校企合作项目3项；获"陕西省科学技术成果二等奖"和"陕西省高等学校科学技术一等奖"各1项；获批发明专利4项；指导本科生科研创新项目6项，其中1项获得学校第二届"本科创新创业论坛特等奖"，并荣获"优秀指导教师"称号；指导本科毕业论文14篇，获"院级优秀毕业论文指导教师"称号3次；指导本科生发表中科院一区SCI论文2篇。

作为一名深受学生喜爱的老师，李天保甘于吃苦、追求卓越，用自己的实际行动，在教学科研一线默默践行着西农人的使命与担当。

杨文杰

教书育人　甘为人梯

杨文杰，男，1965年2月生，中共党员，经济管理学院教授，从教36年，主讲"审计学""公司治理""林业经济管理专题""涉农企业财务管理"等课程。1995年、2007年、2010年均获校级"教学成果"二等奖（主要参加）。

三尺讲台勤耕耘　科学道路勇攀登

他为本科生系统讲授过"会计学原理""审计学""成本会计学""财务管理""高级财务会计""审计专题""公司治理"等课程，为研究生讲授"公司治理""审计理论与实务""林业经济管理专题"等课程，年平均给本科生授课230学时，连年超额完成教学工作量。多年的教学实践锻造了他风趣幽默、条理清晰、充满哲理的个人讲课风格，教学感染力强，深受学生爱戴与同行的好评。杨老师主持过10项省部级课题，参加过国家自然科学基金、国家社科基金、国家攻关等课题20项。出版专著1部，编写教材8部，发表科研论文130余篇。作为主要参加人的科研项目获陕西省科技进步三等奖1项，陕西省农业技术推广成果一等奖1项，陕西省林业厅科技进步奖一等奖2项。

教书育人守初心　　教学改革善始终

他在教学中始终坚持不忘初心,"立德树人"。他利用"审计学""审计专题""公司治理"等课程的教学课堂,开展审计职业道德和财经法纪警示教育,培养学生独立、公正、守法、谨慎等职业道德情操,将社会主义核心价值观、爱国主义、遵纪守法和职业道德贯穿于课程教学各个环节。他始终如一,不断更新教学内容,改进教学方法,每年都根据学科前沿动态和国家最新会计审计法规、制度、准则更新教学内容。主持了"农林类大学会计学专业创新型人才培养模式研究""审计学优质课程建设""审计学一流课程建设(线上线下混合)"等教改课题,参加了"会计学""统计学"省级精品课程建设和会计学国家一流专业建设。

问渠那得清如许　　为有源头活水来

他深信要给学生一碗水,教师本身应该有一桶水的道理,为此,他从1988年参加工作以来,利用工作之余,刻苦学习英语和专业知识,在职取得了西北农林科技大学硕士、博士学位。为了提高自己的实践教学水平,他曾经到西安市莲湖区审计局参加政府审计实习,通过严格考试考核,取得深交所上市公司独立董事任职资格,担任陕西石羊农业科技股份有限公司独立董事并兼任该公司审计委员会主席,为"审计学""公司治理"课程实践教学水平的提高奠定了坚实的基础,也为高校教师服务企业、履行社会责任进行了有益的探索。他所教的课程之所以受学生喜爱,受同行赞赏,与他不断向书本学习、向实践学习密不可分,正所谓"问渠那得清如许,为有源头活水来"。

春风化雨润无声　　心甘情愿为人梯

他每年都为10多名应届生写30多封推荐信,推荐他们申请推免研究生和出国深造,有的学生甚至毕业10多年后,仍然找他写推荐信;他几乎每次上课都点名,当发现个别学生长期不上课,并不是简单地给予旷课记录,而是积极与班干部、院系管学生工作的老师联系,了解学生缺课的原因,要

| 躬耕·匠心

求他们尽快返回课堂；他几乎每年都会收到已经毕业的学生完善档案的"要求"，只要学生有需求，他都会亲自到学校档案馆帮助学生查找、补齐学生所在单位完善个人档案所需信息，然后邮寄给学生。用他自己的话说："档案馆我熟门熟路，我用20分钟就能搞定的事，何必让学生跑冤枉路呢。"他这种关爱学生、默默奉献的精神让他赢得了学生的爱戴。

2018 年

张世泽

教学相长,做学生的"大"朋友

张世泽,男,1972年8月生,中共党员,植物保护学院教授,博士生导师,从教28年。主讲"生物防治""农业昆虫学""植物保护学"等课程,担任主编、副主编的全国高等农林院校教材3部。先后获校级教学成果一等奖1项,二等奖2项,入选第二批"全国高校黄大年式教师团队"。

工作以来,张世泽潜心育人,注重教学相长,是学生成才的好老师,也是学生成长的"大"朋友。曾获"国家科学技术进步"二等奖1项、"省部级科学技术进步奖"二等奖2项、"地市级科学技术进步奖"一等奖1项,"学校教学成果二等奖"2项,以及"我最喜爱的老师""师德先进个人""优秀共产党员"等荣誉称号。

坚守初心 潜心育人

张世泽始终坚持"以学生为中心"的指导思想,关爱学生,努力培养学生正确的人生观、价值观和世界观,用强烈的责任感、使命感、人格魅力和道德风范影响和教育学生,做学生的良师益友。

他潜心探索教育教学规律，根据讲授课程的特点和内容，灵活采用项目式、案例式、探究式等教学方法，引导学生系统、全面地思考问题，培养学生创新思维能力，同时注重交叉学科知识的融合，将理论知识同科研、教学过程有机结合，提出的"三有"（即有意义讲授、有意义接受、有意义发现）教学模式深受学生喜爱。

学识渊博，对知识驾驭能力强，讲课时缓时急，语调抑扬顿挫，风格幽默，讲解深入浅出，旁征博引，充满激情，这是历届学生对他的中肯评价。他主讲的"植物保护学"课程被评为陕西省精品资源共享课、"生物防治"课程被评为陕西省一流课程。

亦师亦友　共同成长

"课上是老师，课下是朋友"，是对张世泽与学生共同成长的真实写照。要想真正实现亦师亦友，就需要老师的真正陪伴和引领。

每次在讲授课程前，张世泽都会先建立课程QQ群、班级QQ群，及时在群里发布讲课内容、阅读资料、问题思考等，再引导学生主动学习。同时鼓励学生课前、课中、课后积极思考，进入科研实验室，进行创造性学习。他不断激励学生对授课内容、授课方式、校园新闻、社会热点等发表看法，共同探讨，因势利导，引导学生把个人选择与国家和社会的未来紧密联系在一起。

担任班主任期间，张世泽重视班级建设，认真对待班级各项事务，经常参加班会等集体活动，通过各种活动与同学们建立友好亲近的师生关系。他经常和学生聊天，以便及时了解学生在学习和生活中遇到的困难，同时也为有科研想法的同学推荐相关资源、为有经济困难的同学创造勤工助学机会。

教学相长　深化育人成效

张世泽认为以研能导教，以教能促研，因此在授课中会及时将学科发展的新理论、新技术、新成果融入教学当中，充分体现专业课的专业性和前瞻性，从而深化育人成效。

近年来，他担任主编或副主编的全国统编教材3部，参编教材3部。还充分发挥学生在科研中的主力军作用，在国家自然科学基金、国家"973"项目子课题、国家重点研发计划子课题、陕西省重点研发计划等项目的资助下，近五年，他指导的3名本科生分获学校优秀毕业论文和百篇优秀毕业论文，指导的研究生以第一作者在国内外重要学术期刊 *Entomologia Generalis*、*Journal of Pest Science*、*Pest Management Science*、*Biological Control*、《昆虫学报》、《植物保护学报》等发表论文20余篇，4名研究生获国家奖学金，2名研究生获校长奖学金。

这位学生心中的"大"朋友，长期以来就是这样坚守初心，潜心育人，他与学生亦师亦友，与学生共同成长，在"立德树人"的路上走得扎扎实实、稳稳当当。

| 躬耕·匠心

胡晓辉

教育，根植于爱

胡晓辉，女，1977年10月生，中共党员，园艺学院教授，从教17年。主讲"无土栽培学""设施蔬菜栽培"等课程，获国家教学成果二等奖1项，陕西省教学成果特等奖1项、二等奖3项，全国农业硕士专业学位研究生实践教学成果二等奖1项，教育部"宝钢教师"荣誉称号。

作为高校教师，胡晓辉十分注重自身政治素养和品德修养的不断提升，不仅传授给学生丰富的学识和精湛的专业技能，还以崇高的道德修养和坚定的理想信念引导学生树立正确的世界观、人生观和价值观。

教书育人　立德树人

"科研是我热爱的事业，教书育人则是我最根本的任务。"从教17年来，胡晓辉始终坚持以学生为中心，将"立德树人"根本任务自觉融入教学、科研、服务基层等各项工作环节。

作为国家级一流本科专业建设的主要负责教师，在对学生科研实践的教育指导过程中，她格外注重将社会主义核心价值观、西农精神等融入学生日常教育中，主动为学生搭建平台，积极构建第二课堂育人体系，提升学生的创新创业和科研实践技能。

近五年来，她累计指导大学生创新创业项目17项、国家级创新创业竞赛22项，指导的学生获得第九届"中国国际大学生创新大赛"国家级金奖（青年红色筑梦之旅赛道）、第八届全国大学生"农建创新创业竞赛"一等奖、第四届"全国生命科学竞赛"二等奖。

在学生心里，胡晓辉一直是一位思维严谨、能力突出且性格温和、好相处的人生导师和知心朋友，在她的精心指导下，一批又一批新型农林人才投身到科学研究和乡村振兴中去。

因材施教　平易近人

在育人方式上，胡晓辉十分注重因材施教，她认为每一个学生都有自己的特点，作为一名大学教师，更像一位"伯乐"，从不同的方面挖掘学生"千里马"的特质，从而更好地培养学生。

在学校"优秀教师"评选时曾有学生说："胡晓辉老师是一个没有架子的老师，我们跟她的交流就像跟自己家人一样。""了解学生，才能更好地指导学生"，这是她经常对设施创新团队的年轻老师说的话。

胡晓辉说："本科生处于对科研认知的初级阶段，需要更多更细致的引导。"因此，在指导本科生科研活动中，她会根据学生的兴趣和能力特点，逐字逐句修改每一份科研总结和毕业论文，在她的指导下，有5名本科生的毕业论文荣获学校本科生百篇优秀毕业论文，学生优异的成绩是对她的教育理念最大的肯定。

百余次的指导，事无巨细地检查，她指导的项目获得了学校第一枚中国国际大学生创新大赛"红色筑梦之旅"赛道的金奖。这个沉甸甸的奖杯正是她创新育人和创业教育理念相结合的印证。"设施农业的学生可以走进田里，也可以走上国家级的舞台""自信是成功前的状态，我相信我们的项目必定会取得好的成绩"……她对学生的鼓励和教育恰到好处。

扎根杨凌　潜心科研

我校在全国首先创办了设施农业科学与工程专业，在她看来，这是实现自己理想的最好平台。2006年，她和爱人义无反顾地来到了杨凌——这座位于西北的小镇。17年来扎根在西北这片土地上，培养的学生已在祖国农业发展的各个角落挥洒热血。

胡晓辉带领研究生研发的设施农业新技术，造福了广大农业生产者。她先后主持国家重点研发计划项目子课题、国家自然科学基金、陕西省重点研发计划等项目25项；以第一作者或通讯作者身份发表学术论文80余篇，主编或参编教材9部；获陕西省科学技术奖一等奖2项，陕西省农业技术推广成果奖一等奖1项，全国农牧渔业丰收奖一等奖1项……

"师德为本，师爱为魂"不仅是胡晓辉的人生格言，更是对她作为一位教师最好的诠释。积极向上、乐于助人、工作认真的品质让她收获了好的人缘，也帮助她在工作上不断进步。师生们都喜欢这位工作勤奋、做事从不拖拉的女教师。

张建勤

用仁爱厚德铸好老师

张建勤，女，1974年3月生，无党派民主人士，博士，动物科技学院副教授，从教25年。主讲"动物育种学""动物数量遗传学"等课程。她先后荣获2019年度校级青年教师讲课比赛一等奖、2019年度校级课程思政单项奖、2020年度"温氏优秀教师"称号，多次荣获"教学先进个人"称号，2次获得校级教学成果二等奖。

任教至今，张建勤立足动物科学专业，以教书育人为本，积极承担了大量繁重的教学与科研任务，教学及科研成果斐然。

秉承红烛精神，坚守师德师风阵地

一支粉笔，两袖清风，三尺讲台，四季诗意。这是张建勤最真实的写照，也是她一直追求并且付诸行动的誓言。如此的精神支撑，成就了学生对张建勤的爱戴以及同事对她的认可。

为了提高自己的思想境界，她积极参加了多次师德师风培训，坚持用榜样的力量持续提升自己，2018年，荣获我校首届师德师风"先进个人"称号。2016年，参加学校首届师德师风演讲大赛，取得优异成绩，演讲内容入选《红烛光影》一书。

热爱教育事业，把教书当作一种享受和快乐

为了讲课效果，在讲授计算量大、内容抽象难理解的"动物数量遗传学"课程时，张建勤多年坚持手写教案、潜心推导繁杂公式。

她一直坚持板书讲授，清晰的解题风格、潇洒的粉笔板书，在动科学院教学课堂中形成一道亮丽的风景线。主讲研究生课程"动物育种原理与方法"等内容繁多、综合性强的课程时，她率先建立了育种案例数据库，不断改进教学方式方法，提高授课效果，深得学生欢迎。

主讲的动物科学本科专业核心课程"动物育种学"作为陕西省精品课程，被认定为我国首批一流课程。作为主讲教师，她连续多年在学生评教中获得优秀，来自宁夏大学、青海大学等多位兄弟院校进修教师在旁听她的课之后都赞不绝口。

坚持理论联系实际，坚持把论文写在养殖场

作为一名专业课教师，张建勤始终坚持理论联系实际，积极承担多项科研课题，走入生产实践，经常和本科生、研究生一起做实验，不断提高自己的业务水平。

除了承担繁重的教学任务，她还承担了大量科研任务。她始终坚持深入生产一线，多年来一直致力于我国家禽遗传育种与生产科研工作，作为技术骨干，她为陕西省的乌鸡产业发展和鸭产业发展作出了显著的贡献。以第一完成人获得省级科技进步二等奖1项。她不仅把科研成果应用到生产中，同时还将生产中的经验反哺到科研和教学中，教学与科研相辅相佐，科研成果被《农业科技报》报道。

桃李不言，下自成蹊

从教25年来，张建勤担任了5届班主任，多次获得"优秀班主任"称号，所带班级多次被评为校级或院级优秀班集体。她始终坚持一个理念：教师站在讲台上可以高台教化，导人向善。但是作为班主任，更要身体力行，

坚持"立德树人",主动靠近学生,关心学生,了解每一位学生的学习与生活,在点滴中教导学生明晰事理,明辨是非。

张建勤一直严格要求自己,用坚实的业务基础,精湛的专业素养,敏锐的科研嗅觉,耐心地指导学生。她还多次低调资助贫困学生、帮助困难学生。先后帮助和推荐30多名本科生成功推免或考取进入北京大学、清华大学、北京协和医院、浙江大学等高等学府攻读研究生学位。

辛勤的付出结出了丰硕的果实,张建勤多次获得"优秀班主任"、优秀研究生及本科生毕业论文指导老师、全国大学生科创项目"优秀指导教师"等称号。

温和谦逊,仁爱厚德;甘为人梯,初心铸师魂;教书育人,桃李满园写春秋。她,就是张建勤。

张欣珂

以尊重和爱教授"学以成人"

张欣珂,男,1983年5月生,中共党员,动物医学院副教授,从教11年。主讲"兽医外科手术学""小动物疾病学""宠物疾病诊疗与案例分析"等课程。荣获2016年校级"青年教师讲课比赛"一等奖、2018年"我最喜爱的老师"称号。

讲台上的他幽默睿智,手术室里的他一丝不苟;他被学生们尊称为"动医男神",他就是动医学院教师张欣珂。

教育的本质是点燃火焰

"很少有哪个老师的课件那样美观、那样赏心悦目。丑萌的小动物、网络流行用语……他总是能将各种各样、千奇百怪的东西巧妙地与知识点结合起来,让课堂教学不再枯燥乏味。"学生们说,"张老师上课的特点是轻松幽默,但又严谨深刻。"

上张欣珂的课,想走神都是件难事。台上,他讲得行云流水,台下,大家听得聚精会神。常常是一节课不知不觉结束了,同学们却还意犹未尽。特别的是,张老师明明不怎么提问,学生们却在台下"抢答"。"真正的互动是头脑的互动，而不是表现形式的讨论。"张欣珂说。这样学生们不但可以紧跟他的节奏去思考，还能顺着他的思路往下说。

这些现象看似无心插柳，其实都是张欣珂投入了大量的备课时间换来的。花几天时间去准备课堂上10分钟的内容，听上去有点"亏"，张欣珂却认为很值。"要说我讲课有什么可取之处，主要还是事先的准备多。"一分耕耘，一分收获，他在任教的11年里，斩获了多项省级、校级教学奖项及荣誉。2018年起，除了做精、做细本科教学工作，他还组织申请研究生学位必修课"宠物疾病诊疗与案例分析"的教学，受到研究生教学督导组的极力推荐，成为研究生精品课和研究性教学示范课。

知难而进　攀登高峰

"兽医外科手术学"是一门实践性很强的兽医专业课程，需要学生掌握动物保定、麻醉、手术基本操作方法及常见的病理性和生理性手术方法。除了理论课堂教学，张欣珂还要在实验课和实习课上指导学生做完手术，亲自上阵示范，一站就是10个小时。每一次演示，同学们都被他高超的技艺深深折服。

为了方便学生看清手术内容，他还利用多机位、投影仪等设备实现"手术直播"，不仅人人能看清楚，而且更加直观形象。就新技术对知识传播的作用，张欣珂深有体会。他认为科技手段在教学领域还有很大的应用潜力。他积极申请学校2022年度虚拟仿真精品课程——"犬胃切开术"，尝试新型媒体在教学中的引领和突破。

高校教师要"产、学、研"三线作战，兼任动医专业教师和教学动物医院院长的张欣珂更是来回奔波。周一至周五，他在学校进行教学和科研工作；周六、周天，去医院坐诊，还要进行医院日常的运营管理，但他从未感到辛苦、烦琐，甚至还会挤出时间致力于新教材、新技术的推广。在他主译、主编的5本兽医专科书籍中，尝试着从我国兽医临床发展现状的角度增加疾病诊治要点，并且附加解剖图和诊断流程，为兽医教学、临床精细化发展做好铺垫。

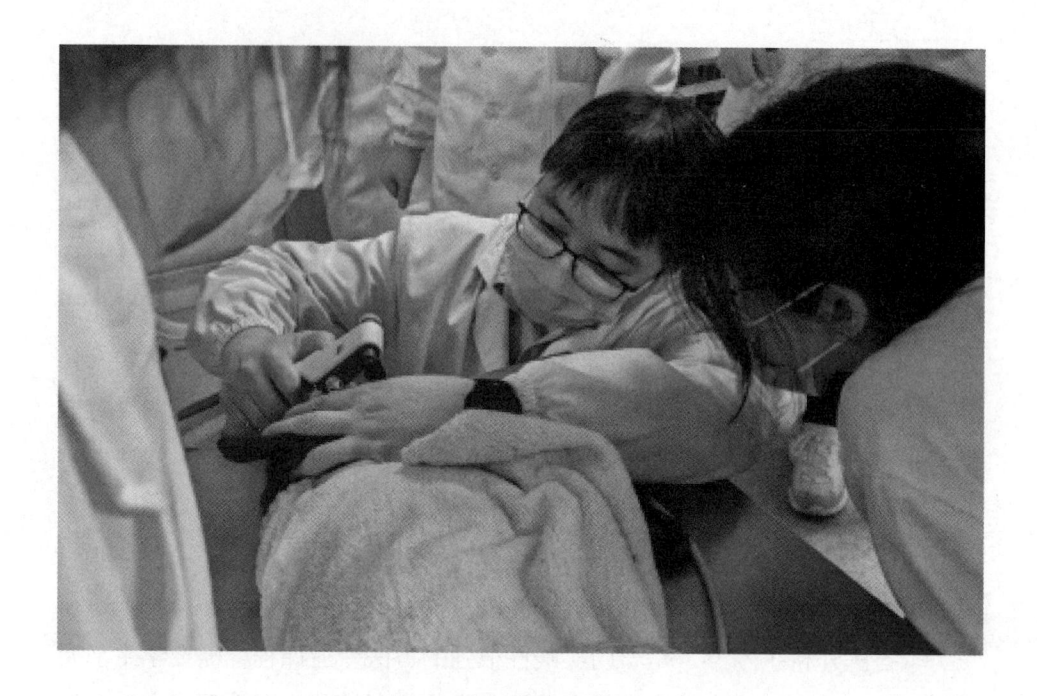

学生是我的原动力

在传道授业解惑的过程中,爱是张欣珂传递给学生永恒不变的力量。学生尊称张欣珂老师是"动医男神",因为张欣珂时刻把学生放在心上。

在学生心中,张欣珂是个很有责任心的老师,不论作为一名授课教师,还是一名班主任,抑或是一名导师,他都会从学生的感受和体验出发,通过与学生之间的相处和交流实现教学目标,达到教育要求。

从2014年起,张欣珂就参与我校国家级学科竞赛参赛学生的培训工作。他作为项目负责人和主要参与人,需要指导和陪伴学生度过备赛季,每日进行单调乏味的基础训练,尽管如此,他从未有过一丝懈怠,有时为了缓解学生们的压力,还会带着学生一起吃饭,主动关心学生们训练之外的学习生活,解决后顾之忧,在他参与指导的10次国家级大学生技能竞赛中,学生们共取得8次特等奖和2次一等奖的好成绩。

"跟张老师接触以后,发现他非常和蔼可亲,跟我的兄长一样。从2014年研究生入学,我一直跟随张老师,大到学术课题,小到日常琐事,他无时无刻不在为我们出主意、想办法。"戴鹏秀同学回忆起他与张欣珂老师的点滴往事时说,"张老师把学生当成自己的孩子,学生们也十分爱戴他,师生相处其乐融融。"

石宝峰

做"顶天立地"的教育者

石宝峰，男，汉族，1984年12月生，中共党员，经济管理学院教授，博士生导师，从教10年。主讲"国际金融""信息经济学"等课程。2022年获高等教育(研究生)国家级教学成果二等奖，2022年获我校金牌教师"立德树人新秀奖"。

"立德树人"对大学教师来说，有两层含义：一是立德，作为教师，必须从严要求自己，做到为人师表、以身作则，让学生从教师言行中获益；二是树人，即培养学生，让学生在教师的言传身教中脱颖而出，毕业后能成为有能力、勇担当的社会栋梁。

这番话，是经管学院石宝峰从教十年来不变的誓言与不懈的追求。

努力做"顶天立地"的教育者

"服务国家发展需求，做'顶天立地'的教育者。"石宝峰不仅时刻以此要求自己，以身作则，更是将"顶天立地"原则融入人才培养全过程，通过思政育人、课程育人、实践育人、科研育人，让学生在言传身教中不断成长。

在本科人才培养方面,他通过将理论讲授、实验教学、前沿解读、案例实操相结合,利用小组讨论、案例分享、科研成果进课堂等方式,培养学生发现问题,利用课堂所学思考和解决问题的能力。他指导的本科生,5人获国家级大学生科创项目资助,10人在SSCI/CSSCI等检索源期刊发表论文,5人获校百优毕业论文,1人科创成果入选教育部"国家创新创业训练计划十周年"庆典。

练就自身本领　悉心培养学生

针对西部乡村振兴中既懂农业又懂金融的高质量人才短缺的现状,石宝峰提出基于"一生六元"的涉农高校金融专业人才实践能力培养模式,即以期货、证券、银行、保险等组成的"六元"用人主体对涉农金融专业人才需求为导向,构建满足涉农金融专业学生(即"一生")供需求匹配的人才培养方案,相关成果获2021年校级教学成果一等奖、2023年陕西省学位与研究生教育学会研究生教育成果二等奖。

"我对研究生有两个要求,一是必须练就过硬本领,强化自身能力;二是培养学生的组织协调能力。因为只有做到这两点,你才能掌握发现问题并组织队伍解决实际问题的能力。"石宝峰说。

2017年,石宝峰获得硕导资格并受聘"六次产业研究院"的兼职博导。在研究生培养过程中,他逐步探索建立了"导师领进门+团队传帮带+个人特长发展"的培养模式。坚持以身作则,手把手、逐字逐句帮每位学生修改论文;让成长起来的高年级学生担任新生"第二导师",实现"一对一帮扶",发挥团队协作和传帮带作用。

研究生陆阳等荣获"华为杯"第十八届中国研究生数学建模竞赛一等奖,填补了我校五年来没有此项竞赛一等奖的空白;柴娜娜、陆阳、王玲、杨惠媛、刘磊等人参写的咨政报告被国家发展和改革委员会、教育部、陕西省委办公厅采纳;赵雪、李晨、李家祥、杨惠媛、陈静怡、高虹、董丹阳等多名研究生获得国家奖学金以及"优秀研究生""优秀共产党员""优秀研究生干部"等荣誉称号。

唯愿我的学生越来越好

从教10年来，石宝峰的教育教学和人才培养工作得到了师生的一致认可，相关成果荣获国家教学成果二等奖、陕西高校高等教育教学成果特等奖、学校教学成果一等奖，中央农办、农业农村部乡村振兴"软科学"优秀成果奖，陕西高校人文社科优秀成果一等奖，陕西高校科学技术研究优秀成果二等奖，辽宁省哲学社会科学优秀成果二等奖和校级金牌教师"立德树人新秀奖"、西北农林科技大学研究生优秀导师、西北农林科技大学优秀教师等多项荣誉。

作为一名高校青年教师，石宝峰还有一个深藏在心中的更大梦想："希望有一天，能看到从我的团队里走出的学生真正走到社会中去'顶天立地'。作为一名教师，还有什么比看着学生'雏凤清于老凤声''青出于蓝胜于蓝'更令人欣慰的呢？"

李民寿

平凡岗位上实现人生价值

李民寿，男，1967年11月生，中共党员，经济管理学院副教授，中国注册会计师非执业会员，从教30年，主讲"会计信息系统""金融工具会计"等课程。

从教30年来，他始终将师德师风放在首位，为人师表，以身作则，修身为范，德高为师，在平凡的岗位上实现自己的人生价值。

德高为师 严于修身

作为一名人民教师，不仅要有丰富的专业知识，还应具有高尚的师德。李民寿始终坚持正确的政治方向，恪尽职守、以身作则，也一直用这一标准严格要求学生。

他常和学生说："作为一名财会专业人才，恪守职业道德规范是根本，一定要先学做人，而后学艺。作为教师，教育你们是我的职责，帮助你们成长更是我的责任和义务，同样，我也期待你们对责任和义务有准确的认识。"

他总会积极引导学生树立正确的人生观和价值观，坚持"立德树人"，正确处理教书与育人的关系，注重在教育教学过程中对学生的政治素质和思想品德的培养。

学高为范　勤修技能

教师的天职就是教书育人，如果没有扎实的专业功底，只凭一腔热情是无法完成教书育人使命的。因此，李民寿始终把提升自己的专业技能作为提高教师素质的首要目标，刻苦学习理论知识和实践技能，始终站在我国财税制度改革的前沿，用最新的专业知识完成教学工作。

李民寿认为，作为会计学专业教师，只有理论教学是远远不够的，达不到"既具有扎实的理论功底又具有熟练动手能力的复合应用型专业人才"的培养目标要求。在教学中，除了积极指导学生专业教学实习外，李民寿还充分利用自己联系的各种企业与社会资源，介绍学生去企业和中介机构进行实习锻炼，从而更快地提高学生的实际工作能力。

李民寿多次指导和带领学生参加各种技能大赛，曾在"新道杯全国大学生管理信息化专业技能大赛"中取得陕西省赛区一、二等奖和全国总决赛二等奖的优异成绩，他个人也获得了"优秀指导教师"的荣誉称号。

关爱学生　积极引导

随着我国经济的快速发展，社会对财会人才提出了更高的要求，李民寿借助自己中国注册会计师协会会员的身份，熟悉实务界和社会对高层次财会人才的要求，他经常引导学生积极思考自己的职业规划，帮助学生明确自己的奋斗目标与方向。

为人师表，以身作则，严于律己，修身为范，凭着对教育事业的执着热爱和强烈责任感，李民寿在教书育人的岗位上找到了自己的人生价值，正如他自己所说："培养更多出色的学生就是我最大的追求。"

李民寿在教学岗位上严格要求自己，忠诚于党的教育事业，爱岗敬业、自尊自律、言行雅正，重视知行合一、严谨治学、严格执教，在平凡岗位上实现了人生的价值。

袁君刚

做学生心中的那道光

袁君刚，男，1982年8月出生，中共党员，人文社会发展学院副教授，从教14年。主讲"社会工作概论""社会工作伦理"等课程。曾获2022—2023学年"优秀教师"称号。

对袁君刚的学生来说，无论身处何处、无论去向何方，只要想起袁老师的殷殷教诲，心中就充满奋斗的勇气与温暖的阳光。

站稳讲台 教学之路"一条路跑到黑"

从入职的第一天起，他就牢记教师的职业操守，把最大的精力投入教学工作中。10余年来为本科生开设"西方哲学概论""发展社会学"等课程。为研究生开设"社会工作伦理""发展理论与实践"等课程。年均教学工作量300学时以上。虽然授课内容不同，但他都能够最大限度结合自己的专业所长和学科发展前沿，特别是紧密围绕农业高校的办学特点确定授课内容，同时结合新时代大学生的认知特点和心理状态，不断探索有效的授课形式。

袁君刚的课堂永远充满欢乐，总能用最轻松的方式让学生学到知识。同时，他主持教学改革项目、建设在线课程和一流课程、出版教材、建设"课程思政"示范课程，凡是与教学工作有关的事情，袁君刚几乎一件不落。

付出总有回报，袁君刚相继获得2014年度"优秀教师"、2018年度"我最喜爱的老师"和2022年度"课程思政教学骨干"等荣誉称号。他讲授的3门课程都被认定为校级"一流课程"，两门课程被认定为校级"课程思政"示范课程。学生评教结果每次都位列学院前列。

执着耕耘　科研之路"永远是新人"

作为高校教师，袁君刚对于学术研究始终抱有一种最朴实的情怀。深耕学术的他著有《东北老工业基地国有企业社会功能的嬗变》《社会工作伦理十讲》等学术专著，曾主持多项校级社会科学项目、陕西省社会科学项目以及国家社会科学基金项目，多篇论文被收录于CSSCI及北大核心期刊。

他十分注重跨学科研究，经常运用哲学、伦理学、社会学及社会工作等相关学科的理论综合探究问题，收获了丰硕的研究成果。他始终坚持着自己学术研究的本心，从不满足于现有的成就，仍然在科研道路上继续探索着。

在日常教学生活中，袁君刚也努力将这种对学术的情怀传递给每一位学生。他主动了解学生的研究方向和学术兴趣，积极指导学生的各类科创项目，鞭策他们在科研道路上持续前进。他希望每一位学生都能通过探究社会现象挖掘社会问题的本质。在他的感染下，一批又一批学生带着对科学的好奇与敬畏，义无反顾地奔向社会、奔向社会科学的广阔田野。

多措并举　育人路上"爱你没商量"

除了课堂主阵地，袁君刚还占领了更多第二阵地。自2011年起，他连续12年担任班主任，从思想上走进学生的内心，从细节上走进学生的生活，从方法上走进学生的学业。用自己的车送学生赶飞机、春节为留校学生送饺子、为家庭经济困难学生找校内助管岗位、暑期开展家访……

他总是在细微处关心关爱学生。亲自带学生实习、担任学生社团指导教师、组织专业读书会……在这些活动中，他总是有意培养学生理论联系实际的能力，让学生感受到课堂所学在生产生活中的实践价值。作为知识的传授者，袁君刚不仅重视课堂上的每分每秒，更注重在实践中与学生一同探讨学科前沿，分析社会变革，关注公平正义，以自己的专业能力和实践经验为学生打开一扇"窗"。

作为学生最喜爱的老师，袁君刚经常关注学生内心的烦恼，并利用自己丰富的人生经验和心理学知识帮助学生更好地了解社会、了解自己。

在学生心中，袁老师是三尺讲台的守望者、学术研究的拓荒者，更是育人育才的践行者。

| 躬耕·匠心

张 丽

热爱学生　知行合一

张丽，女，1978年4月生，中共党员，马克思主义学院副教授，从教24年。主讲"法律基础""思想道德与法治"等课程。2016年获"陕西省高校思想政治教育研究论文"二等奖，2017年获"陕西省高校思想政治理论课优秀教案"一等奖，2018年获我校"最喜爱的老师"称号，2020年作为重要参与人获陕西省高等教育教学成果奖特等奖。

作为高校思想政治理论课一线教师，站在神圣的讲台上，张丽深感使命光荣责任重大，她敬业、精业、乐业，耕耘在三尺讲台上，收获着她特有的快乐和幸福。

醉心于教学

"教学"二字，在张丽这里有着独特的解释。她认为，作为教师，要处理好"教"与"学"的关系，不仅要懂得如何教，更要探究学生如何学，这样才能增强学生的学习获得感。

为了做好社会主义核心价值观专题教学，张丽利用暑假专门制作教案和课件。她仔细查阅了相关书籍，通过差异对比、本质剖析，在价值澄清中引导大学生真心接受并积极践行社会主义核心价值观。

为了站好讲台，她常常观摩学习其他老师的现场教学，在家里对着镜子不断练习，在各种大赛中历练自己。2014年，张丽参加学校青年教师讲课比赛，荣获二等奖，参加陕西省社会主义核心价值观教学比赛，荣获三等奖；2015年，获学校首届微课比赛一等奖和陕西省高校微课比赛三等奖；2016年，获学校首届师德师风演讲比赛二等奖。

张丽通过教学科研两手抓，较好地实现了教学推科研、科研促教学的良性互动。近五年，她先后主持省部级课题2项，主持校级课题6项，发表论文12篇。在光明网发表3篇有关社会主义核心价值观的文章，引导学生认同和践行社会主义核心价值观。2012年、2013年、2014年连续三年获"陕西省思想政治教育优秀论文"二等奖。

安心于讲台

"120分钟的时间里，确立什么样的教学目标？如何进行教学设计？怎样提升学生学习获得感？只有提前做足功课，才能掌控好三尺讲台。"张丽一直都在思考如何把每节课上好。

从一支粉笔一节课，到如今的多媒体、智能化教学手段进入课堂，时代在变，张丽也在不断地与时俱进，但放在讲台旁边的大黑包却从来没变过。从站上讲台起，张丽就提着一个长50厘米、厚20厘米、高30厘米，重2.5千克的大黑包，扩音器、耳麦、课件、教学日历、教材、参考资料、学生名册，一应俱全，满满的大黑包，盛着她对讲台的痴迷和对学生的责任。

讲台好比舞台，学生好比观众。剧情精彩了，演员演好了，也就能吸引住观众了。讲台在张丽的心里很神圣，每次上课她都会提前15分钟到教室，调试好教学工具，

与学生亲切交流。

"亲爱的同学们……"洪亮的嗓音，充满激情的讲授，风趣明快的语言，大气端庄的台风，总是能把同学们的注意力紧紧抓住。学生姚洪梅说："张老师的课堂有料又有趣，她将一本厚厚的教材，化成了绵绵的流水，淌进我们的心田。"

专心于课堂

尽管已有十几年教龄，思修课的框架内容早已烂熟于心，但张丽从不敢懈怠，每一学期的课程，每一堂课，她都早早准备，专心备足"活水源"，让课堂内容"深、活、新"，娓娓道来，滋润学生的心田。

张丽的"活水源"来源于她不断地学习。课堂上，张丽力求将启发型的讨论式、自主探究式、案例分析互动式等多样化的教学方法融入其中，并采用多媒体和网络教学平台，积极探索翻转课堂，引发学生参与和思考，激发学生学习的探知欲，引导学生从浅表学习走向深度学习。

会计153班张依凡大一时上过张丽老师的思修课，大二在写形势与政策论文时，临提交前遇到困难。"晚上十点多钟发信息打扰张老师，她在看到信息的第一时间就回复了我，面对许多让我急了眼的无奈问题，老师依旧耐心给我回复，让我感动到落泪。"张依凡说。

"三寸粉笔，三尺讲台系国运；一颗丹心，一生秉烛铸民魂。"张丽深耕课堂教学交际，构建师生双向奔赴的有效教学，让思政课成为育人铸魂的金课，让莘莘学子成为有理想、有才干、有担当的时代新人。

2019 年

刘 巍

传承植保精神　潜心教书育人

刘巍，女，1982年10月生，中共党员，植物保护学院副教授，从教8年。主讲"农业植物病理学""植物保护学""高级植物免疫学"等课程。曾获全国"植物病理学"教学研讨会青年教师基本功比赛一等奖、陕西省首届课堂教学创新大赛三等奖和学校金牌教师"立德树人"新秀奖。

用爱换真情，奉献悦人生；一腔真情奉献三尺讲台，扎根植保沃土培育桃李。自2015年入职以来，刘巍老师在三尺讲台辛勤耕耘，在实验台前潜心科研，在田间地头服务生产，传承了植保前辈们"教—研—产—学"高度融合的理念，引导学生做"一懂两爱"的新农人，服务现代农业发展和乡村振兴。

潜心教学　精益求精

走上讲台以来，刘巍先后承担本科生"农业植物病理学""植物保护学"和研究生"高级植物免疫学""病害治理策略与技术进展"等课程，年均教学工作量超150学时。

在教学中，她注重课程思政引领，优化课程教学内容。通过教学模式灵活多样、线上线下协同教学、理论与实践相结合等系列教改举措，达到思想、知识和技能协同育人的目的。

近三年，她主持和参加校级以上教改项目6项，获批校级虚拟仿真项目2项、在线课程1项，发表教改论文5篇，编写教材4部，讲授的"农业植物病理学"获首批国家级一流本科课程和国家级课程思政示范课程。所在教学团队获"陕西省黄大年式教学团队"和教育部课程思政教学名师团队。

作为教学骨干，刘巍先后被选派参加西交利物浦大学及英国牛津大学等研修项目。曾获全国"植物病理学"教学研讨会青年教师基本功比赛一等奖、校级青年教师讲课比赛一等奖、陕西省首届课堂教学创新大赛三等奖以及学校课程思政教学骨干等称号。

以研促教　以产助教

刘巍坚信以研促教，教研相长；以产助教，教产双赢，立足我国农情和产业需求，依托我校及学科优势，在课程体系、教学内容、教学方法和手段等方面进行了探索和创新。例如最新研究成果进课堂、高度重视生产实践育人等，综合应用多媒体、网络资源库、虚拟仿真、标本模型及现场示范观摩等手段开展教学，培养学生的责任感、创新意识、思辨能力和国际视野。

自加入果树病害防控团队以来，她致力于猕猴桃重大病害防控理论研究和技术研发应用，主持获批国家自然科学基金等项目；发表论文16篇，出版专著1部。获陕西省科学技术进步奖一等奖和中国植物保护学会科学技术奖一等奖；参与研发的猕猴桃溃疡病精准防控技术入选农业农村部主推技术和中国科协"科创中国"现代农林领域十大先导技术；制定陕西省地方标准2项。

作为陕西省猕猴桃产业技术体系专家，参与科技培训及产业服务百余次，积极搭建场站、企业、基层等多元实践平台，重构实践教学内容，建设实践课程、大学生科创项目、毕业设计、科研训练等多元育人途径，提升学生的创新能力。主持获批场站"双百"实践教学项目1项，实验课程建设项目1项。指导大学生科创项目8项，曾获全国大学生"物联网技术与应用大赛"一等奖、"互联网+"大学生创新创业大赛校级金奖等。

嘉言善行　春风化雨

刘巍真诚爱护每一位学生，通过"施爱心、以恒心""重规划、立成才"等系列面对面、心连心的交流方式，全心全意引导学生成长成才。班长王晗说："忘不了刘老师一次次与学生交心，为学生排忧解难；忘不了她带着粽子和五彩线去火地塘试验站与实习在外的学生过端午；忘不了四年来中秋节时老师为每个同学准备月饼……"

她春风化雨、润物无声般的细致工作，使原本学习基础较差的班级通过四年的努力达到研究生升学率超60%，其中有17名分别被国内外知名大学录取。任创新学院生物基地班2002班班主任期间，她不忘初心，以爱育人，传统节日为学生精心准备小礼物以及暖心陪伴，新冠疫情封校期间连夜为学生送去的300只口罩和30瓶消毒液……

"植物保护学院名师辈出，我要学习并传承这种师者精神，为心爱的教育事业不懈努力。"刘巍坚定地表示。

| 躬耕·匠心

王建国

用心传播知识　用爱感化学生

王建国，男，1986年6月生，中共党员，动物医学院教授，从教12年。主讲"兽医内科学""兽医临床诊断学""兽医临床治疗学"等课程。荣获学校"青年教师讲课比赛""微课教学比赛"二等奖，陕西省第二届高校教师"微课教学比赛"优秀奖。

自从事教学工作以来，他始终以教书育人为己任，用心播种知识，用爱感化学生，一言一行不忘教师初心，一举一动常思育人之责。

创新教学　打造高效课堂

走上讲台后，王建国主要从事本科生"兽医内科学""兽医临床诊断学""兽医临床病理学"和研究生"兽医临床治疗学"等课程教学和动物营养代谢病相关研究工作，年均本科教学工作量达268.5学时。

"要给学生一杯水，老师要有一桶水。"王建国潜心学习、虚心求教，努力提高自己的教育教学水平和从教素质。他认真勤勉、勇于钻研、敢于实践，注重将教学新理念和技术灵活运用于课堂教学实践中，其新颖有趣的教学方式极大地提升了课堂教学效果，受到学生一致好评。

在繁忙的教学科研工作之余，王建国积极参加"教学工作坊"和"网络在线课程培训"等活动，不断提升自己的教育教学能力，不断探索提升课堂教学效果的新方法和新途径，取得了良好效果。

他先后主持了校级教学改革项目和在线课程建设项目，发表相关教学改革论文4篇，参编教材2部；荣获2015年学校和学院"青年教师讲课比赛"二等奖，2017年学校第二届"微课教学比赛"二等奖和陕西省第二届高校教师"微课教学比赛"优秀奖。

以德施教　呵护学生成长

王建国深知教师之于学生的影响，一言一行不忘教师形象，一举一动常思育人之责。他始终秉持"德为人先，学为人师，行为世范"之理念，并努力用一点一滴去实践和诠释，在注重提升教学质量、教学效果的同时，努力提高自身师德师风修养。

王建国注重教书育人和自我修养相结合，时刻自重、自省、自警、自励，自觉做以德立身、以德立学、以德施教、以德育德的楷模。他始终坚信"学生的认可是对教师最好的评价"的理念，无论是担任专业课教师，还是担任班主任，他都能用心播种声音，用爱感化学生，用行动鼓舞学生。

王老师在工作中恪尽职守，执着教学，不断提高授课质量，每堂课都力求做到精彩。他优化每一次课的教学设计，只为学生容易接受；他注重引导学生养成探究式学习习惯，争取让每名学生都有发言的机会，鼓励学生形成自己的观点。他在生活上爱生如子，潜心育人，会用心记住每位学生的名字，以真情激励学生、温暖学生。

潜心育人　助力学生成才

王建国时刻以教育者的眼光鼓励和发现那些正在努力向上的学生，十分关注学生的思想动态，引导学生树立正确的学术观念和人生价值观。

与学生面对面时他的目光有期待、有鼓励，也有严格要求；而当学生离开时，他则更多的是对学生未来的祝福和期冀，给予学生无尽的温暖与动力。

王建国连续5年担任动医146班班主任，历次考核中3次被评为优秀，连续3次获评优秀学业导师。他所带的班级中有多人荣获国家奖学金及各类社会奖助学金，多名学生被评为"优秀学生干部""优秀团干"和"优秀志愿者"，班级多次获评"先进班集体"和"红旗团支部"。

"在学业上严格要求，在生活中真心关爱，既做到专业知识的引导，又做好学生的灵魂摆渡人。"王建国做到了，他以良好的师德风范和教师素养，极强的事业心和责任感，赢得同学们的一致喜爱，是学生口中的"建国老师"，是学生心里的"建国哥哥"。

王 健

全心全意诠释"三尺讲台"

王健，男，生于1973年9月，中共党员，资源环境学院教授，从教29年。主讲"水文学""生产建设项目水土保持""土壤侵蚀原理"等课程。先后荣获"陕西省教学名师""国家林业和草原局教学名师""宝钢优秀教师"等荣誉称号。

王健是水保学院教授，博士生导师，同时还是主管教学工作的副院长。他爱岗敬业、耐心细致，全心全意诠释"三尺讲台"的责任与担当。

要铸学魂　先铸师魂

自1994年7月分配至西北林学院水保系，王健一直从事"水文学""生产建设项目水土保持""土壤侵蚀原理"等本科课程教学工作。

29年来，他始终如一地坚守在自己热爱的三尺讲台上，每年至少承担本科生2~3门课程的理论教学工作以及实验、实习等实践教学任务。

尽管政工事务繁多，科研任务重，但他从未因此而耽误学生一次课。他时刻牢记自己首先是一名教师，始终将教学作为头等大事谨记在心。从教几十年，他坚持以学生为中心，结合专业特点和社会对人才的培养需求，致力于水土保持综合治理的高级工程技术人才的培养。

在对水土保持专业供给侧深入分析的基础上，以夯实基础理论为核心，以培养绿水青山建设者和守护者为方向，王健提出四维合力的专业教育供给侧改革方式。

在理想信念上，他通过扩大整个本科阶段的思想教育方面的供给，厚植立志于建设绿水青山理想信念；在理论教学上，他通过梳理专业课程、整合课程内容、修编教材、梳理课程资源、采用团队化教学等手段，强化优质教学资源供给；在实践教学上，他采用展现发现式实践教学方法，提供新型实践育人途径；在创新展示上，他建立学科资源共享新机制，提供创新培养新平台，全面提高学生综合素质。

"思政＋专业" 实现协同育人

教学中，王健时刻牢记"培养什么人、怎样培养人、为谁培养人"这一根本问题，牢牢抓住每一节课、每一次和学生交流的机会，强化对学生的思想政治教育。

实践教学设计中，他基于思政教育与专业教育协同育人的工作思路，以行业基地为依托、以周边红色教育基地为载体，提升学生的政治素质和专业基础。结合野外实习的亲身体验、实地操作，锻造学生强健的体魄、提升审美标准、培养学生的劳动技能；结合课程特点和社会对人才的要求，以学生为中心，遵循以需求为导向、以课程为核心、以师资队伍建设为基础、以培养国家急需的高层次人才为落脚点的思路，培养德、智、体、美、劳全面发展的专业人才。

多年来，他结合主持的教改项目以及科研课题，积极探索学研用贯通创新的新路子。开展专业与教材的建设工作，将最新成果融入教材中，编著出版《土壤侵蚀原理》等教材10部；参与的教改项目分别荣获陕西省教学成果特等奖、一等奖、二等奖各1项。

王健主持完成的"土壤侵蚀原理"课程在2018年全国生态文明建设教学成果遴选中获得"B级"，"土壤侵蚀分类虚拟仿真实训"获国家虚拟仿真实验教学一流课程。

学科资源共享　　促进自主创新

学生的创新能力培养是教育的重要环节。王健以大学生创新项目为引导，以科研兴趣为纽带，将教师、学科研究员和不同年级学生组成联合研究团队，师生研究共同问题，实现学科资源共享，促进自主创新。

他通过改革调整，将优质学科资源向大学生开放，学科实验室向教学资源转化；学科平台设立大学生创新创业项目，并提供资金支持，弥补大学生创新项目经费的不足，让学生经历认知—熟悉—创新的历程；形成"合作研究，新老传承"的大学生科研创新模式，拓展学生创新展示平台。学生科研创新模式夯实了学生的科研基础，极大地提升了科研素质，建立了将国家长期大规模投入形成的高水平学科优势资源转化为教学资源的机制。

他以大学生创新创业项目为纽带，盘活学科资源，从根本上解决了教学实践应用和创新成果展现所需空间和条件，缓解了教师力量薄弱、科研队伍新生力量不足的问题，提升了大学生的创新质量，为将创新成果写在大地上提供了空间，学生的创新热情异常高涨。

在他的教育教学改革推动下，坚持问题导向发展专业教育的思路也深刻影响和带动了教师团队对教育认知和教学研究水平的提升。2021年他负责的团队被评为校级"优秀教学团队"。

裴金萍

38年如一日　一腔真情终无悔

裴金萍，女，1962年11月生，水利与建筑工程学院教授，从教38年。主讲工程制图类课程。先后多次荣获校级"教书育人先进个人""三育人先进个人""教学质量奖""评教优秀""年终考核优秀"等表彰和奖励。

从教38年来，裴金萍认真贯彻执行党的教育方针和政策，忠于党和人民的教育事业，爱岗敬业、无私奉献，以理想信念指引学生，以真诚善良感染学生，以扎实的学识吸引学生，以母亲的胸怀接纳学生，深受学生尊重和信赖。

坚定理想信念　照亮学生前行的路

坚定的理想信念是砥砺前行的精神支柱和力量源泉。在教学过程中，裴金萍经常教导学生，只有坚定理想信念，才能热爱自己所从事的事业。

在工作中，她始终以强烈的使命感和责任感，以饱满的热情和十足的干劲，认真完成好每一个教学环节，以良好的道德修养言传身教，为学生树立榜样。

十几年来，一家3口人工作生活在三个地方。因为舍不得离开学校、学生，离不开三尺讲台，她放弃了多次可以调动、团聚的机会，一直坚持奋斗在教学一线，没有因为个人原因耽误过一堂课，把一件很普通的事情尽最大努力做到最好。

在教学工作中，她始终把提高职业道德修养放在第一位，把教育和培养好学生当作人生最大的幸福和快乐。授课过程中，恰当把握各种时机，教育和激励学生奋发向上，经常以图形联系工程实例，以工程实例告诉学生职业道德、严谨细致、认真负责在工程中的重要性，鼓励学生学好本领，提高学生素质，为将来练好基本功。

她坚持作业全批全改，工程制图课程每学期作业量多达20余次，对每份作业都一条线、一个面地认真批改，倾注了满满的心血和对学生的爱。和风细雨式的教育，潜移默化地影响了一批批学生。

提高业务水平　　无怨无悔投身教学一线

"给学生一碗水，教师必须有一桶水。"裴金萍深知，必须有扎实的基础理论和过硬的专业技术，才能做好教学工作。

从接过"工程制图"课程建设的接力棒那一天起，作为年龄最大、教龄最长的教师，深感使命光荣，责任重大。她抓住各种机会，从各个方面来充实自己、提高自己。先后担任主编、副主编以及参编出版教材8部，发表教改论文10余篇，主持完成省、校级教改项目6项，主持完成精品课、优质资源课、思政示范课等教学质量工程建设项目7项，获陕西省教学成果奖二等奖2项。

她默默担起建好工程制图团队的重担，领导教学团队砥砺前行。通过完善课程大纲、课程质量标准、教学日历和教学进度，不断规范课程教学；通过课前指导、课后交流、随堂听课、组织考试等方式促使年轻教师快速成长；通过教材建设、资源建设、教学改革不断丰富课程内涵，增强团队的凝聚力。

多年来，她先后培养青年教师10余人成长为"工程制图"课程的教学骨干，共获得全国和省级等各类讲课比赛特等奖、一等奖、二等奖9项。近五年，她率领教学团队，坚持开展课外课程拓展项目培训，带领学生参加全国大学生先进成图技术与产品信息建模创新大赛，获团体奖及单项奖91项，参加省级及行业竞赛，获奖32项。

关爱学生　用真情引导学生积极向上

　　裴金萍在本科生专业基础课中不断探索和改革实践，引入微课、慕课、翻转课堂等先进教学理念与方法，充分应用现代信息技术和手段，形成了"以图学知识为导向，学生主动学习，教师指导学习，平台帮助学习，多途径考核，课内外实践联动"具有独特教学风格的教学新模式，在实践中深受学生欢迎。

　　只有给学生真切的爱，学生才会"亲其师，信其道"，心灵深处才会迸发出积极向上的火花。教学中，裴金萍遇到过各种各样的学生和问题，她体会到最有效、最管用的办法还是用爱来感化。对不用心学习的学生总是循循善诱，努力用爱和真情鼓励学生珍惜学习时光，受到学生的爱戴和尊重。

　　一次，班级中有位学生上课注意力不集中，作业不能按时完成，找他谈话也不见改变，再进一步了解，原来是学生的父亲身患重病，他需要请假两周回家照顾父亲。学生回来后，她主动找到学生了解情况并询问其家长的病情，课后单独给该学生补课并鼓励他。该生非常感动，于是努力学习，期末考试取得了好成绩。

　　像这样的事情，在她几十年的教学过程中不胜枚举。在裴金萍看来，只讲付出不图回报的慈母之爱，才能激发学生学习的热情和动力。她也确实是这样鼓励和影响着一届又一届的学生。

何东健

教了一辈子 爱了一辈子

何东健，男，1957年8月生，中共党员，机械与电子工程学院教授，从教38年。主讲"数字图像处理"等15门本科和研究生课程。6次评教优秀，2013年和2016年荣获学校"教学名师"称号，2015年学校"优秀教师"称号，2019年获"陕西省第十一届教学名师"称号。

三尺讲台，一方教室，教书育人，矢志不渝。这是从教38载的何东健教授的真实写照。他忠于党和人民的教育事业，坚持思想育人、方法育人、行动育人和情感育人，以理想信念指引学生，以高尚的师德影响学生，以渊博的学识启迪学生，以慈父的胸怀关爱学生，深得师生的尊重和好评。

以德施教 做学生的良师益友

何东健教授爱岗敬业、关心集体、无私奉献。他先后培养了170余名硕士、博士研究生。

他深知没有爱就没有教育，教学中尊重学生、理解学生，感受学生所想，化解学生忧虑，创造轻松愉快的学习氛围，激发学生好学上进的内驱力，让每一个学生都能享受成功的喜悦。遇到学习不专心的学生，他总能循循善诱；遇到身体有问题的学生，他会尽最大可能为其提供生活和学习的便利；遇到思想出现偏差的学生，他总是先顺通思想后监督学习。在学生的生活和思想遇到困难的时候，他总能给予无私帮助。

他将思政教育贯穿于整个教学、科研环节，引导学生将中华民族伟大复兴的中国梦和个人理想相统一，以中国"两弹一星"精神、"航天精神"激励学生热爱科学、勇于奉献，养成"执着专注、追求卓越"的工匠精神；以典型、热点学术不端案例进行诚信教育；以杰出校友事迹激励学生刻苦学习、勤于思考，掌握为实现中国梦贡献力量的本领。

终身学习　甘做团队铺路石

何东健教授坚持终身学习，先后系统学习了计算机视觉、模式识别、计算机网络、人工神经网络、人工智能、遥感技术等新知识、新技术，这让他拥有渊博的学识和优秀的教学能力。

他是享有国务院政府特殊津贴的专家，第十一届陕西省高等学校教学名师；任中国农业机械学会第十届理事会常务理事、教育部高等学校农业工程类教学指导委员会委员、陕西省图形图像学会理事长。2000年7月至2009年4月任信息工程学院副院长、院长，2009年5月至2015年10月任机械与电子工程学院院长，为学院和学科发展作出了突出贡献。

他关注教师成长，带领团队申报并获批了"农业部农业物联网重点实验室"和"陕西省农业信息感知与智能服务重点实验室"并担任实验室主任。他着力培养青年教师的师德、教学和科研能力，团队科研经费逐年翻番，国家自然科学基金获批数量、发表高水平论文数量高速增长，青年教师讲课比赛获一等奖1人、二等奖2人、三等奖5人，省级以上科创竞赛优秀指导教师10人次，其中国家级优秀指导教师5人次。

锐意改革　培养高素质人才

何东健牢记"教书育人"初心，将高素质人才培养作为毕生追求，以现代教育、教学理念为指导，开展启发式、研讨式、案例式教学，充分利用网络技术和智能手机平台开展互动教学。

他着力开展教学改革与课程建设，准确把握国家"智慧农业"发展战略对电子信息类人才的紧迫需求，带领电子工程系教师，探索电信专业人才创新能力培养体系、路径和方法改革，取得了显著成效，《农业院校电子信息类大学生"六位一体"创新能力培养体系建设与实践》获2017年陕西省教学成果一等奖；提出农机化专业分型培养模式并参加改革工作，成果获2015年陕西省教学成果二等奖；积极开展"面向21世纪计算机基础教学模式的改革与实践"，成果获2003年陕西省教学成果二等奖；探索并实践多元化教学，培养学生综合应用能力，"数字图像处理课程改革与建设"获2005年陕西省教学成果二等奖，并建成省级精品课程1门。

| 躬耕·匠心

李群卓

匠心传承的课堂

李群卓，男，1970年10月生，中共党员，机械与电子工程学院副教授，从教26年。主讲"工程制图"和"计算机绘图"等课程。先后荣获学校"优秀教师""优秀班主任""优秀共产党员""我最喜爱的老师""就业先进个人""师德先进个人""大学生思想政治教育先进个人"等荣誉称号。

慈祥健谈、幽默风趣，机电学院李群卓副教授被学生亲切地称为"笑匠"。他始终坚持以"教育无小事，教师无小节"的原则，以匠心传承，让课堂如诗。

匠心传承　课堂岁月如诗

从教以来，李群卓一直承担"工程制图"和"计算机绘图"课程的教学工作。

"工程制图"作为一门专业技术基础课，教学任务繁重，作业批改工作量大。但他始终坚持严谨治学，一丝不苟，力求上好每一堂课，认真批阅每一份作业，热心对待每一位学生。

他始终坚持以"教育无小事，教师无小节"的原则严格要求自己，努力工作在教学第一线，把全部精力和心血都倾注于教学之中，讲授的课程深受同学们喜爱，被学生称为"最负责的老师"。

他在教学中认真准备，精心设计每一堂课，课程考核从命题到试卷评阅、成绩考核等都细致规范，获得校院督导组专家的高度评价，连续多年获"学院教学质量"一等奖。

自我提升　点亮教学舞台

李群卓在完成繁重教学任务的同时，还注重自我和教学能力的提升，获学院"青年教师讲课比赛"一等奖，全国大学生先进成图技术与产品信息建模大赛、机械创新设计大赛、大学生创新创业论坛优秀指导教师等多项奖励。

教学生涯中，他担任副主编及参编教材10部，其中国家规划教材1部，陕西省优秀本科教材1部。主持、参与教改项目5项、优质课程建设项目3项，参与科研项目3项；主持陕西省一流本科课程1门；指导青年教师1名，指导大学生科创项目6项，其中2项获学校"大学生创新创业论坛工科组"

特等奖。

耐心耕耘　人生收获满满

　　李群卓在完成教学工作的同时，还积极参与学生管理工作。担任班主任工作17年间，他时刻用党的创新理论武装头脑、指导实践、推动工作，注重引领学生思想、匡正学生价值观念、帮助学生树立坚定信念，在教育引导、心理咨询、职业生涯规划等方面热情真诚，用心播种声音，用爱感化学生，用行动鼓励学生，深受学生爱戴，使学生在成长之路上踔厉奋发、勇毅前行。

　　在担任班主任期间，他总是以引导学生为主，与学生建立亦师亦友的关系，在班级营造了互帮互助、共同进步的良好氛围，先后有10人次荣获国家级、省级和校级奖励，英语四级通过率96.8%、升学率63.3%、就业率93.3%，班级荣获校级"优秀团支部""先进班集体"等荣誉称号。这些成绩，是对李群卓老师努力工作的最佳回报。

许晓东

勤勤恳恳做事　老老实实做人

许晓东，男，1967年10月生，群众，生命科学学院教授，从教15年。主讲"分子生物学"等课程。

许晓东2009年在英国雷丁大学获得病毒学专业博士学位后，成为我校生命学院的教师。他坚守教学科研第一线，十年磨一剑，拿下教科书级成果，成为学术界的美谈。

教书育人　重在责任

站上讲台后，许晓东主讲本科生"分子生物学"等课程。"我的课程是终身售后服务的"——每次课程结课的时候许老师都是这么对同学们说的，当然，他也是这么做的。

很多学生在上了许老师的课后，都和许老师保持着密切的联系。他们或是通过QQ，或是通过电子邮件，甚至直接到他的办公室与他讨论科研或学业中遇到的问题。学生与许老师长期保持联系的主要原因是他不仅知识面非常广，还善于抓住问题的实质，深入浅出地解决同学们的疑问。

事实上，承担"分子生物学"课程十多年来，许晓东每年都要花2~3个月的时间完善课程。分子生物学既是新兴学科，又是交叉学科，没有宽泛的知识面不可能教好这门课程。基于这种认识，他广泛涉猎相关学科知识，做到了在课堂上旁征博引、提纲挈领,用简练的逻辑关系从不同的角度阐述分子生物学的基本概念。有些学生在结课之后依旧跟着下一届的学生来听课,他们说:"听了许老师的课,能让人茅塞顿开。"

许晓东不仅上课认真,对学生也和蔼可亲。每年春季学期都会有一些学生找他写参加夏令营的推荐信,他总是会花很多时间认真地写好每一封推荐信,既让主办单位能真实地了解被推荐人,也让学生能有更多的机会深造学习。很多已经毕业离开西农的学生时常通过电子邮件或电话和许老师讨论学术问题,为了能给学生一个满意的答复,许老师经常需要加班加点阅读相关文献。

在研究生培养上,许晓东充分尊重学生的兴趣和未来的职业规划,允许学生选择自己感兴趣的研究方向。在指导过程中,他注重让学生理解课题的宏观意义,和学生一起细致设计具体的实验。这样不仅能让学生在技术层面上得到锻炼,在大局的把握能力上也有增进。对于学生的实验结果,无论是否符合预期,他都会与学生一起分析,查阅文献,讨论改进办法。对于所有的研究生,他不仅把他们看作是自己指导的学生,更把他们看成是自己科研道路上的同行人。

倾心科研　砥砺前行

现代生物学的发展一日千里,教师如果不能站在学科前沿,就谈不上做好本科教学和指导研究生的工作。

许晓东时刻关注相关领域的发展,大量阅读文献。在宏观把握研究方向的同时,还涉足具体的实验技术,对近年来出现的相关新技术他都用心学习。对于研究相关的实验数据,他经常自己编写软件,根据需求挖掘数据中的蛛丝马迹。对生物学的深刻理解,让他能敏锐地发现实验结果中隐含的差异。

常言道,成功等于一分天才加九十九分汗水。大部分的节假日,许晓东都在办公室阅读文献、设计实验,分析实验数据。功夫不负有心人,他克服了经费紧张等各种各样的困难,最终发现了病毒编码的朊病毒。这项工作是在发现植物朊病毒和细菌朊病毒后的重要发现,填补了朊病毒广泛存在假说的最后一环。

许晓东的科研历程感动了无数人，他的故事在2019年初登上了微博热搜和知乎热榜。人民日报网页版、科技日报、新京报、果壳网等媒体对此都进行了报道。2020年9月21日，《人民日报》再次以"许晓东：做点不一样的事"为题，回顾了这项发现的背后故事。

光环之外，许晓东继续在漫漫科教道路上不断前行。

陈海滨

站好讲台　潜心教书

陈海滨，男，1981年11月生，中共党员，经济管理学院教授，从教16年。主讲"自然资源与环境经济学""房地产投资分析""农业资源经济与管理Ⅱ"等课程。先后2次获院级"年度先进个人"，3次获院级"师德师风先进个人"。

从教16年来，陈海滨教授始终坚持"立德树人"根本任务，站好讲台，潜心教书，以渊博的学识和温暖的人格，深受学生喜爱。

立德树人　致力培养强农兴农新型人才

对学生，陈海滨努力从思想道德、文化知识、社会实践等方面培养德、智、体、美、劳全面发展的"知农爱农、强农兴农"的新型专业人才。

他先后承担了"公共管理伦理""房地产金融""农业资源经济与管理Ⅱ"等8门本科生和研究生课程的教学工作，年均课堂教学115学时。

他连续多年主动承担本科生班主任工作，他关心爱护学生，耐心细致地为学生答疑释惑，疏导、解决学生的思想问题与生活困难，努力为学生做好表率，为学生成长成才铺路搭桥。

他担任班主任的土管1401班，培养出了诸如李超、张世诚、高伊晨、李林霏等5名学院团委副书记、学生会主席、副主席等学生干部，升学率位列学院前茅。

潜心教学　创新提升教育教学效果

为提升课堂教学效果，陈海滨积极采用"课程思政+线上线下混合+互动式教学+前沿解读"相结合的教学方法，努力培养学生发现问题、利用课堂所学思考和解决问题的能力。

在他的"自然资源与环境经济学""农业资源经济与管理Ⅱ"课堂教学中，连续邀请斯德哥尔摩大学Bodin教授开设了两期"环境治理与社会网络"教学工作坊，邀请新泽西理工学院邱泽元教授开设了"环境经济学"教学工作坊，邀请奥本大学张耀启教授开设"农业资源环境经济学"教学工作坊。

通过对教学理念与教学形式的不断创新，他的课堂教学取得了良好的效果，教学质量综合评价连续5年排名前30%。为提高学生的综合素质，他积极参与各类学生实习实践、创新创业活动；带队完成2020年"黄河流域高质量发展"专项调研，个人获校级"大学生社会实践优秀指导教师"称号；

指导1项本科生科创项目，获优秀结题；指导1名本科生以第一作者发表C刊论文1篇；指导1名本科生获校级百篇优秀论文，4名本科生获校级优毕业论文，2名研究生获校级优毕业论文且获3次国家奖学金。

他重视教学改革研究与教材编写，主持完成1项校级教改项目，主持"自然资源与环境经济学"校级一流课程线上线下混合建设项目获得认定；参编教育部"一村一品"规划教材《休闲农业规划》1部，担任副主编的校级规划教材《国际贸易实务实验教程》1部。

严谨治学　　引领学生潜心问道

陈海滨教授常说，没有浓厚的学术积累难以成为大先生。他常年坚守科研第一线，经管学院办公楼深夜里的明灯始终有一盏来自他的办公室。

近年来，他瞄准我国牧区"人—草—畜"关系失衡的现实问题，围绕牧区社会—生态系统的复杂性与不确定性，基于多主体协同与适应性治理的现实需求，运用网络视角，整合多学科研究手段，致力于解决协同网络效应、形成机理、制度匹配等方面的问题。

持之以恒的科研投入取得了丰硕的回报，他先后主持国家自然科学基金面上项目2项、教育部人文社科基金青年项目1项、科技部高端外国专家引进计划项目1项、省级推广项目1项。

对于学生的咨询，他总会给予耐心讲解，积极帮助学生梳理思路，与学生共同探讨解决方案。已经毕业的邓元杰、卢玮楠等博士经常提起陈老师一字一句帮他们修改论文摘要的情形，不时怀念他们一起组建"乡村振兴"篮球队参加杨凌示范区"天元杯"篮球赛的往事。

对此，陈老师这样表示："作为一名农林院校的教师，为人师表、以身作则，潜心问道、勇于探索，为国家培养一流农林科技人才、为推进农业强国建设贡献力量是我的职业追求，也是我的荣幸"。

付少平

枕经籍书　倾一生教书育人

付少平，男，1963年12月生，无党派人士，人文社会发展学院教授，从教37年。主讲"社会学概论""发展社会学""社会性别研究"等课程。担任主编、副主编出版了农业院校规划教材《发展社会学》《农村社会结构与社会变迁》等教材，先后获"学生评教优秀奖""校级教学名师"等荣誉。

在37年的教书育人生涯中，付少平老师教学与科研并重，基础与前沿齐进，研究成果丰硕。

多读书才能教好书

付少平先后承担了本科生"社会学概论""发展社会学"和研究生"发展理论""社会性别研究"等课程的教学工作。他认为本科生的基础课程非常重要，要讲好基础课，教师不能仅仅局限在自己的研究特长领域，而是要有比较全面的学科理论素养。

为了能把"社会学基础"课程教好，付少平始终以教学为中心，高标准要求自己。他的办公室和家中书房堆满了书籍，从社会学经典著作到最新的社会学研究论著，他都坚持广泛阅读，并对最新知识点做好梳理，将经典社会学知识和学科新进展融入教学中,将教材中的每一个概念和理论观点讲透彻。

他认为读书是教师的基本功,一个优秀的教师必须全面涉猎学科经典著作和学科各个领域前沿,这样才能把基础知识讲好。学生们也特别赞赏他:"付老师上课常常能够引经据典,把一些概念和知识讲得特别清晰,深入浅出,让人能深刻领会概念和理论的内涵。"

为了鼓励学生适应大学的学习,学会独立思考,付少平要求学生利用课余时间多读书,并将读书报告作为考查平时成绩的基本依据,鼓励学生写出自己对所读著作的新认识,提倡通过独立思考来增强对知识的理解。

写好书才能教好书

科研是教学的"源头活水",在长期的教学工作中,付少平一直注重教学与科研并重,用科研反哺教学。

在科研工作中,他先后主持完成了教育部"优秀青年教师资助计划"、国家社会科学基金、教育部人文社会科学基金等科研项目12项,发表学术论文100余篇。独著与合著了《农业技术传播与农村社会管理研究》《关中乡村精英研究》等著作。

围绕乡村发展研究,他撰写的咨政报告多次获得省部领导批示,被政府相关部门采纳,多项研究成果获陕西省哲学社会科学优秀研究成果二等奖、三等奖,陕西省高校人文社会科学优秀成果一等奖等奖励。

这些研究成果为他提供了丰富的教学案例,激发了学生对中国社会现实问题的学术关怀和使命意识。学生说:"付老师在课堂上会举许多现实生活的案例,这些案例不但使我们对专业知识的理解更深刻了,而且让我们更加理解了社会学学科的学术指向。了解了学术前沿问题,对于我们提高反思能力和创新意识非常有帮助。"

会说书才能教好书

教学除了要有渊博的知识,还需要讲究方法。付少平打了一个比方:"教师就像一个说书先生,你得让人愿意听才行。教师要始终保持一颗年轻

的心，要懂得学生的心理特点和需求，以学生为本，做好教学设计"。

为掌握学生的需求和心理特点，他会经常看一些在学生中流行的节目，关心学生讨论的话题，在课堂内外和学生进行广泛交流，了解学生的所思所想，在教学中广泛引入学生关注的话题和案例，提高学生的学习兴趣和对学科问题的关注。

学生评价他的课："付老师的课总是能把我们身边的事和专业知识联系起来，就像听评书一样，既生动幽默，又有专业深度。"有的学生甚至本专业课程结束了还去其他专业第二遍听他的课。

为了更好地探索学生喜欢的教学方法，付少平潜心教学研究，先后主持和参与完成多项教学改革项目，获得多项优秀教学成果奖，担任主编、副主编出版了农业院校规划教材《发展社会学》《农村社会结构与社会变迁》等教材，先后获得了"十佳教师""西北农林科技大学教学名师"等荣誉称号以及学生评教优秀奖。

热爱教学、关爱学生、治学严谨、工作兢兢业业，付少平倾一生心血传道、授业、解惑，是一个爱读书、能写书、会说书的深受学生喜爱的优秀教师。

| 躬耕·匠心

詹义清

用高尚人格感染学生

詹义清，女，1977年4月生，中共党员，马克思主义学院副教授，从教23年。主讲"政治理论""马克思主义政治经济学基本原理""新时代中国特色社会主义理论与实践"等8门课程。2019年获学校"思政课教学能手"，2020年分别获学校优秀教师和陕西高校思政课教师"大练兵"标兵称号。

香远益清、亭亭净植，用高尚人格和满满的正能量感染学生，这是马克思主义学院詹义清副教授对自己教书育人的信条和要求。她用实际行动诠释着思政课教师的使命和担当，这条路，还在继续。

教书育人　做学生成长的引路人

从事教学20多年，詹义清分别为预科生、本科生和研究生讲授"公共经济学""形势与政策"等8门课程，年均工作量440计划学时以上。20多年教学生涯中的每节课，她都提前到教室，一方面做好授课准备，另一方面与学生交流，了解学生的思想动态。课堂上，注意在吃透理论的基础上，用案例、小材料等使课堂内容更生动，从而提升教学效果。她始终坚持思政课培根铸魂、启智润心的理念，探寻用案例探究、情境感悟、问题探讨、学思践行相结合的教学方法，把自己放在为学生"铸魂"、当好"引路人"的角度，去构思、设计每一堂课，努力做到把思政课讲得有料有趣，让学生听得有滋有味。

锐意创新　打造思政课延伸课堂

为了把思政课的道理讲深、讲透、讲活，詹义清在传统的思政课教学之外，借助于新技术、新手段，打造思政课延伸课堂，将育人阵地延展到思政课堂之外。

翻转课堂、线上线下混合式教学、慕课，是她打造思政课延伸课堂的方式；微助教、腾讯会议、QQ群，是她打造思政课延伸课堂的平台；短视频、电子杂志、新闻播报、情景剧、PPT，是她打造思政课延伸课堂的成果。从2005年至今，她的主题课件展示已经成为学生们最喜爱的教学环节，积累的学生的展示成果已经装满了几个硬盘。2015年，詹义清获学校"千门课程上网工程"优秀奖，2020年春季，新冠疫情期间，她组织教研室教学获得了学校"在线教学优秀教研室"的表彰，检验了她之前创新思政

课教学的成效。

每年暑假，结合学院思想政治课实践课程主题，她指导学生深入农村，开展社会调查，既培养了学生的社会实践能力，还让学生在实践中深刻地领悟了理论，培养了学生们的"三农"情怀，从而使学生们能担负起强农兴农的使命。她指导学生撰写的社会实践调查报告多次获奖，有的发表在期刊上。

教研相长　提升铸魂育人效果

基于教学和科研相辅相成的关系，詹义清注重进行教学研究和科研工作。她先后主持完成了教改项目4项，参与校级、省部级教改项目多项，发表教改论文4篇。

她在学院率先进行翻转课堂的教学尝试，形成了思政课翻转课堂教学相对规范的流程，指导其他老师开展翻转课堂教学，并作为副主编编写了《高校思想政治理论课翻转课堂教学设计》教材。翻转课堂教学的成果获2017年校级教学成果特等奖，2018年陕西省教学成果一等奖。

科研方面，她秉持关注农村社会发展的思想，深入研究"三农"问题，主持和参与科研项目10多项，发表论文多篇，参与编写《IPM与发展——踏出中国农业科技扶贫之新路》。

她不仅在课堂上关注学生，也经常利用课余时间，通过QQ、微信、电子邮件、聊天等方式，和学生探讨学习、生活、人生等方面的问题，为学生们解答学习和生活中的困惑。在她的眼中，所有的学生都应该被关注、被关爱，她对待学生一视同仁，对课堂上坐在后面的学生给予更多的关注。她也会通过班长、学委等了解班级里其他一些学生的学习、生活情况，发现问题，及时进行解决。

2020 年

杨雨鑫

潜心从教 热爱生活

杨雨鑫，男，1977年11月生，中共党员，动物科技学院副教授，从教14年。主讲"羊生产学""饲料卫生学""动物生产学实习"等课程。现任家畜生态学会秘书长，主持国家重点研发课题3项，2023年获陕西省科学技术奖一等奖。

杨雨鑫2008年毕业于韩国江原大学动物科学专业，获农学博士学位，2009年5月受聘至西北农林科技大学动物科技学院。他潜心从教，热爱生活，以渊博的学识、健康的体魄、温暖的人格深受学生喜爱。

潜心从教 教研相长

从事教学工作以来，杨雨鑫便承担了本科生和研究生"羊生产学""饲料卫生学""动物生产学实习""动物营养学研究进展"等课程的教学工作。

课堂上，他采用多样化的教学方式，带上羊毛制品、羊奶等畜牧加工产品实物，让学生们更快更好地了解授课内容。他坚持在教学方法的联动、教学手段的融合、思政元素的融入、考核方式的变革等方面勇于创新，实现了"课堂活起来，学生动起来，效果好起来"。从教14年来，共培养硕士研究生50余人，在读博士研究生4人。

杨雨鑫主要研究方向为饲料资源开发与利用、绵羊山羊肠道健康与早期营养调控，近五年主持和参加国家重点研发计划、国家公益性行业（农业）专项、国家绒毛用羊产业技术体系、国家自然科学基金等项目15项，发表与绵山羊营养调控相关论文65篇，其中SCI论文22篇。参编教材2部，出版专著3本；主持和参与制定国家农业行业标准1项和陕西省地方标准3项，获省部级奖励1项。

羊场课堂　学有所获

厚植爱农情怀，练就兴农本领。"不能只在黑板上养羊，要多去羊场走一走，看一看"，这是杨雨鑫的教学理念，也是他一直以来奉行的教学准则。

每年本科生"羊生产学"课程实习，他都会亲力亲为，带领学生奔赴生产一线。从外貌识别到体尺数据测量，从挤奶到样本采集，从饲料配制到屠宰分割，杨雨鑫都会亲自示范，让学生学有所获。

每到寒暑假，杨雨鑫就会组织本科生开展社会实践活动，以自己的科研项目及"领头羊"计划为依托，以增进学科认知、探寻红色足迹为主要方向，以了解陕北绒山羊养殖现状、陕北特色饲草资源开发、陕北革命老区红色景区为重要突破点，以榆林市榆阳区、横山区畜牧局、绥德县畜牧兽医服务中心等为主要合作单位，开展富有学科特点、宣传陕北特色农产品、传承红色血脉的"三下乡"社会实践活动，并将活动地点向内蒙古、宁夏等羊产业聚集区辐射，深入生产一线，洞悉产业动向，为企业发展建言献策。

这种接地气的课堂，让学生们从本科阶段就逐渐了解动科专业是为什么、干什么、怎么做，并对学生未来发展规划提供了借鉴。他带的研究生，大都是要驻场实践的。每当研究生驻场实验，杨雨鑫就算工作再繁忙，总会亲赴试验现场，为学生提供全流程技术指导。让学生在完成自己毕业设计的同时，了解羊产业发展情况，洞悉行业发展趋势，使学生对未来有更加全面的规划。

温暖人格　照亮方向

杨雨鑫教学严谨，为人和蔼，对学生体贴关心，既是课堂上的好老师，更是课堂外的好朋友。每当学生出门在外，他说得最多的就是"一定要注意安全"。

对于第一次出门实践的学生，他总会反复叮嘱、亲力亲为，为学生规划出行路线、订购车票、预订食宿、联系对接单位，几乎是要把学生送上火车方才放心。在他看来，出门在外，成果可以没有，但是学生一定要照顾好自己，在确保安全的前提下，再进行试验。

在杨雨鑫温暖人格的影响下，团队成员彼此帮助，共同努力，团结友爱的情谊在团队中流淌，无论是工作中的困难还是挑战，大家都能携手并肩，互相支持和鼓励，每个人都愿意为团队贡献自己的一份力量，共同创造更加美好的未来。

陈俊英

亦师亦友　照亮学生前行路

陈俊英，女，1975年6月生，中共党员，水利与建筑工程学院教授，从教25年。主讲"水工建筑物""水利工程概率"等课程。先后获全国水利青年教师讲课比赛一等奖，"西北农林科技大学优秀教师"等荣誉称号。

从教25年来，陈俊英一直为本科生授课，亲自指导本科毕业生、硕士研究生100余名。她乐于助人、爱岗敬业、以身作则，和学生亦师亦友，照亮学生前行的路。

立德树人　用爱和责任助力学生未来发展

作为一名教师，陈俊英始终将"立德树人"放在第一位，将思政教育贯穿于研究生培养的全过程。

她注重学生的人格培养，帮助学生树立正确的人生观、价值观和远大目标；注重学生家国情怀、吃苦耐劳精神的培养，本着爱心、责任心、耐心，把教育、培养好学生当作人生最大的幸福和快乐，并为之付出心血和努力。

她乐于为学生服务，在学生做科研感到困难、生活中感情低落时，她总会及时出现在学生身边，通过谈心谈话对学生进行心理疏导。同时她经常鼓励学生，给予学生在生活、研究工作等方面无私的帮助与关爱。先后为100余名学生提供就业与升学等重要事项咨询和帮助，同时为多名学生撰写博士推免、出国留学申请等推荐信，帮他们寻找实习单位并积极为其推荐工作岗位。

担任本科生班主任期间，有一名学生患抑郁症。她得知后及时与学生家长沟通，并每天鼓励学生锻炼、做美食，寻找解决方法，协助学生走出阴霾。该生按时毕业并考入了事业编，目前其工作顺心、生活积极、性格开朗。

严格要求　培养学生的自信心

陈俊英以身作则，为人师表，以良好的师德赢得了学生的尊重和信赖，也以自己的人格魅力教育、影响学生。

她对自己严格要求，对学生也严格要求。按时组织参加科创的本科生、研究生日常例会；严格检查批改本科生课后作业，将不合格的作业返回让其重做；课程设计每天上、下午点名，推进工作进展；及时检查本科毕业生工作进度等。通过这样的严格要求，本科生的课程学习效率均有较大提升，自信心也增强了。

她坚信老师只有给学生真切的爱，学生才会"亲其师，信其道"，始终与学生亦师亦友。她不断总结经验，将研究生分为五类，针对不同类型的学

生采用不同的培养方式，使每一位学生都能够开开心心地学习和科研。

以身作则　培养学生科研能力

作为博士生导师，陈俊英长期从事节水灌溉新理论与技术的科研工作，主持国家自然科学基金及重点研发计划子课题5项，获省部级科技成果一等奖2项。

她抓住各种机会充实自己，积极参与自然基金写作报告培训和国内外学术报告，提高自己的基础理论和专业技术、科研能力与写作水平。近年来，陈俊英获国家自然科学基金4项，"十三五"国家重大研发项目子课题1项，获省部级科技成果一等奖2项。

在不断提升科研能力的同时，陈俊英十分注重学生科研能力的培养，通过一系列科研训练，培养了多名优秀的本科生和研究生。她指导的本科生获校级百篇优秀论文3人、校级优秀毕业论文10人；指导的硕士研究生有5人获国家奖学金、2人获校长奖学金、2人获唐立新奖学金、2人获省级优秀毕业生、3人获校级优秀毕业论文、15人获校优秀研究生。

"作为高校教师，必须用认真细致的态度对待工作，用责任和爱心引导学生，用满腔的热情和充沛的精力参加科研。"陈红英坚定地说。

侯俊才

躬耕教坛　潜心育人

侯俊才，男，1975年8月生，中共党员，机械与电子工程学院副教授，从教26年。主讲"汽车电子与控制技术""单片机原理与接口技术""汽车嵌入式系统""智能车创新实践""电工电子学"等课程。2020年获"我最喜爱的老师"荣誉。

他博学多识，治学严谨，关注学生成长，对学生关怀备至，深受学生敬爱，赢得了学生家长的信任。在20多年的从教岁月里，侯俊才用自己的实际行动深刻践行了"言传身教"的职业内涵，生动诠释了"良师益友"的真正含义。

博学多识　精于专业

侯俊才本科毕业于机械设计与制造专业，硕士、博士毕业于农业机械化工程专业，站上讲台后先后给机电学院电子信息、家具设计、木材加工、机制、机电、农机化、车辆专业授课，所授课程涵盖机电学院所有专业。

他能够与时俱进，先后开设"高频电子线路""电工电子学""单片机原理与接口技术""电工学""电子学""汽车电子线路""汽车嵌入式系统""工程伦理""车辆工程导论"等理论课程,以及"电子技术课程设计""接口技术课程设计""机电一体化课程设计""机电一体化综合实训""车辆工程专业综合实训"等实践课程。

在电子控制教学方面,他积累了丰富的经验,授课时总能理论结合实际,将涉及的先导课程中所学的知识点和当前知识点结合起来,也能指出相关知识点将在后续课程中的何处使用,以及在实际中的应用案例,使学生能够将所学知识点串联起来,掌握解决问题的方法。

不忘初心　专注教学

侯俊才不忘教书育人初心,在授课过程中以现代教育、教学理念为指导,开展启发式、案例式等教学模式,并不断自学,更新知识储备、关注跟踪新技术,以求提升育人效果。

虽然教学任务繁重,但是侯老师对待教学工作极为认真,对教学中所涉及的每一个电路、每一道程序都要经过亲自验证后才讲授给学生。学生实验仪器调不通时,他总能很快指出问题所在,给出解决办法,深得学生信服。

他所授课程理论性和实践性都较强,课后作业量相对较大,但他对每一份作业都能认真批阅,对发现的问题在下一堂课上进行讲解。难得的是,他

几十年如一日坚持如此。

心系学生　甘为人梯

"严在当严处，爱在细微中。"随和的性格虽然使得侯俊才跟学生相处融洽，但他在学习上从未放松对学生的严格要求。他在考试前不厌其烦地督促学生复习，鼓励大家参与大学生创新训练项目，在生活上注重学生的全面发展，鼓励学生在课余时间积极参加各项文体活动，培养了许多优秀毕业生。

侯老师始终本着"有教无类、因材施教"的全面育人观念，用心感受和掌握学生的学习、生活情况和心理动态，取得了良好效果。电信131班有34人通过英语四级考试，19名同学升学读研，其中2人到国外大学深造。他从不放弃任何一个学生。曾花近三年时间坚持疏导一名网瘾留级生，帮助其顺利毕业，并找到了不错的工作。

侯俊才用大量时间和精力，热情服务学生。经常有学生在科创、毕业设计和各种竞赛中遇到电路或程序问题时寻求他的指导，他总是尽最大努力给予其帮助。他指导了许多毕业设计、大学生科创和竞赛项目，不少学生获得本科生校级百篇优秀论文、校级优秀论文、院级优秀论文，科创项目顺利结题，竞赛项目获奖多项，同时也显著提高了学生的实践能力、写作能力和解决问题的能力。在每年研究生推免时，他会花费大量时间为学生认真修改推荐信，告诉学生面试的注意事项，帮助学生顺利升学或就业。

| 躬耕·匠心

田彩丽

踏遍心田的每一角　踩透心灵的每一寸

田彩丽，女，1983年9月生，信息工程学院副教授，从教18年。主讲"大学信息技术"和"大学程序设计"课程。曾获第二届陕西省本科高校课堂教学创新大赛优秀奖、杨凌示范区"最美老师"、学校"我最喜爱的老师"、思想政治"先进教育个人"、"师德师风优秀个人"等荣誉。

自2005年成为一名光荣的高校教师以来，田彩丽一直工作奋斗在教学一线，始终以饱满的精神热爱党的教育事业，对教学一丝不苟、对学生关怀备至、对事业孜孜以求。她把教师职业作为一生奋斗的事业，以理想信念指引学生，以扎实的学识吸引学生。

热爱党的教育事业　恪守教师职业操守

"因为这是我从小的理想，所以我将矢志不渝地追求。"田彩丽始终以爱岗敬业、无私奉献的精神，倾情关爱、精心育人的情怀，不讲条件、任劳任怨的态度，守护着这份初心。

自任职以来，她已独立讲授过7门课程，年均教学370学时。虽然任务繁重，但田彩丽依旧保持较高的教学质量，2017年、2018年、2019年连续3年获学校教学质量奖。

田彩丽对教学的热爱，让她即使生病也不愿离开自己深爱的讲台。2017年上半年，她因病在医院进行了6次手术治疗，下半年，她又站回了讲台。

2020年新冠疫情突发，面对全校线下教学突然停止、线上授课临时受命的紧急情况，田彩丽积极承担了对我校教工QQ直播教学培训工作，为学校后来的停课不停学提供了有力的保障支持。

勤勉务实求真　工作精益求精

"因为深知责任的重大，所以无论何时都要不断追求工作向前、向前、向前。"这是田彩丽在工作上孜孜不倦的动力。

她深知社会在变化、知识在更新、学生在换代，教师永远不能停下自己学习的脚步，教学要跟得上时代的步伐、国家的需求、人民的期望。

因此，她为教学投入了大量的时间和精力，结合人才培养需求进行教学改革研究，近年来主持教育部教改项目1项、校级院级教改项目多项。从翻转课堂到混合教学、从线下课堂到线上讲授、从传统考核到过程性评价、从以教师为中心到以学生为中心，无不倾注了她的努力务实。

她参与的"大学信息技术慕课""大学程序设计（Python）"等课程均在国家在线课程平台上线运行，极大地激发了学生的学习主动性和积极性。

为师者当不懈奋斗、勤学不辍、精教不止，田彩丽不断钻研，时刻跟进国内同行的先进教学经验，不断提升自己的工作业务水平，已主编行业规划教材1部，担任副主编以及参编规划教材各1部。2020年，田彩丽获得第二届陕西省本科高校课堂教学创新大赛优秀奖。

真诚奉献爱心　无愧教师称号

铁肩担道义，大爱塑师魂。笑谈唇齿间，欢语满课堂。田彩丽始终将教书育人工作珍视为至高荣耀，时刻以优秀教师的标准要求自己，努力成为学生锤炼品格的锻造人、学习知识的引路人、创新思维的启发人、奉献祖国的引导人。

在担任班主任后，她配合院校两级做好学生的思想学习和生活帮扶工

| 躬耕·匠心

作。在发现所带新生班级学生对个别专业课的学习不适应的情况后，田老师积极组织了多次专业课辅导工作并自费承担辅导花销。当观察到班级学生间相互缺少交流、集体凝聚力不足的情况，她拿出班主任津贴召集班级全体学生聚餐，在轻松愉悦的环境下拉近了学生们之间的距离，增强了学生和老师交流的意愿。有的学生主动将自己以前遇到的困惑和老师交流，最终都得到田老师适宜的疏导和处理。

田彩丽在教学育人的同时，还担任了多项校公共教学服务工作——校教发中心"教学实务团队""教育技术团队""智慧教室教学资源深度利用研究团队"的培训讲师，承担新教工师资培训、校内教学技能提升、在线教学保障等工作。

"因为深爱教师这个职业，所以无论工作多苦多累，心中总是充满甜蜜。"这是田彩丽幸福工作的全部缘由。

杜双奎

用智慧和爱心引领学生追梦

杜双奎,男,1972年12月生,中共党员,食品科学与工程学院教授,从教28年。主讲"食品试验优化设计""食品感官评定""食品试验设计与数据处理"等课程。先后荣获校级"我最喜爱的老师""师德先进个人""优秀党务工作者""先进个人"等荣誉称号。

自1995年参加工作以来,杜双奎长期身处教学、科研和社会服务第一线,在倾情助力学生成长、促进学科发展和服务社会中实现作为教师的人生价值。他是美的耕耘者,美的播种者,春风化雨,让学生心田绿草如茵,繁花似锦。

躬耕教苑　秉承严谨治学

杜双奎认真履行教书育人职责,坚持"学高为师,身正为范"的教育理念,用真心、真情和行动诠释着"教师"这一职业的深刻内涵和"传道、授业、解惑"的真谛。

在教育教学过程中,他始终以饱满的精神对待每一节课,总能用形象、生动、易懂的语言将许多抽象、深奥的专业知识讲授给学生。"我做学问最大的感受，不是让自己学问做得有多好，而是把学生培养得更优秀。"杜双奎说。

"杜老师是一位治学非常严谨的人，批改我们的作业时，哪怕是一个小小的错误，他都会标记出来，我们改正后他还会再次检查。"一位本科生这样评价他。"必须在学业上严格要求，才能使学生变压力为动力。"他说。在他的影响下，严谨认真、求真务实成为学生的自觉与习惯，教学效果也逐渐显现出来，他连续获得学院教学质量考核评价一等奖。

锐意进取　　探索教学改革

杜双奎长期从事食品试验设计与数据处理、食品感官评定教学工作，主要承担"食品科学与工程""食品质量与安全专业""食品试验优化设计""食品感官评定"等课程的教学任务，主讲研究生"食品试验设计与数据处理""粮食、油脂及植物蛋白工程专题"等课程。

对待教学工作，他从不马虎敷衍，始终能够准确把握教学大纲，及时更新教学内容，精心准备针对性的教具，采取灵活多样的教学方法，引导学生学习和掌握相关知识，激发学生对食品科学的爱好和追求，让学生在愉悦的课堂教学中主动去发现、探究、感受和理解食品科学的魅力，培养他们发现问题、分析问题和解决问题的能力。他开设的课程总能给学生留下深刻的印象，是最受学生欢迎的课程之一，并得到学院许多教师的认可，"杜老师的教学常常独具匠心，给人以耳目一新的感觉"。

除了大胆进行课程教学改革外，他还积极进行理论探索，近年来，他先后主持校级教改项目7项，参与省部级教改项目3项，主编教材8部、发表核心期刊教改论文3篇，获校级教学成果奖3项。

不忘初心　　倾情培育后学

杜双奎非常关爱学生，尽管教学科研任务繁重，在力所能及的范围内他还是会尽全力为学生排忧解难，做到想学生之所想、急学生之所急，与学生建立起亦师亦友的关系。

他通过微信、QQ、电话、E-mail等沟通渠道，密切关注授课年级学生的各种动态，及时响应学生的合理需求，积极帮扶在学习、生活、心理等方

面有困难的学生，耐心为有考研、出国等需求意向的学生提供咨询指导，经常帮助毕业生联系就业单位，有时白天抽不出时间，就利用晚上时间。

学生们对他都有一个共同的感受，那就是"杜老师对待我们像家人、像朋友，每次想起他就觉得很温暖"。他以朴实真诚的为人、丰富精湛的专业知识和对学生发自肺腑的关心关爱，赢得了学生们的普遍好评，"我最喜爱的老师"荣誉称号就是对他最好的回报。

截至2023年，他共指导研究生49名，已毕业31人，其中获研究生国家奖学金8人、校长奖学金5人、获优秀研究生3人。毕业学生大多已发展为行业骨干，成为学校亮丽的名片。

热爱教育、辛勤耕耘、无私奉献，就是对杜双奎老师最贴切的评价。

张 寒

因材施教　春风化雨

张寒，男，1985年8月生，中共党员，经济管理学院教授，从教11年。主讲"林业经济学""农产品贸易""农林政策学"等课程。先后荣获陕西省首届高校课堂教学创新大赛二等奖、学校首届微课教学比赛教学风采奖。

张寒热爱教育事业，治学严谨，教风端正，深受好评。作为博士生导师和国家级青年拔尖人才，他坚持在一线从事教学，因材施教，春风化雨。

创新教学　做学生学习的引路人

走上讲台以来，张寒主讲"林业经济学""农产品贸易""农林政策学"等本科生课程和硕士生课程，以及"资源与环境经济学"博士生课程，年均教学任务290学时，其中课堂教学150学时。他在教学中治学严谨、因材施教，多次获得教学质量奖，深受学生好评，学生综合评教多次排名学院第一。

育人于教学，教学靠真知。扎实的专业功底是教师必备的基本素质，只有过硬的专业素养和扎实的基本功，才能真正成为学生学习的引路人。为此，张寒精益求精，大胆尝试，围绕"以学生全面发展为中心"的现代教育理念，改革教学内容和教学方式。

针对传统教学的缺点，他引入了"目标考核清单、学以致用"等环节，构建了"以学为中心"的教学创新模式，不断更新教学方法和手段，注重与学生的课堂互动和课后交流，积极培养学生的自主能力和创新能力。

同时，他积极探索教育新理念，注重教学新技术的应用，在学科建设中全力以赴，主持6项教改和课程建设项目，涉及慕课建设、全英文课程、实验课程、规划教材等多方面，对课程体系进行全方位改革，使学生的学习方式更加多元化。

针对教材陈旧问题，他主编国家林草局"十四五"规划教材、校级规划教材多部，使学生的知识体系及时得到更新。他的相关事迹被《中国教育报》、《中国青年报》、光明网等主流媒体以"破解西农青年教师的成长密码"为题进行多次报道。

立德树人　做学生成才的领航人

育人先育德，育德先育魂。从教十余载，张寒始终秉持"立德树人"理念，致力于培养政治强、情怀深、思维新、视野广、自律严、人格正的时代新人。

在数次担任班主任的第一次师生见面会上，他总是会和学生探讨"你最崇拜的人是谁"这一话题，生动讲述赵洪璋、朱显谟等老一辈科学家的先进事迹，引导学生树立正确的"三观"，树立学农爱农、强农兴农的远大志向。

在担任班主任期间，他定期组织班级学生赴延安等红色革命圣地参观，筑牢红色基因。他积极开展课程思政建设，将中国共产党的百年奋斗和辉煌成就与专业知识相结合，开设了"建党百年来的农村土地政策制度演变""新中国70年'三农'发展"等专题模块，引导学生坚定"四个自信"，筑牢中国梦的"精神支柱"。

他所带班级多次被评为校级"优良学风示范班""五四红旗团支部""先进班集体"。他先后被评为学校"我最喜爱的老师""师德先进个人""优秀教师""大学生思想政治教育先进个人""优秀班主任"等。他指导的学生多人获得国家奖学金，多人被评为校"优秀毕业生""创业实践先进个人""自立自强先进个人"。

春风化雨　做学生成长的暖心人

育人要育心，育心须知心。只有全面了解学生的思想表现、学习生活等情况，才能因材施教，成为学生的良师益友。

为建立新型师生关系，张寒特别注重倾听学生心声。在他看来，当代大学生虽然独立意识强，但大多不喜欢主动表达，他就利用班会、课堂、宿舍查访、关注朋友圈等机会，积极了解学生们的学习生活情况，构建班级台账，做到心中有数。

作为班主任，每接手一个班，他都为班级学生建立台账，了解他们的思想动向和未来规划。组织学生开展"考研经验分享会"，推荐合适的就业单位和企业锻炼机会，让学生将理论与实践相结合，更好地历练与成长。

班级里有位学生患有听力和语言障碍，在开学之前他了解到这一情况后，主动与该生家长交流，掌握更多学生信息。平时与学生保持短信沟通，协调解决其遇到的困难。

他特别注重对学生创新能力的培养，启发学生对科研的兴趣，指导的本科生多次获得学校百篇优秀本科毕业论文，也有考取或被保送到中国人民大学、浙江大学等高校继续深造的，指导的研究生毕业论文多次获得校级优秀毕业论文。

他甘于奉献，热心助人，积极帮助团队师生解决实际难题，带领的团队先后被评为校"师德先进集体"、陕西省高校青年创新团队，赢得师生和同行的一致好评。

南 灵

用爱与智慧陪伴学生成长

南灵，女，1963年12月生，经济管理学院副教授，从教35年。主讲"土地管理学""土地经济学""房地产开发与经营管理"等多门课程。1995年、1997年分别被评为"西北农业大学教书育人先进个人"。2003年、2006年和2021年分别获得学校"毕业生就业先进个人"。

谆谆教诲，种希望之花；勤耕细勉，育成长沃土。南灵副教授一直从事土地资源管理、资源经济与环境管理方面的教学与科研工作，勤勤恳恳，兢兢业业，用爱与智慧陪伴学生成长。

教书育人　以生为本

走上教学岗位后，南灵先后为经济管理学院、资源环境学院本科生开设了"土地管理学""土地经济学""房地产开发与经营管理""地籍管理"等多门课程，每年都承担了土地资源管理专业学生的本科综合实习任务和毕业论文指导工作。

在长期的教学工作中，南灵秉持"立德树人"的教育理念，坚持将思政元素引入课堂，以正确的世界观、人生观、价值观引导学生。在课后积极引导学生进行实际调研，了解所学课程内容在实际中的应用，并通过引导学生查阅文献，锻炼学生学以致用和理论联系实际的能力。

她所带课程，学生评价长期处于学院前列，并多次被评为校级"教书育人先进个人"和院级"教书育人先进个人"。

科研助力　培育人才

南灵坚守科研初心，在求索路上勇毅前行，先后主持和参与完成了陕西省土地整治战略研究、基于社会规范和个人规范双重视角的农户亲环境行为的作用路径及提升机制研究、陕西省土地利用规划实施评价研究等国家级和省部级项目20余项，在《中国土地科学》《中国人口资源环境》等期刊上发表科研论文80余篇。

她坚持教学科研相融合，潜心为国家发展培育人才。近年来所指导的硕士研究生学位论文有2篇获得校级优秀论文，所指导的本科生毕业论文有7篇获得校级优秀论文，11篇获得院级优秀论文。

多年来，南灵积极参与本科生科创项目的选题、调研、结题与评审等工作，所指导的多名学生获国家级、省级科创项目并以优秀成绩结题。

严师益友　关爱学生

课堂上要求严格，课后关爱学生，南灵在学生中是广受好评。

她上课时不仅要求学生不能无故旷课、迟到等，而且要求学生要跟上节奏并主动思考，在上课过程中还特别注意将思想跑偏的学生拉回课堂。除了面对面与学生交流外，南灵还积极利用微信、QQ与学生进行沟通，与学生的家长进行沟通，耐心解答学生在校期间学习与生活中遇到的各种困惑，有的学生对就业很迷茫会去找南老师聊，有的学生失恋了也会去找南老师聊，南老师都会认真倾听并针对学生的不同情况给予引导。

南灵还会经常鼓励性格内向的学生积极与人沟通，大方展现自己，并多次资助有困难的学生，急学生所急，积极为毕业生提供就业指导、就业信息，联系就业单位。有学生在毕业时曾流着泪说："在家是妈妈'骂'我，在学校是南老师'骂'我，但我知道妈妈和南老师都是最爱我的人。"

在做班主任时，南灵了解每个学生的情况，针对学生的目标和具体情况，协助学生制订考研或工作计划。对于学习基础差的学生，组建帮扶小组，指定一对一帮扶人员，毕业时班级考研人数和就业率都取得了很好的成绩。她不仅关爱在校的学生，还对学生毕业后在工作和生活中遇到的问题给予积极的引导，坚持做学生的良师益友，多年来被学生亲切地称为"南妈"。

让学科回归本质，让教育回归初衷，让学习回归本位，教与学才能真正成为"一朵云推动另一朵云"的心灵唤醒。南灵始终将这句话奉为自己的教学原则，热情真诚，勤耕不辍。

周岑银

甘做学生成长引路人

周岑银，男，1984年4月生，中共党员，马克思主义学院讲师，从教8年。主讲"当代世界经济与政治""毛泽东思想和中国特色社会主义理论体系概论""政治学概论"等课程。先后获评学校"优秀社团指导教师""本科招生宣传工作先进个人""毕业生就业工作先进个人"等荣誉。

作为马克思主义学院的一名教师，他甘做学生成长的引路人，敬业爱岗，教书育人，把青春和热血奉献给钟爱的教育事业。

牢牢站稳三尺讲台

自入职马克思主义学院以来，周岑银在从教、科研、学生工作、社会服务等方面，积极投入，关怀并帮助学生成长，爱生如子，成为学生喜爱的老师。

在教学方面，周岑银注重教学基本功，坚持立足课堂，创新教学内容和教学方法。一方面，他积极参加教育部、陕西省、学校组织的各类教育教学培训，不断汲取授课经验，提高专业素养和教学水平；另一方面，他积极参加学院组织的备课会、青年教师讲课比赛和一流课程（线上）建设，提升自己讲授课程质量，牢牢站稳三尺讲台。

他先后讲授"形势与政策""当代世界经济与政治""毛泽东思想和中国特色社会主义理论体系概论""习近平新时代中国特色社会主义思想概论""政治学概论"等课程，年均承担教学工作量300多学时。所授课程备课充分，内容翔实，教学方式多样，做到课堂互动和线上研讨相结合，深受学生喜爱。

注重现实问题研究

在科研方面，周岑银注重对在基层实地调查基础上的现实问题的研究，坚持理论学习与课外实践相结合，获评学校"大学生暑期社会实践优秀指导教师"。

2016年、2017年，他两次带领学校"青马工程"骨干班团队参加"井冈情·中国梦"全国大学生暑期实践季专项行动，向共青团中央井冈山革命传统教育基地提交《红色旅游在井冈山精准扶贫中的作用机理研究》的报告。

2020年，他担任陕西脱贫攻坚大走访镇巴队的指导教师，向陕西省扶贫办和学校团委提交《从精准扶贫到精准脱贫的治理之道——基于镇巴县脱贫攻坚的实地考察》的报告。

他主持或参与省部级以上课题6项，出版专著1部，发表论文和时政评论多篇。他指导的本科生获学校思想政治理论课社会实践调查报告一等奖，指导的"挑战杯"大学生课外学术科技作品竞赛红色专项获学校特等奖、省级二等奖。

有疑必解　有难必化

在学生工作方面，周岑银注重在日常生活中开展大学生思想政治教育，他于2016年担任农学院大学生日常思想政治教育指导教师，并支持农学院学生创办青年马克思主义研习社。该社团多次荣获学校五星级社团，社团支部荣获共青团陕西省委"陕西省高校'活力团支部'"和共青团中央"全国高校'活力团支部'"，培养了一批马克思主义信仰坚定、德才兼备、全面发展的社团骨干。

  他担任本科生班主任期间，将班级管理得井井有条。他总能发现学生的细微变化和进步，并为学生的职业生涯规划提出有益的指导意见，预判可能出现的困境，做到有问必答、有疑必解、有难必化。

  在社会服务方面，周岑银注重把个人成长融入社会发展。他于2020年担任杨陵区新时代文明实践中心讲师，义务进基层社区宣讲党和国家最新政策。2021年为王上村党史展厅进行内容制作和主题设计，使其成为周边市县、杨陵区党史学习教育的重要阵地。

  2022年，他受学校组织部委派担任杨凌示范区校企协同"五联一抓"推进乡村振兴工作驻杜寨村的专职书记，对接和落实马克思主义学院负责的包抓振兴工作。

  教育人是一项长期务实的工作，必须有付出、有担当、有创新，进而才能见成效、获好评。周岑银从一点一滴做起，始终践行学校办学理念，以梦为马、不负韶华。

张蓉婧

体教融合的精彩旋律

张蓉婧，女，1988年12月，中共党员，讲师，体育部从教13年，承担大学体育"乒乓球"课。2020年被评为"学生最喜爱的老师"，获第十四届全运会"优秀志愿者"称号。

张蓉婧牢记人民教师教书育人的光荣使命，以高尚的师德感染学生，以和谐的师生关系陶冶学生，以丰富的知识哺育学生，用阳光和热情谱写育人的精彩篇章。

牢记教书育人使命

从事教育教学工作以来，张蓉婧坚持正确的政治方向，坚持党的教育方针，严格遵守国家法律法规和学校相关规章制度，依法从教，依法执教，依法治学。她积极参加各种政治学习和活动，不断提高自己的政治业务素养，以适应新形势下的教育工作要求。

她牢记人民教师教书育人的光荣使命，以严肃认真的态度对待教育教学工作，以高度的责任感和事业心将全部的热情投入工作中。她注重以身作则、为人师表、勤勤恳恳、爱岗敬业，认真履行教书育人的神圣职责，以校为家，热爱学生，团结同事，从不迟到早退，尽心竭力做好每一项工作。

把好教学每个环节

在体育教学工作中，张蓉婧承担的是大学体育"乒乓球"课。她多年来不断刻苦钻研业务，认真研究教材教法，备课详尽细致、精心设计教案。

为了配合学生学习，她针对学科课程特点收集了大量的资料，形成自己的特色教学模式，并收到了良好的教学效果，做到了把好教学环节的每一关。

"教书只是手段，育人才是目的。"在她的教育观念中，高等学校要培养的应该是品学兼优、乐观向上的优秀人才。作为教师，她要求自身先树立起乐于奉献、德才兼备的形象。在她的教育观念中，师生是平等互助的关系，为此她建立了民主的师生关系，营造出了轻松的学习氛围。在2020年她被评为"学生最喜爱的老师"。

在和学生们沟通时，张老师总是能"动之以情、晓之以理"，同时还能以身作则，在言传身教中对学生进行体育育人。她经常用激情去激发学生对体育的热爱，注重与学生的沟通交流，树立学生的自信心，用真情去感动每一位学生。在课堂中她充分调动学生积极性，不仅给学生传授体育知识，还对学生进行思想品德教育，教育学生做人要自立自强、诚实守信、为人正直，做事要有责任心，既教书又育人，真正成为学生心目中的好朋友和好老师。

善思善学重提升

对张蓉婧来讲,自己不仅要做学习型教师,更要做研究型教师。因此,在认真学习专业知识的同时,她还勤钻研、善思考、细研究,不断提升自己、丰富自己。她积极参与了陕西省哲学社科项目和陕西省社会科学基金项目,并主持学校人文社科项目和陕西省体育局课题。

在课余时间,张蓉婧积极投身于社会服务中。2021年,中华人民共和国第十四届运动会在陕西举行,张老师分别参与、承担了网球项目比赛、群众乒乓球项目比赛和中华人民共和国第十一届残疾人运动会乒乓球项目比赛的裁判员。

作为一名教师,张蓉婧始终践行为人之道、从师之道,热爱教育事业,热爱学生,牢记教师的责任与使命,为教育事业贡献力量。

2021 年

李 超

每一名学生都是她心中的"小苹果"

李超,女,1986年9月生,无党派人士。园艺学院教授、博士生导师,从教8年。获评西北农林科技大学"仲英青年学者",荣获"西北农林科技大学优秀教师""毕业生就业工作先进个人"等荣誉。

从教以来,李超把每一名学生都当作自己的"小苹果",用爱呵护"幼苗"生长发育、开花结果。

教书有路心为径

李超把教学当成是一门需要用心揣摩的艺术。工作以来,她始终坚持"以心动心、以心育心、以心聚心"的理念,以身作则、言传身教,努力做学生成长路上的指路明灯。从事教学8年以来,她承担本科生"园艺植物栽培学总论""果树栽培学""果树栽培学总论""果树学""落叶果树栽培学""科研基本方法""园艺植物组织培养实验"等课程。她治学严谨、勇于探索,始终把"以学生为主体"和"以培养学生主动发展"作为出发点,认真钻研教材,虚心请教经验丰富的前辈,利用远程教育资源,运用课件和多种教学方法,精讲精练,充分调动学生学习的积极性、主动性和创造性,提高教学效果,促进学生成才。

此外，李超还是学校第一届"优秀导师团队"——苹果逆境生物学团队的骨干成员，作为班主任，她所带班级荣获学校"优良学风示范班""五四红旗团支部"和"学院五四红旗团支部"等荣誉。

育人无涯爱作舟

在李超心中，教师的爱如同阳光普照大地，如同雨露滋润万物。她始终牢记人民教师的使命和教书育人的初心，不计回报地关爱学生、尊重学生，精心培养学生，促进学生全面发展。她热爱工作，及时了解学生动态，帮助学生解决问题，关注每个学生的身心健康，让他们在学业生涯和科研路上不孤单、不寂寞、不痛苦，是学生的良师，更是他们的益友，是大家口中亲切的"超姐"。在学生犯错时，她谆谆教导、春风化雨；在学生迷茫时，她和他们探讨未来，为他们指明方向；在学生困难时，她全力帮扶、无微不至；在学生挫败时，她加油鼓劲、积极引导。学业上她详细了解每位学生的实验内容与进度，及时答疑解惑，指导学生职业生涯规划，提供相应的建议与帮助；生活中她关注学生的身体状况，流感季节会提醒大家做好防护、注重健康；闲暇之余带学生户外烧烤缓解科研压力；寒假还会邀请留校学生一起过除夕……作为老师，她希望学生成长成才；作为朋友，她希望学生开心快乐。她培养的学生获"国家奖学金"4次、省级"优秀毕业生"2次，多位学生获评"优秀研究生""优秀学生干部""优秀共产党员""社会实践先进个人"等荣誉称号。

此外，李超还热心公益事业，积极为大中小学生进行义务科普讲座，资助贫困大学生，用实际行动传递爱心温暖、弘扬社会正能量。

教学科研勇攀登

李超始终认为，"学海无涯，教无止境。要给学生一碗水，自己首先要有一桶水"。为此，她积极参加国内外学术交流，提高自身的教学水平和专业素养，了解专业方向的最新动态，拓展专业交叉融合能力，努力使自己成为学术素养拔尖的导师。

她用心教学、潜心科研，主要开展苹果抗逆调控及抗逆育种研究，在苹果中多巴胺的抗逆功能及调控机制、苹果中褪黑素的抗逆调控功能及机制、丛枝菌根真菌对苹果抗逆的调控作用及机制、杂交育种、辐射诱变育种和倍性育种方面卓有成效。先后主持国家自然科学基金等项目10余项，累计到位科研经费400多万元。近五年，以第一或通讯作者发表SCI论文30余篇，主持审定苹果新品种2个，参与审定苹果新品种7个，授权国家发明专利5项，制定地方标准1项。研究结果丰富了苹果抗逆调控网络，为苹果遗传改良提供了理论依据。同时利用现代生物学技术培育抗旱的苹果新种质，为我国苹果抗旱改良和高效生产提供了种质基础。

作为国家苹果产业体系"育种方法与抗性育种"岗位骨干成员，李超不怕吃苦、躬耕田间，参与旬邑苹果试验站的建设和洛川苹果试验站重建工作，参与洛川选种场建设，栽植优系材料760份。积极服务乡村振兴，开展科技扶贫，前往陕北、新疆、旬邑等10余个乡镇果园现场进行生产指导。李超深知苹果的品质和效益是老百姓最关注的事情，积极和乡镇果园对接，提供苹果种植专业技术指导，帮助老百姓种好致富果，实现增收梦。特别是"秦脆"苹果品种的推广种植，受到果农的一致好评。看着满园子的红苹果，老百姓笑得合不拢嘴，声称"这可不单单是红苹果，更是咱过上好日子的'金苹果'咧"！

金奖银奖不如学生的褒奖，金杯银杯不如群众的口碑，为此，李超始终砥砺前行。

姚军虎

勤耕不辍　精业笃行

姚军虎，男，1962年2月生，中共党员，动物科技学院二级教授、博士生导师，国家级教学名师，"动物营养学"国家一流课程负责人，国务院第七、第八届畜牧学科评议组成员，中国畜牧兽医学会动物营养学分会副会长，中国动物营养指导委员会委员。

求真务实，畜德牧人；教研创新，铸造师魂。三十四载辛勤耕耘，国务院特殊津贴专家，宝钢优秀教师，中国动物营养学分会副理事长，国家"十四五"重点研发计划重点专项指南编写组成员及总体专家组成员，陕西省饲料饲草产业技术体系首席科学家……这些，都是对姚军虎工作的最大肯定。

做真科研　服务产业高质量发展

从业34年，姚军虎聚焦奶畜饲料转化率低的产业难题，持续研究奶畜能量高效利用的营养调控机理，在日粮配制、饲料安全、农业产业化、高效饲喂技术推广等工作中作出了突出贡献，相关研究达到国际先进水平，填补了我国动物营养领域多项空白，为我国奶畜养殖的健康高效发展发挥着重要作用。

他以"真做科研，做真科研，做对产业发展有用的科研"为自己的工作准则。他既是"国家重点研发计划"的首席科学家，带领项目人员攻克重大科学技术问题，也是躬身产业一线的畜牧工作者，身体力行推动奶畜科学管理和饲养。组建动物营养与健康养殖科技创新团队，带领团队聚焦畜禽营养调控与低碳健康养殖，围绕"饲料资源开发、饲料加工工艺、机体营养干预、健康精准调控、畜产品质量安全、资源环境保护"等畜牧产业链全过程，建立了一套畜禽健康养殖个性化解决方案。

近五年，他以第一作者或通讯作者身份在 *The ISME Journal*、*Microbiome*、*Advanced Science*、*Gastroenterology*、*Animal Nutrition* 等期刊发表论文30余篇，先后主持国家及省部级课题17项，获陕西省科技进步一等奖、全国农牧渔业丰收二等奖等奖项，授权发明专利8件，发布国家团体标准1项，研究成果在全国20多个省（自治区、直辖市）、150余家饲料和养殖企业示范推广，经济效益和社会效益显著。

教书育人　做"四有"好老师

从教以来，姚军虎主讲"动物营养学""动物营养与低碳健康养殖""动物营养学研究进展（专题）""动物营养学研究方法与技术""饲料学"等本科生和研究生课程，其中"动物营养学"入选全国"一流"本科课程、陕西省精品课程，"动物营养与低碳健康养殖"被列为国家级精品视频公开课。主编或参编《动物营养学》《动物营养与饲料》《家畜饲养学》等国家规划教材8部，多次获评"学校优秀教师"，并入选"宝钢优秀教师"。

根据自己多年的教学经验，结合科研和行业的人才需要，姚军虎认真准备"动物营养学"教学内容。课堂教学过程中采用案例式、启发式、研讨式教学，恰当应用"奶牛为什么能吃草""三聚氰胺奶粉""为什么动物对饲料的转化率较低""你感冒、拉肚子的营养学原理与预防"等生产和生活中的实例阐明相关理论及其应用。积极探索"四层次、一体化、开放式"动科专业实验实践教学体系建设。主持并完成陕西省本科专业综合改革试点重点项目、陕西省特色专业建设项目、校级教改项目多项，获得省级教学成果奖2项、校级教学成果奖2项，年均指导5~6名本科毕业生的论文设计、实施、写作、答辩，其中每年有1~3名学生获校级或院级表彰。

尽心尽力　　做学生成长路上的领路人

对待科研，他是一丝不苟的"严师"；对待学生，他是体贴入微的"家长"；对待工作，他是始终如一的"老黄牛"。从业以来，姚军虎对指导过的研究生都熟记于心，并会根据学生们的性格、沟通习惯和思维方式，耐心引导和教育学生。只要学生有问题，他都会细致地为学生排忧解难。认真负责指导每位研究生的科研工作，对研究生的选题和课题设计倾注了大量心血。他严谨的治学精神、渊博的专业知识、执着的科研追求一直在感染着学生；他待人和善、工作务实且充满激情，像亲人般鼓励、关心和引导每位学生正确思考和全面成长，为行业发展输送了大量优秀人才。

他指导过的毕业生均高质量完成毕业论文，多次在全国农林高校"牛精英"挑战赛中斩获一等奖和特等奖，多名毕业生被评为陕西省优秀博士论文以及省级和校级优秀毕业生。在他的指导下，多个教师团队入选陕西省"科技创新团队""优秀教学团队"以及西北农林科技大学"优秀导师团队""优秀教学团队""师德先进集体""黄大年式团队"。

"姚老师的这种敬业精神以及对学生负责任的态度，是我们终身学习的榜样。"他的学生表示。

张军昌

追求卓越勇攀登

张军昌，男，1972年9月生，中共党员，机械与电子工程学院副教授，硕士生导师，原车辆工程系主任。

从教20多年，张军昌时刻保持对党的教育事业高度负责的精神，严于律己，追求卓越，在同事、学生中起到良好的模范带头作用。

不忘初心　潜心教学

从教以来，张军昌牢记教书育人的初心使命，始终以培养高水平复合型高素质人才为己任。承担"汽车拖拉机学""发动机原理与构造""机械原理""机械原理课程设计""机电一体化综合实训""车辆拆装实习"等多门理论和实践课程的教学任务。

教学过程中，张军昌积极探索教学方法、教学手段的改革与改进，不断更新教育理念，丰富教学手段。充分利用多媒体、参观实习、网络平台、虚拟仿真平台等多种教学方式，使学生更直观地掌握机械结构的组成及工作原理。他坚持理论与实践相结合、教学与科研相融合的思路，将理论知识以案例式、启发式方法传授给学生，使学生学以致用，培养学生的创新能力。

在发动机拆装实训课上，张军昌不怕脏、不怕累，一遍遍亲手示范发动机的拆卸、安装，并联系课堂所讲理论知识，让学生深入了解发动机的结构组成、工作原理及发展趋势。正是因为热爱教学、热爱学生，张军昌才会认真准备每一次授课，仔细推敲教学进程，仔细琢磨用什么方式启发学生，举什么样的例子恰到好处等。张军昌还注重在教学中用心思考，他持续探索教育教学改革方法，主持完成主讲理论与实践课程的教改项目4项，累计指导本科和硕士毕业生90余名，其中本科毕业设计获校级优秀2项，获院级优秀6项。

关爱学生　助力成才

张军昌积极承担2005级机制6班、2009级机化2班、2017级车辆2班3届班主任工作。在学习上他从不放松对学生的严格要求，鼓励学生参与大学生训练竞赛项目，指导大学生科研创新10项。在生活上注重学生的全面发展，鼓励学生们在课余时间积极参加各项文体活动。

工作中，张军昌始终本着"有教无类、因材施教"的全面育人观念，用心感受和掌握学生的学习、生活情况和心理动态，用爱呵护每一位学生成长成才。对于学业困难的学生，他积极与学生和家长沟通交流，剖析学业困难的原因，对学生认真疏导、耐心教育，培养他们自信、上进的生活和学习态度，关注学生职业规划，助力其成长、成才。2009年，张军昌被评为我校"毕业生就业工作先进个人"。在他担任班主任的车辆工程专业1702班29人中，保送研究生6名，考取研究生6人，班级就业27人，初次就业率93%。其中6224宿舍6名成员全员升学为研究生。

爱生如子　甘为人梯

只要有利于学生，张军昌总会花费大量时间和精力，尽力支持和帮助学生。经常有学生在科创、毕业设计、考研复习中遇到机械结构方面的问题向他寻求指导，张军昌总是尽最大努力给予帮助。在每年保送研究生时期，他会花大量精力为学生认真修改推荐信，指导面试技巧，帮助学生顺利升学。

张军昌与学生们亦师亦友，除了进行学业和科研的指导和交流外，还经常与学生谈心谈话，不仅给予其心理疏导、就业辅导，而且在其生涯规划、思想引领等方面做好"引路人"，积极引领学生成为有理想、有本领、有担当、有作为的青年。2023届一位硕士研究生刚入学时对自己的研究方向和未来职业生涯规划非常迷茫，张军昌花费大量时间与该学生耐心沟通交流，充分听取学生内心的真实想法，建议学生选择自己感兴趣的科研方向。在他的指导下，这位研究生更换了研究方向，并在2023年获校级优秀硕士学位论文，毕业后被中国农业大学录取，继续攻读博士学位。

热爱生活、热爱教学，为人师表、恪尽职守，视校如家、爱生如子，张军昌用自己的一言一行感染着学生、影响着学生，诠释了"言传身教"的职业内涵。

杨丽丽

用爱立德铸魂

杨丽丽，女，1980年7月生，中共党员，信息工程学院副教授。曾获陕西省首届高校课堂教学创新大赛三等奖，学校"青年教师讲课比赛"一等奖、"思政工作先进个人"、"优秀班主任"等荣誉。

从教18年来，杨丽丽务实奋进，将枯燥的逻辑语言讲授得妙不可言；全情投入，用爱感化每个学生，让教育饱含温度，润物无声，以良好的师德引领学生全面成长成才。

深耕育人主阵地

杨丽丽坚持以学生为中心，注重教学改革研究、课程资源建设和教学模式改革，努力通过课程建设"主战场"和课堂教学"主渠道"践行"立德树人"根本任务。她先后承担"数据库原理与应用""数据库综合训练""大学信息技术""Python程序设计"和"VB程序设计"等课程的教学任务，教学工作量饱满，教学效果良好，得到同行和学生的认可。

作为一名教师，杨丽丽深知要站好三尺讲台，讲好每一堂课是重中之重。她虚心向前辈、同行学习，认真钻研授课内容，研究不同的授课方法与手段，潜心打磨课堂。先后在省级、校级与院级教学比赛中获奖11次，教学能力不断得到提升。

教学过程中，杨丽丽主动依据教学内容特点实施不同的教学方法，基础理论、技术方法类和操作类分别采用启发式、案例驱动和目标驱动等教学方法。注重培养学生的自主思维能力和批判性思维能力，提高学生正确认识问题、分析问题和解决问题的能力。

作为"数据库原理与应用"课程负责人，杨丽丽编写了"数据库原理与应用"和"数据库综合训练"课程质量标准，建成教学课件集、工程案例集、自测题库、微视频库等教学资源，有效推进了课程教学内容更新和教学方法改革。数据库原理与应用被认定为校级一流本科课程，在中国大学慕课平台上线并面向全国学生授课，选课人数超过15000人。作为第二参加者，"数据库原理与应用"课程被认定为国家级线下一流本科课程，被评为陕西省课程思政示范课。

在做好教学的同时，杨丽丽努力投身教学改革和科研工作，主持校级教改项目2项，参与教改项目5项；发表教改论文2篇，参编教材3部。先后参与国家级科技支撑计划项目3项、省部级项目2项、横向项目3项、推广项目1项，申请软件著作权2项。

春风化雨助成长

杨丽丽深入挖掘数据库原理与应用课程内容和教学方式中蕴含的思政资源，凝练出与章节教学内容相呼应的"民族自信、家国情怀、人文精神、法律法规、科学素养、工匠精神、道德修养"等7类重点思政元素，形成课程思政教育体系，设计思政案例11个，并将案例融入课堂授课、教学研讨、实验实训和作业等环节，实现教学知识点与思政资源的自然过渡和有效衔接，促进"德育"和"智育"融合。

杨丽丽认为，如何让信息专业的学生知农、爱农，并投身我国农业现代化建设，为国家农业研究与发展贡献力量，是非涉农专业的老师在教学和科研中应该重点思考的问题。于是，在教学中，杨丽丽通过引入我校典型农业系统案例小麦赤霉病预测系统，使学生了解农业生产的现状，了解农业生产中面临的问题，鼓励学生用计算机专业知识去解决这些问题。她还积极鼓励同学们将本专业知识应用到农业生产服务中，培育学生严谨务实的职业素养，树立学生甘于奉献"三农"事业的精神以及服务农业农村现代化的责任与担当。

| 躬耕·匠心

　　杨丽丽还先后担任2014级信管1班、2020级计算机类10班和2020级数科3班班主任。她关注每个学生的成长，用爱心、耐心、细心、热心赢得学生的亲近、感激、尊重和喜爱。信管141班有一名腼腆、性格内向的学生，英语一直是他的弱项，进入大学后英语学习进度普遍比高中快，这就导致他在大一出现了挂科，不仅对他的心理造成了一定的影响，还影响了他专业课的学习。杨丽丽在与学生面对面谈话中得知这个情况后，和这名学生一起分析制订了适合该学生自己的英语学习计划和课程重修目标，同时联系外语系老师对其英语学习给予指导，该学生慢慢对英语学习有了信心，终于在课程重修中取得了不错的成绩，在杨丽丽的不断帮助下，专业课也以良好的成绩通过考试，最终顺利毕业，成为一名工程师。在杨丽丽老师的带领下，2014级信管1班在2015年、2016年、2017年连续三年被评为"优良学风示范班"、校级"优秀班集体"，班级团支部被评为"五四评优"先进团支部、"活力团支部"和"五四红旗团支部"。2020级计算机类10班在2021年被评为"优良学风示范班"。

　　面向未来，杨丽丽表示，在教书育人的道路上，她将一如既往保持热爱、保持初心，做学生的良师益友，成为学生成长道路上的一盏灯、一道光、一颗铺路石……

王建国

学生最信任的引路人

王建国,男,1982年12月生,中共党员,食品科学与工程学院教授、博士生导师,从教13年。主讲"食品工程原理""工程伦理"等课程,获学校青年教师讲课比赛三等奖,学院讲课比赛一等奖、课程思政比赛一等奖。

作为老师,王建国教授恨不得把自己所学倾囊相授于学生;学生伤心难过沮丧时他总陪在身边,是他们的朋友,是学生"小食代"旅途上最朴实的引路人。

守好三尺讲台

工作以来,王建国先后承担了本科生"食品化学""食品分析""食品工程原理""食品包装学"等主干课程。教学过程中,王建国从不教条地讲授知识,而是生动地将课堂上的理论知识与实际生活、实际生产案例相结合,激发学生们的学习兴趣。课堂上,王建国总是能将晦涩难懂的知识点,以风趣幽默的语言予以巧妙化解,让学生听得懂、记得牢。刚刚接手"食品工程原理"这门课程时,王建国深知这门课程比较难,要让学生学明白,自己必须将每个知识点、公式熟记于心。于是,他借助工具书,认认真真把这门课程从头到尾学习了三遍。课堂上，对于难点内容，他会随时询问学生们能否听明白，不明白的地方他会多讲两遍，直至大多数学生听懂为止。当看到学生们课堂效果反馈良好时，他忐忑的心才渐渐放了下来，将更加饱满的热情投入教学工作中。

教师是个良心活

在王建国心中，教师是一个崇高、伟大的事业，要耐得住寂寞、守得住清贫、对得住良心。他博士毕业时，有的同学走向企业，而他毅然决然选择了教师这份事业。他觉得，完成自己的教师梦想，比什么都重要。作为一名青年教师，王建国主动承担了食工1301级、食安1901级班主任。其间，他总是在新生入校时第一时间去宿舍看望学生，叮嘱他们大学是人生新的奋斗起点，而不是享乐的开始。同时，他抽空与每个学生谈心，关注每个学生的家庭情况、性格特点及未来规划，努力当好学生成长路上的引路人。他对班里每个学生的情况都如数家珍，知道哪个学生喜欢运动，哪个学生对音乐感兴趣，哪个学生最爱和老师交流……

跟年轻人在一起，王建国总是想方设法走近他们，拉近自己与学生们的距离。渐渐地，大家之间的陌生感消失了，学生们亲切地喊他"建国哥"，时常会跑到他的办公室与他交流，分享日常学习和生活中的困惑和趣事。这也让他更好地掌握了学生们的动态。在他的指引下，班级学生四年学习期间一直关系融洽，毕业聚餐时，几个学生围着他舍不得分别。很多本科毕业生时常回来看望他，快乐地跟他分享自己的成长经历，这也让他更加坚定了选择教师这份事业的信心和自豪感。

注重品德修养教育

他曾经带的一名本科生，出国攻读博士学位之前，专程赶回学校看望他，并承诺学成后一定会回国，这也是王建国一直对学生的期望。爱国、爱自己、爱家人，是他一直对学生们的谆谆教诲。

对待研究生，王建国时常督促引导他们，先学会做人做事，做一个三观正、信念强、有理想的人，再学会做科研，严格要求实验基本操作、如实记录实验原始数据、认真分析结果的科学规律。王建国认为，严守学术道德底线，是每一个科研工作者都应该有的操守。

王建国就是这样，对祖国教育事业充满无限热爱，对学生毫无保留地关怀，体现了一名人民教师的本色。

| 躬耕·匠心

姜雅莉

一束微光渐斑斓

姜雅莉，女，1974年9月生，无党派人士，经济管理学院副教授。主讲"微观经济学""宏观经济学""产业经济学"等课程。2021年教育部"微观经济学"课程思政教学团队成员，课程思政教学名师。2023年"产业经济学"校级一流课程负责人。

从教26年以来，姜雅莉用经济学原理阐释做人道理，春风化雨，演绎教书育人的美丽画卷。

兢兢业业　始终坚守在教学第一线

参加工作至今，姜雅莉始终奋战在教学一线，主要为本科生讲授"微观经济学""宏观经济学""产业经济学"等课程，负责经济学专业基础实习、教学实习Ⅰ等。年均为本科生授课4门次，192课时。课堂上，姜雅莉能够从学生实际出发，充分调动学生的学习积极性，学生评教在学院排名前30%，并多次获得学院本科生教学奖励奖。每年指导的本科毕业生均有人获校级优秀毕业论文。为研究生讲授"发展经济学Ⅱ""宏观经济学Ⅱ""宏观经济学Ⅲ"等课程，讲课重点突出，内容详细，条理清晰，细致入微，对经济学的现象和原理解释得通俗易懂，并且见解独到，学识渊博，深得学生们喜爱。

"姜老师的课让我受益良多，不仅仅是学业上的进步，也让我的生活规划更加清晰了。"2020级经济学专业丁蕴同学表示。

言传身教　将思政教育融入教学各环节

"只有做一个有教育情怀的人，才能静心教书，潜心育人，一辈子扎根教育，不负韶华。"秉持自尊自律、清廉从教，不断提升自身修养，言传身教、以德树人的原则，姜雅莉分别在2019年、2021年荣获经济管理学院"师德师风先进个人"，2020年、2022年获经济管理学院"先进个人"。参与"微观经济学""产业经济学"等思政课程建设，积极探索思政教育与专业教育融合。作为课程团队主要成员，姜雅莉主讲的"微观经济学"课程2021年获教育部首批课程思政示范课，教学团队荣获教育部首批课程思政教学团队。

在工作、生活中，姜雅莉总是尽自己所能，为学生提供学业、思想等方面的引导、帮助。通过与学生面谈、微信、QQ、电话等方式，在学业上，细致耐心地为学生提供专业选择、课程学习、科创申请、考研、保研等方面的建议，引导学生理性地选择专业、课程，助力学生提升科研能力，顺利完成学业。2017级经济学专业学生潘嗣同正是在姜雅莉的引导与帮助下，成功被保送上海交通大学管理学院研究生。在思想上，姜雅莉言传身教、以身作则，引导学生树立正确的人生观、世界观、价值观，引导学生树立社会主义家国情怀，并且知农、爱农。

改革探索　不断提升教学质量

课程教学过程中，姜雅莉重视将传统教学与现代科学技术相结合，运用视频、动画、案例等多种教学手段与方式，改革课程教学方法，提升教学质量。主讲"产业经济学"课程2019年获批校级一流课程建设。探索教学实习改革，负责的专业基础实习，已形成"企业实地考察+创新项目设计+创新项目大赛"实习模式，引导学生从现实中发现问题，从专业的视角去研究问

题，提升了学生的科研创新能力。近三年指导学生申报大学生科创项目，获批国家级项目3项、省级项目3项。2022年指导学生撰写的社会实践报告获共青团中央2022年"三下乡""返家乡"社会实践优秀调研报告。2023年指导学生获第十四届"挑战杯"陕西省大学生课外学术科技作品竞赛省级一等奖。负责的经济学专业2020年获批陕西省一流建设专业。

　　面对未来，姜雅莉表示，自己将不忘初心，以身作则，继续奋斗在教书育人第一线。

董春柳

学生的事情无小事

董春柳，女，1980年5月生，中共党员，经济管理学院教师。曾获学校"课程思政教学骨干""毕业生就业工作先进个人""思政教育先进个人""青年教师讲课比赛"二等奖等荣誉。

从教17年，董春柳始终将家事、国事、天下事装进课堂，用爱心、耐心、细心与学生交流碰撞，以心灵赢得心灵，用人格塑造人格，成为学生们心中的"知心好姐姐"。

创新教学

董春柳认为，教学是一名教师最核心的工作。参加工作以来，董春柳先后为本科生讲授"国际贸易原理""国际经济学""国际结算""国际服务贸易""国际商务""商务单证""市场调研与统计"等7门课程。她始终以学生为中心，根据课程特色选择不同的教学方式。在逻辑性非常强的"国际贸易原理""国际经济学"课程教学过程中，董春柳坚持用板书教学方式进行理论推导，躬身力行，引导学生更深入地理解理论推理逻辑。该课程多年来被学生认定为"印象最深刻"的大学课程。在"国际结算"课程中，董春柳重视对学生动手能力的培养。同时，她还积极培养学生的科研素养，在教学过程中穿插讲授科研基本方法，指导学生获批多项国家级、省级科创项目，多项课题结题时被评为优秀。指导学生参加全国大学生市场调查与分析大赛、神农杯营销大赛、全国大学生统计建模大赛等学科竞赛，分别获得国家级三等奖，省级一等奖、二等奖等成绩。在学生毕业论文指导中，与学生多次讨论、字斟句酌，引导学生反复修改，不仅对论文写作质量提出更高要求，而且时时强化格式规范，引导学生追求严谨的做事态度。近年来，董老师指导的多名学生获得校级百篇优秀论文、校级优秀论文、院级优秀论文等。

知行合一

在教学过程中，董春柳坚持"立德树人"根本任务，将国际贸易发展现状、国家经济政策、导向背后的理论支撑等思政元素引入课堂，引导学生理性思考，培养学生的批判性思维，树立正确的世界观、人生观、价值观。

在讲授"国际经济学"之"进口替代型经济增长"的贸易效应时，她引入我国经济发展战略目标转变话题，引导学生了解国家经济发展战略，通过引入中国优先发展芯片等高新产业，分析进口替代型经济增长的影响机理与福利变化，说明我国经济发展战略由速度、数量增长阶段转变为质量增长阶段的必要性与重要性；在讲相对优势理论时，引导学生进行相对优势的哲学思考，充分挖掘自身相对优势，努力将自己的相对优势发挥到极致，使自己变得更加优秀；等等。

"五心"育人

董春柳坚持做班主任工作，努力用爱心、热心、耐心、关心、细心对待学生，做学生的朋友。通过一次次班会，一次次交心面谈、QQ交流、微信关注等与学生沟通、交流，密切关注学生们的学习、生活、恋爱、未来职业规划，让失落的学生恢复自信，让优秀的学生目标更加明确。担任2017级国贸专业班主任以来，小到课堂出勤率、大到未来去向，事无巨细，用"五心"去和学生们相处，解决学生们方方面面的问题，被学生亲切地称为"董小姐"。除班主任工作外，董春柳还关注、关心授课班级学生，如学生们某段时间情绪不佳了、保研定位不准了、恋爱不顺利了、学习缺乏动力了……她都会利用课前、课间、课后主动找他们谈话，帮助预保送学生修改简历、推荐信，帮助就业学生修改简历，同时联系已成功保送的学生、已成为职场精英的毕业生给学弟学妹传授经验，解决学生们时不时出现的困惑，提升保研、就业率。

董春柳表示，作为一名教师，将始终坚持"学生的事情无小事"，教好学，立好德，为教育事业贡献自己的力量。

苏燕平

学生心中的"苏妈妈"

苏燕平，女，1971年12月生，民主促进会会员，人文社会发展学院副教授，从教30年。主讲"传播学""应急管理""城市管理学"等课程。曾获全国公共管理专业学位研究生"优秀MPA教师"、西北农林科技大学"我最喜爱的老师"等荣誉。

苏燕平老师始终坚持传播知识、传播真理、传播思想，严谨治学、耕耘不辍，帮助学生乘风破浪，点亮他们灵魂的灯塔。

教书育人　杏坛三尺丹心铸

苏燕平老师先后为公共管理系本科生讲授"传播学""文化事业管理"以及面向全校本科生的"古代诗词赏析""职业生涯规划"等10多门课程。她热爱教学，对待课堂始终怀有敬畏之心。虽然她从2002年至今一直为公共管理系学生讲授"传播学"课程，但她坚持每年都重新梳理讲义，补充最新的传播学案例，力求将传播学理论与实践相结合，提升学生对该课程的学习兴趣和理解能力。在教学中，苏燕平老师坚持以学生为中心，注重情感式教学，时刻关注学生的课堂状态，注重各种形式的课堂互动，寓教于乐，满足学生在课堂上的获得感和成就感。

苏燕平老师也注重研究型教学，将科学研究引入课程学习中，用心指导每个学生小组的课程小论文撰写。苏燕平老师的付出获得学生们的充分认可，多次被学生评为"我最喜爱的老师"。

真情付出　　成长成才知心人

苏燕平老师除了担任公共管理系的专业教师以及全校公选课的任课教师，还担任过本专业和其他专业学生的班主任。她关心爱护每一位学生，尽自己所能为需要的学生提供帮助和支持。学生们很信任她，经常通过各种渠道与她沟通。无论是学习学业发展问题，还是精神心理诉求，只要学生提出来，苏燕平老师都会努力回答，帮助他们健康成长。

她在担任某个班的班主任时，有一位女生因为家庭贫困和养父母年迈等各种原因，心理压力大，有段时间经常失眠，甚至影响了正常的学习和生活。这位女生多次向苏燕平老师求助，她总是热情回应，用暖心的话语开导女生，想出各种办法来帮助这位学生。后来该女生终于放下思想包袱，走出心理阴影，轻装上阵，还担任了班长。毕业后，她还经常就工作中的困惑向

苏燕平老师请教。

类似的情形还有很多。对于学生，苏燕平老师相信他们每个人身上都有自己的闪光点，在教育教学实践中力求有教无类、因材施教，从不因学生的学习状况或者特立独行而对他们另眼相看。有位植保学院的学生热爱写作，经常请苏老师帮他修改稿件；有的学生请求她担任创新创业指导教师或者暑期三下乡导师；还有一些学生就未来的职业发展，经常和她探讨……只要有利于学生健康成长的事情，她都愿意积极相助，支持他们朝着梦想奋斗。因为苏燕平老师的默默奉献，她先后被评为学院"优秀班主任""就业工作先进个人"，她所担任班主任的班级，也先后获评学校"优秀班集体"。

爱心延伸　交流沟通做桥梁

苏燕平老师对学生的关心和关爱，不仅是在学生在校时，毕业生需要她帮助的时候，她还是一如既往地尽力去做。经常有毕业生从外地打电话，请她查毕业成绩或者党组织关系；也有的毕业生在其他高校攻读学位，请她帮助修改论文；还有的毕业生工作遇到难题，向她倾诉困惑和压力……无论毕业生提出什么样的求助，只要是苏燕平老师能做到的，她都尽心尽力去完成。

2010年，公共管理系组建学生读书社团"耕读会"。2011年初，由苏燕平老师撰写并倡议公共管理系毕业生向公共管理专业在校生捐赠购书资金，支持公共管理系学生阅读经典，提升专业理论基础。公共管理系先后共筹集捐款上万元，购买图书几百册。2011年5月，在美国攻读硕士学位的公共管理系毕业生郑跃平，经过与苏燕平老师联络并商议成立"跃平优秀论文奖学金"，鼓励公共管理系在校生积极开展科研，提升学术研究能力。"跃平优秀论文奖学金"至今已运行12年，现任职于中山大学数字治理研究中心主任的郑跃平所捐赠的奖学金也由最初的2000元增加到10 000元，上百位公共管理系优秀在校生荣获了该项奖学金。

这就是苏燕平老师，总是千方百计给学生多一点支持和帮助，让学生健康成长、努力成才。

高 莉

学生心中的"大家长"

高莉，女，1976年9月生，语言文化学院副教授。主讲"认知语言学""博士英语""新农科英语"等课程，荣获学校"学生思想政治教育先进个人""我最喜爱的老师""师德先进个人"等荣誉。

生动有趣的课程案例、扎实过硬的教学能力、对学生的关心厚爱，从教24年，高莉被学生们一直视为"大家长"。

教书育人　做学生专业引路人

高莉自2015年起先后承担英语专业"基础英语写作""高级英语""语言学导论""认知语言学"等课程，承担非英语专业"大学英语""中国文化概况""新农科英语"等课程，年均工作量400学时，教学效果良好，受到学生好评。教学中，高莉始终坚持以学生为中心，认真钻研所授课程和授课对象，精心设计教学环节和教学任务，通过有针对性的教学实践，促成学生学习方式从被动到交互的转变，提升学生组织能力、表达能力、批判性思维能力，培养他们善于倾听、乐于沟通、欣赏他人的品质。

扎实过硬的教学能力和倾心付出得到学生们的高度认可，学生在课程反思中自发地写道："'高级英语'课既带给了我们丰富的专业知识，又开阔了我们的视野，让我们可以从世界和历史的视角学习英语，不但跟上了时代发展，还更新和深化了思想认识。""点面结合让我对'认知语言学'的认识不再拘泥于书本，而是真正地走上了理论和学术之路。""我深深感激'认知语言学'这门课程，感激任课老师，让自己不再迷茫，渐渐确定了日后想要研究的方向。"与此同时，高莉主讲的"高级英语Ⅱ"课程获2020年学校第二届教学文化节在线教学优秀课程，主持的"从被动到交互——基于ICAP框架的以读促学教学模式实践与探索"获2021年校教学成果二等奖。

高莉深知教研相长，积极潜心读书、勇于探索，努力探索教学改革和科学研究。建成校级一流本科课程和思政示范课程各1门，主持完成校级教改项目2项，发表学术论文10余篇，参编教材3部，指导的本科毕业论文获校级百篇优秀毕业论文，指导的大学生科创项目获国家级立项并结项优秀。

立德树人　关心学生健康成长

工作中，高莉深知只有能力强、品行好的学生日后才能成为国之有用之才。因此，她坚持"立德树人"和铸魂育人的教育理念，充分利用各种与学生接触的机会提升学生的思想品德修养。

课堂上，高莉从所学课文、优秀人物事迹等切入，教导学生向优秀看齐，培养他们勤奋努力、乐于奉献、坚韧乐观的品质。在"高级英语Ⅰ"教学中讲授灯塔守护人故事时引出王继才守岛感人事迹和"东南窑文化"，教导学生要心系国家，甘于为国家的安全和发展无私奉献。高莉还重视通过自己的一言一行感染学生。她严格执行教学进度，不愿因病落下一节课。她还经常教育学生从身边的故事入手，指导大学生科创项目立足农业，用英语讲好西农故事。引导学生尝试翻译介绍我校历史的书籍，在读史明智中培养学生的爱国爱校情怀。

春风化雨　不让一个学生掉队

高莉对学生严格要求，但严厉中不失关爱。在教授英语专业"基础英语写作"和"高级英语"课程期间，她对班里表现不积极的学生耐心引导，对班里患病的学生施以关爱，在一次次敞开心扉中引导学生们友善互爱。

在担任1604班班主任期间，对于该班学习表现不积极的学生，她一方面教育他们严格要求自己，另一方面给予他们特殊照顾，给他们制造各种发言、参与课堂活动的锻炼机会。对于班里缺乏自信心、与他人交流较少的学生，她会抓住一切机会给予鼓励和激励，努力营造一种互相关爱、共同奋进的班级氛围。正是在这样一次次与学生的面对面谈心谈话中、在丰富多彩的集体活动中，让学生们从迷惘走向坚定、从稚嫩走向成熟。她也因此先后获评学院"优秀班主任"4次，获学校"大学生思想政治教育先进个人"1次，获学校"先进个人"1次。

教师是平凡而又伟大的职业：平凡，是因为对学生的培养体现在平时的点点滴滴；伟大，是因为老师的一句暖心话、一个关爱的眼神有可能改变学生的一生。高莉就是在这平凡的点滴中，用她的爱心、真心和细心浇灌出了一束束美丽绽放的"花朵"。

| 躬耕·匠心

孟月婷

运动场上写春秋

孟月婷，女，1962年8月生，中共党员，民盟盟员，体育部教授。国家级皮划艇裁判员，赛艇、网球、田径、排球一级裁判员，国家级时尚健身导师，全国健美操指导员，2008年奥运会火炬手。获杨凌示范区"百年三八优秀女性"、三八红旗手，学校"优秀青年指导教师""师德师风先进个人"和"我最喜爱的老师"等荣誉。

用梦想舞步启迪芳华，用悦动音符荡漾青春，用亭亭身姿诠释健美，活力四射，优雅亲切，孟月婷是学生心目中永远的青春舞曲。

不忘初心 潜心教育

工作40年来，孟月婷身体力行坚守体育教学一线，始终如一热爱体育教学。她先后自费参加多项培训，不断提高自己的业务水平，并及时把自己的学习收获用于具体的教学过程中，让学生成为第一受益人。

1989年，孟月婷在学校率先开设健美操课程，担任课程组组长。她先后完成健美操课程体系的构建、优质课程和"双一流"课程的建设，带领年轻教师积极开展教学改革研究。

在短暂的一个学期，要使学生完成健美操课理论学习、技术实践、能力培养三部分的学习任务，必须采取有效措施，找出教学规律。为此，孟月婷带领课程组老师一起编写了健美操课程质量标准，录制了《全国第三套大众健身操》三级、四级、五级的完整示范教学视频（正反示范及分解动作），以及形体训练、街舞及啦啦操展示，健美操知识微课视频。

孟月婷重视将课程思政贯穿到教学全过程。如第一节课学习手语《感恩的心》，课中采用两人为一小组，自然班5~8人为一大组，为学生创造交流合作机会，积极培养学生的思想素质、文化素质、审美素质、劳动素质，实现健美操运动健身、健心、健智、健美的目的。

孟月婷重视考试方法和内容改革，采用学生自评和教师评价相结合，力争对学生的学习作出客观、公正、科学的评价。理论作业占10%，身体素质占20%，专项技术占60%（其中个人表演占40%，团队表演占20%），平时表现及考勤占10%。团队表演要求服装、音乐、风格有特点，队形有变化，充分彰显学生的表现力和合作能力。通过考试，促进学生的学习自觉性，不断提高学生学习的自信心、表现力和创编能力。

为了使学生学习健美操更简单、直接、便捷，她通过现代教学方式，构建健美操课程"教会、勤练、常赛、实评"的教学模式，受到大家好评。她先后荣获西北农林科技大学青年教师讲课比赛，教案展评比赛二等奖和三等奖；发表科研论文30多篇，编写教材10部，主持参与省级、学校科研课题15项。

爱岗敬业　爱生如子

1984—1986年，孟月婷担任学校女子长跑队教练，每天早晨她敲门将学生一个一个叫醒、起床，起早贪黑，常年坚持训练。每周两到三次往返于杨陵与武功之间，进行适应训练，并自掏腰包为学生购买营养品。经过师生共同努力，他们连续三年取得陕西省高校越野赛团体前三名的好成绩。1985年，孟月婷任西北区农业院校教练，带队参加在广州举行的全国农业院校长跑比赛，取得团体第四名的好成绩。

2002—2006年，孟月婷担任学校健美操队主教练、领队，取得了陕西省高校健美操比赛冠军的好成绩。2009—2022年8月，孟月婷长期担任食品学院体育辅导员，以身作则，认真负责，使得食品学院各项体育成绩稳步上升，她被评为"优秀体育辅导员"6次。

言传身教　奉献社会

　　课堂就是舞台，操场就是战场。体育之精神在于超越自我，迎难而上。孟月婷时时用自身的人格魅力影响学生、激励学生，引导学生树立正确的人生观、价值观，自觉传承"诚朴勇毅"的校训。

　　2020年面对突如其来的新冠疫情，她与健美操课程组老师一起策划并拍摄了"强体战'疫'"系列（学生10套，教职工5套）健身锻炼教学视频，通过直播平台线上教学，供学生和教职工学习使用，尽自己的力量诠释教师的责任。

　　在体育辅导中，她注重培养学生通过掌握一项体育技能，参加一项集体活动，增强体质，享受锻炼的乐趣。录制了毽子舞《本草纲目》，抖音浏览量突破10万，被央视频、三秦学子陕西学联、杨凌视线、学校团委等官网转发。

在教学之外,她积极参加校内外各种公益活动,2018年、2019年为铜川贫困地区捐赠体育器材和服装,2008年汶川地震、2020年新冠疫情中的武汉、2021年河南洪水,她都带头捐款并组织盟员募捐。

孟月婷将教书育人的平台,从讲台、运动场辐射到更大的舞台。她用自己的一言一行,留下了西农教师的风采,创造出专属于西农体育人的骄傲与辉煌。

2022 年

海江波

甘为人梯育英才

海江波，男，1966年5月生，中共党员，农学院教授、硕士研究生导师，农作物试验示范站站长，全国党建样板支部——农学系教工党支部支部书记。兼任中国亚非学会理事、陕西省农业农村标准化委员会副秘书长、杨陵区第10届人大代表等职务。

站稳讲台　潜心教书育人

从教32年，海江波始终站在讲台，备好、讲好每一节课，从不敷衍，年均教学工作量310学时以上，排名学院第一。他与青年教师齐心协力，建设了5个教学团队，其中农学专业教学团队与作物生产学教学团队获批省级教学团队，现代农业推广学教学团队与教学实习教学团队获批校级优秀教学团队。

作为主要负责人，海江波把"农业生态学"打造成了国家精品课程，把"农学概论"打造成为省级精品课程；带领团队将"教学实习I"建设成为校级一流课程，将"农业推广学"建设成为优质资源课程；将"现代农业推广学"建设成为大学慕课课程。他积极投入教材建设，担任副主编的《农业推广学》《农学概论》《农业生态学》《设施农艺学》被列入国家规划教材或行业规划教材，参编《农作学》《农业推广学》等10余本教材。他热衷实践基地建设，建成省级作物学本科实验教学示范中心，拓展了11个稳定型实践教学基地，并将斗口农作物试验示范站建设成为"全国农业硕士实践教育示范基地"。

他关心青年教师成长，指导的14名青年教师已经成为教学骨干。他善于教育教学创新研究，发表教改论文21篇，提出了"挫折教学法""构建农学专业多元实践教学体系""用得上、下得去、留得住人才培养模式"等教学理念，在"一懂两爱"农学人才培养中发挥了作用。他热爱学生，指导研究生70余名、国际生10名，还有54名本科生的教学实习、44名本科生的毕业实习，10项大学生科创项目，13项大学生创业计划项目和6项社会实践项目。

情系农业　投身实践育人

海江波情系农业，投身社会服务，当过科技特派员、农业科技顾问。在担任农作物试验示范站站长期间，他累计示范推广小麦、玉米新品种100多个（系），创下了小麦品种"西农805"亩产730.82千克的陕西高产新纪录。每年开展100余场次科技培训，培训基层农技干部和农户10000余人。发表研究论文100余篇，参编专著3部，获得省级奖励2项。

海江波重视发挥试验示范站育人功能，强调"课程进站、学生进站、教师进站"育人模式，用"农科的榜样"讲好农学故事，把课程思政融入人才培养，每年进站实习的学生超过1200人次。试验示范站获陕西省科协小麦科技小院、陕西省县域科技创新试验示范站、陕西省专家服务站、咸阳市特色产业专家工作站、"实践育人先进单位"等荣誉。

率先垂范　结出累累硕果

担任全国党建样板支部——农学系教工党支部支部书记期间，海江波以"七个有力"为目标，创建了"支部+"工作机制，率领支部党员师生投身学校、学院中心工作，在学科建设、人才培养、社会服务和国际合作等方面成效显著。

海江波胸怀世界，行走在非洲大地，开展中非农业科技合作，积极服务"一带一路"。他27次到喀麦隆、肯尼亚、埃塞俄比亚等13个国家，在当地推广学校先进的作物品种、技术、管理模式与经验，建立了教育部"区域和国别研究中心""非洲研究中心"，获批教育部丝路联盟"中非旱作节水技术交流与培训联合中心（斗口）"，在坦桑尼亚孟斑迪建立了粮油产业减贫示范村。他被非洲留学生称为"中国PAPA"，被新华社誉为行走在非洲热土上的"草帽教授"。

这就是海江波，忠诚党的教育事业，呕心沥血，兢兢业业，默默地做着平凡的工作，全心全意为党的教育事业奉献自己的全部力量。

冯 浩

学生成长成才的引路人

冯浩，男，1985年4月生，中共党员，植物保护学院教授、博士研究生导师。入选农业农村部青年神农英才、陕西省普通高等学校青年杰出人才、陕西省青年科技新星，获教育部霍英东青年教师奖、中国农学会青年科技奖等荣誉。

从教10年，冯浩始终坚持"以立德树人为根本，以强农兴农为己任"，秉持政治引领、教学为主、科研为重、生产服务并举的理念，将"立德树人"融入思想道德教育、文化知识教育、科研实践教育等环节，通过以文化人、以德育人，引导学生求真学问、练真本领、干真事业，着力培养学生"学农爱农"情怀和解决生产难题的科研创新能力。

以生为本　做学生成长的引路人

工作以来，冯浩连续八年担任本科生班主任，以"牢抓思想引领，狠抓学风建设，巧抓职业规划"为理念，深入到学生中去，倾听学生心声，关注学生学业、事业规划。他不仅把学生当学生，更把学生当家人，在润物细无声中给学生以精神的力量、人生的启迪和智慧的光芒。

冯浩每学期都要和每位学生进行一次谈心谈话，分享自我的成长历程，正确引导学生积极面对挑战。对于出现心理问题的学生，他每天都会抽出时间与其散步、聊天，帮助其打开心扉，获得学生及家长的认可。在每一个节日他都走到学生中，与大家一起过节，特别是在新冠疫情期间，他多次看望留校学生。当学生出现生病等突发事件时，他一定冲在最前面陪伴学生。为了营造好的班风学风，他组织班内学生开展结对子学习帮扶活动，还将班主任津贴设立为班级学业进步奖学金，鼓励每学期成绩进步的学生。通过暖心育人、对点帮扶、捐资奖学等工作机制和方法，引导学生志有所向、事有所为、闲有所好，助力学生成长成才。所带两届班级均表现优秀，获评"陕西省五四红旗团支部"、校级"优良学风示范班"、校级"先进班集体"等，个人两次获评学校"思想政治教育工作先进个人""优秀班主任""大学生思想政治教育工作先进个人"和"我最喜爱的老师"等荣誉称号。

教学相长　做学生成长的同路人

冯浩热爱讲台，忠诚教育事业。协助课程负责人创建了以"身边人讲身边事、身边事育身边人"为核心的农业植物病理学课程思政育人新模式，将我国农业产业发展现状和前景、世界农林高校植物保护专业的学术地位和领域杰出人才事迹融入日常课程教育，激发学生对植物病理学的浓厚兴趣、钻研劲头和专业自豪感，实现课堂知识传授与专业价值引领的有机融合。同时，按照"突出重点、兼顾全面"的原则，协助课程负责人重构了农业植物病理学课程内容体系，依托重大科技成果建立了苹果树腐烂病致害规律及防控虚拟仿真实验教学课程。

经过多年实践与锻炼，冯浩形成了"亲切自然、风趣幽默"的教学风格，能灵活运用问题导向型、案例型、研讨型等教学方法，善于创设学生喜闻乐见的教学情境，感染力强，深受学生爱戴。他提出了"开门接待日"等师生交流形式，实现了"线上+线下"协同育人，提升学生自主学习热情。五年来，他先后为本科生、研究生讲授理论课程14门次，实习课程5门次，累计1200余学时，共有5100余人次选学，授课质量受到学生好评。多年获评教学质量奖，获学校青年教师讲课比赛二等奖，讲授的"农业植物病理学"课程入选首批国家级一流本科课程（3/7）和国家级课程思政示范课程（2/5）。受邀在全国植物病理学教学研讨会以及北京林业大学、吉林农业大学、内蒙古农业大学等高校讲授示范课。

科研启蒙 做学生成长的开路人

三十多年的人生路，冯浩始终不忘"我是农民的儿子"，立志要培养更多愿意扎根农村、奉献农业、解决生产问题的好学生。他热爱科研工作，特别是注重培养大学生科研创新能力，创建了"一启发、两教育、三培养"的本科生创新能力提升办法。一是在学生开展工作之前与其交流为什么做科研，通过强调科技自立自强的重要性和必要性，启发学生感悟科研创新的意义和价值。二是定期带领学生到生产一线了解生产问题，并组织主题团建活动，加强对学生的专业思想教育和思想政治教育。三是围绕生产中的问题或现象与学生进行充分讨论，培养学生通过思考生产问题中蕴含的科学问题的能力；指导学生自主立题、设计方案，注重培养学生主动思考、规范试验设计与实操的能力；项目结束后指导学生独立总结科研报告、撰写并发表论文，培养学生科研表达能力。通过悉心指导，精心培养，学生发现问题、分析问题和解决问题的能力显著提升。由他指导的张贤玉等8名同学获全国大学生生命科学竞赛二等奖、三等奖各1项；指导的本科生中以第一作者或参与发表高水平论文比例达37.5%，研究生升学率高达75%。

凌 飞

传道授业　亦师亦友

凌飞，男，汉族，1982年11月出生，中共党员，毕业于中国科学院水生生物研究所，博士，教授，博士生导师，现任动物科技学院党委委员，副院长，国家级青年人才计划入选者，"唐立新"优秀学者，入选学校高层次人才发展支持计划。

他立足产业需求，潜心钻研，创制植物源渔药，破解水产养殖关键难题。他因材施教、是良师益友，为学子树楷模，为行业创新作贡献。他是师者，也是科技工作者，更是人生引路人。

潜精研思　以科研反哺教学提升教学质量

"用大力有余，入细心愈研"。自2010年入职以来，承担水产养殖专业《水产动物病害学》《水产药物学》《现代水产动物医学》以及3门实践课程《水产动物病害学实验》《水产药物学实验》《水产动物病害学实习》，在完成教学工作量的基础上，创新教学模式，丰富教学手段，激发学生的学习兴趣。将团队在绿色生态渔药创新创制方面的最新研究成果引入"水产药物学"的课堂教学中，引起学生极大的学习兴趣和讨论；将德育因素融入课程教学，通过讲述水产科学家的感人事迹，教育学生勇于创新，不畏困难；将前沿的水产动物病害学理论与技术融入课堂教育，引导学生运用现代技术尝试解决当前水产病害防治的难点。近年来，获得校级教学成果一等奖1项，多次获得教学质量奖、学生评教优秀奖、优秀教案奖等。

知行合一　以理论实践相融合提高综合能力

"纸上得来终觉浅，绝知此事要躬行"。为了创新教育教学新体系，凌飞教授以水产动物病害学的理论课程为基础，系统深化实验实习等实践课程的教学。在加强学生理论知识的同时，提高他们学习的积极性和主动性，培养和促进动手能力、创新能力，提升学生解决水产病害问题的能力。积极指导学生参加各类科技创新活动和学科竞赛，并逐步探索出一条以培养学生科研兴趣为抓手，以指导学生动手实践为重点，以提高学生行业竞争力为目标，适应专业特色和学生特点的育人之路。指导本科生获第一届全国大学生水产技能大赛一等奖1项，第十届西安高新"挑战杯"陕西省大学生课外学术科技作品竞赛二等奖1项，西北农林科技大学第三届创新创业论坛特等奖1项；指导研究生获第二届全国研究生鱼菁英挑战赛团体一等奖1项，先后获

得"挑战杯"陕西省大学生课外学术科技作品竞赛优秀指导教师、西北农林科技大学"优秀教师"、创新创业论坛优秀指导教师等荣誉称号。

良师益友 以"三心"和热情培育水产新人

"学高为师,身正为范"。凌飞教授注重言传身教,对学生倾注了真心、爱心和诚心。他通过微信、QQ、短信等方式与学生进行多方位交流,与学生们一起谈心,倾听学生的心声,帮助学生解决学习、生活、人际交往中遇到的难题,对学生进行学业、考研、就业、创业全方位指导,每年作为教师代表参加专业思想教育和学业生涯辅导,分享自己从事水产教学科研和人才培养的心得体会和收获,帮助学生牢固树立专业思想,开阔专业视野,激发学习热情,明确职业规划。在整个水产专业老师的共同努力下,实现了水产学生从"志愿率低、录取分数低、学习热情低"向"升学率高、培养质量高、满意度高"的成功逆袭。2016年以来,水产养殖学专业本科升学率均超过60%,特别是2019—2023年连续五年突破70%,其中选择水产或相近专业继续深造的超过96%。

"骐骥一跃,不能十步;驽马十驾,功在不舍"。凌飞教授以高尚师德感染学生,以和谐师生关系陶冶学生,以渊博知识哺育学生,以满腔热情关爱学生,实现学生对水产专业的"避之不及"到"爱不释手"。

| 躬耕·匠心

闫锋欣

师生心中的"大忙人"

闫锋欣，男，1978年8月生，中共党员，机械与电子工程学院副教授，机械工程系主任、学院党委委员。主讲"机械CAD技术基础（全英文）""机械工程案例分析"等7门本科、研究生课程，开设"涉农创业实务"等2门全校公共选修课。

重视本科教学　一切为了学生成才

课堂教学始终是高校教师育人的第一主阵地。闫锋欣会主动利用课堂讨论等教学环节与学生进行深入交流，结合学生学习兴趣改进教学内容呈现方式，抓好课堂教书育人第一环节。他时刻关注学科新方向、新理论，引入时政要闻，认真备课，不断更新知识构成要素，无缝融入课程思政元素，从源头提升学习体验。在"机械CAD技术基础（全英文）"课程中，通过将习以为常的手机屏幕缩放操作与机械零件的"点—线—面"枯燥数学表达相联系，让"二维图形变换"相关知识内容变得鲜活而生动。

面对学生学业压力大等实际情况，在课堂中引入科研经历，实现科研过程与教学环节的良性互动，课堂教学深受学生喜爱。针对专业学位研究生

"机械工程案例分析"课程侧重工程实践的特点,他常将横向课题科技攻关过程中的经典场景变成课堂上娓娓道来的技术要点分享会,逐一分析关键零部件中所蕴含的工程实践要义和理论知识内容。近年来,经他指导的学生团队,在中国国际"互联网+"大学生创新创业大赛、"挑战杯"全国大学生课外学术科技作品竞赛中,先后获得国家级和省部级奖励10余项。

悉心指导 关注学生健康成长

闫锋欣热爱学生,主动诠释班主任"领头羊"角色的实质内涵,在班级学生间形成了友爱互助、创优争先的好局面。在每届新生的第一次班会上,他都会现场连线英、美、澳等国的校友们,分享他们各自的成长经历,激发大一新生的学习原动力,也让同学们第一时间认识到国际化视野格局的重要性。

日常工作中,闫锋欣时常深入学生宿舍拉家常,与学生交心,树立宿舍优秀标杆和学习榜样,激发学生主动学习的积极性。闫锋欣所带的两届毕业班中,超过一半的学生考入浙江大学、中科院等一流科研院所攻读硕博,而毕业后入职就业学生的起薪工资普遍都在8000~9000元。2012级机械电子工程专业本科生、浙江大学优秀博士学位论文获得者李沐蓉同学在给2016级入学新生做报告时就曾动情地说道:"……闫老师总是能够让我清醒地认识到,在这个世界上,我们的黑夜却是他人的白天,我们安逸睡觉的时候正是他人努力拼搏并取得成功的光辉时刻!力争上游,才是我们年轻人应有的底色……"

潜心科研 服务国家战略

"国家和学校需要什么,就开展哪些方面的研究工作。"这就是闫锋欣来校工作后科研方向的总路线。针对国家对油茶、核桃等特色木本油料产业机械采收运输及预处理成套装备的迫切需要,他走访调研了湖南等油茶主产区和我省安康等产地一线对装备的各项需求,开发完成相关装备4台(套)。

近年来，随着现代畜禽生产装备智能化程度日趋明显，闫锋欣带领团队成员又自主研发了蛋肉鸡高效养殖生产关键技术体系及相应配套装备2台（套）。同时，为积极响应学校"五个标杆"建设，闫锋欣带领来自语言文化学院、教学发展中心等跨学院跨部门的教师团队，参与完成了由西班牙塞维利亚大学主持的欧盟Erasmus+计划UNICAC项目，为我校全面建成世界一流农业大学搭建了新平台。通过这一国际交流新平台，部分塔吉克斯坦、乌兹别克斯坦的成员高校已成为我校丝绸之路农业教育科技创新联盟中国际合作事务的重要新伙伴。

　　这就是闫锋欣，总是忙忙碌碌、默默用心地做好每件事，用自己的实际行动争当"四有"好老师。

栾广忠

学生成长路上的"保健员"

栾广忠，男，1968年11月生，中共党员，食品科学与工程学院副教授、博士生导师，中国农业工程学会农产品加工与贮藏分会理事、中国微生物学会酿造分会专家委员会委员、陕西豆类产业技术体系岗位专家、国家有机产品认证注册高级检查员。

潜心植物蛋白研究的博士生导师，投身传统豆制品产业振兴"岗位专家"，学生眼中的"憨豆"博士，这就是栾广忠，他秉承"民为国本、食为民天，行思至善、食安天下"的治学理念，在教书育人的道路上一路前行。

学生为本 教学不拘一格

栾广忠从事教学已18年，为本科生和研究生主讲"食品物性学""植物蛋白加工工艺学""蛋白质工程技术""食品工厂设计""天然产物提取""发酵食品工艺学""食品原料学"及"农产品加工Seminar"等多门课程，其中"食品物性学"为学校首次开设。

栾广忠认为，本科教学是学生系统学习学科知识、构建学科基础知识体系的最关键时期。基于此，栾广忠课堂教学严谨、认真，承担的每门课坚决要求学生"回归"课堂，坚持本科教学学生到课率检查全覆盖。对所谓的"后进生"也不放弃，督促鼓励他们树立信心，端正态度，按时上课。

在课程建设和改革上，以培养具有国际一流水准的食品科技储备人才为目标，在授课内容上不断更新最新国际研究前沿技术。在食品物性学实验教学上为本科生开设使用质构仪、流变仪、差示扫描量热仪等先进核心仪器的实验。为了达到实验效果，增加实验分组数，为了保证每个学生都有机会动手操作，实现良好的教学效果，他的工作量增加了2倍。在"食品物性学"课程考试环节采取了比闭卷更难的开卷考试，引导学生更好地掌握并灵活应用本门课程系统的理论和知识体系。在研究生教育培养上，栾广忠从查阅文献到制订研究计划，从试验问题解决到论文撰写都进行全过程指导，培养学生的科研能力及创造力。

追求卓越　科研矢志不渝

食品科研必须为国人营养健康服务、为国人餐桌服务、为我国食品产业服务，同时紧跟国际先进前沿食品科技，让传统食品不断通过科技创新，成为原创科研成果的不竭源泉。在这样的理念指导下，栾广忠在植物蛋白及杂粮深加工领域以我国传统大豆食品及传统杂粮食品为研究对象，对传统工艺进行挖掘整理，科学创新。对豆制品加工中的磨浆、凝固、副产物综合利用等关键技术进行科研攻关；以增加杂粮功能因子摄入量为目标，对杂粮主食化理论进行深入研究。

在基础研究上，以大豆蛋白结构功能关系为研究课题，他花费6年的时间，利用分子生物学技术成功对大豆蛋白重要亚基及结构域进行了原核表达，完善亚基水平的分离纯化技术。近几年，他在大豆蛋白功能特性分子机制研究，以及揭示大豆蛋白结构与溶解性、乳化性及凝胶性等分子机制方面取得进展。先后主持和参加国家级、省级等多项研究课题及横向课题近20项，获批发明专利2项，到账科研经费累计300余万元，发表科研论文近60篇。

立德树人　热心关爱学生

栾广忠用实际行动真心关爱学生成长和生活，全心全意为学生付出。他担任班主任期间，班里有一名贫困生，生活和心理压力很大。为了让学生顺利完成学业，他以助研的方式资助这名学生长达两年，不仅缓解了该学生的经济压力，还培养和锻炼了他一定的科研能力，使其顺利毕业。

新冠疫情期间，他的一个研究生突然发烧，这是学生返校后的第一例，学生非常惶恐。在接到电话后，他首先安慰学生："不要害怕，先去防疫点等待，我马上过来。"随后，他立即赶到了防疫点，耐心询问学生情况。学生被救护车送到隔离医院后，他又不畏危险赶到隔离医院为学生送去充电器、洗漱用品、面巾纸、水果和牛奶等必需品，确保学生在隔离期间的基本生活保障，回来时已是凌晨。学生入院期间，他每天与学生通电话，询问其身体情况，安慰和鼓励学生积极配合医生检查和治疗。

对教学兢兢业业，不断改革创新；对科研严谨求实，探索学科前沿，追求卓越；对学生言传身教，激励远大理想，这就是学生心中的"保健员"——栾老师。

| 躬耕·匠心

姜在民

深耕课堂的"金牌教师"

姜在民，男，1963年5月生，中共党员，生命科学学院教授。主讲"植物学""植物生物学""植物生态学""基础生态学"等课程。荣获陕西省教育厅"我身边的好典型"2019年度人物，学校首届金牌教师"教学卓越奖"、校级优秀教师等荣誉称号。

姜在民深耕课堂，是认真严谨的"金牌教师"。他精心建成国家一流课程，引领学生探索神奇的植物奥秘；秦岭深处，他是无所不知的"百科全书"，从一片叶子开始，带领学生认识精彩的植物世界。任教37年，立德滋兰树蕙，育才桃李芬芳！

三尺讲台绽芳华

姜在民始终关注国家教育教学发展和学生成长规律，不断用新技术、新方法丰富课堂教育教学内涵。他坚持探索"课堂+"模式建构，注重信息化手段、科研成果、实践实习与课堂教学的有机融合。

2016年，姜在民率先将"雨课堂"智慧教学工具应用于植物学课堂教学，促进了信息技术与课程教学的深度融合。2018年，姜在民率先采用翻转课堂方式，推进"植物学"课程线上线下混合式教学模式的改革，并不断对翻转课堂的组织方式和内容进行总结完善，推动了学校植物学教学改革不断深入。他不断将最新的科研成果引入课堂教学，开阔学生眼界。他作为课程负责人，主讲的"植物学"获得首批国家级线上线下混合式一流课程，"秦岭火地塘植物学综合仿真实训"获批国家级虚拟仿真实验教学一流课程，主编的《植物学》获陕西省高等教育优秀教材奖二等奖，主讲的"生物学实习"获第二批陕西省课程思政示范项目。他的教学水平得到同行的一致好评，荣获陕西省教学成果奖特等奖1项、一等奖1项、二等奖1项。

秦岭深处谱华章

从2008年第一次带学生到秦岭火地塘试验林场开展生物学野外综合实习开始，姜在民每年都要在火地塘待足一个月。每周带学生上山下沟，每天步行少则5千米，多则10千米，累计下来，带过的学生2000余名，走过的山路超过1800千米。2018年出版的《秦岭火地塘植物图鉴》，收录128科、423属、700种，配有2166幅彩色图片，这是姜在民在火地塘沟沟坎坎奔波跋涉、探秘千姿百态植物世界的见证。

2008年，姜在民带领团队系统整合"植物学""生态学""土壤学""气象学"和"动物学"等5门课程的实践教学内容，构建了生物学野外综合实习教学新体系，在农林院校首创跨学科多课程综合性野外教学实习。2016年，为了最大限度地保护秦岭野生植物资源，姜在民又主持进行了第四次生物学实习教学改革，率先提出以植物数字标本采集、制作和鉴定代替传统实习中大量采集实物标本的实习模式，并取得巨大成效，在秦岭山上书写了华丽的育人篇章。

嘉言懿行育新人

在多年的教育教学当中，姜在民以热爱教育的定力、淡泊名利的坚守，坚持"要学生做的事，教师要躬亲共做；要学生学的知识，教师要躬亲共学；要学生守的规矩，教师要躬亲共守"的准则，在治学与做人上给学生起到了良好的表率作用。

在火地塘实习时，一位男生不慎小指粉碎性骨折，姜在民坚持将其送往西安救治，保住了这名学生的小指。他坚持的理由只有一句："虽然失去小指，对生活没有大的影响，但孩子以后还要找对象！"那一刻，言语间流露出的温暖就像父亲爱自己的孩子一样。

他对学生要求严格，上课不能迟到，课前要预习，课后要复习，实验课必须带实验指导书、穿实验服，否则不能入内。特别是植物标本鉴定时的"小气"，更让后来在北京生命科学研究所从事博士后的孙奇印象深刻。

生命学院2008级新生第一次野外实习时，只有几本厚厚的《秦岭植物志》。当地没有网络，手机信号也很差，根据植物检索表认识手中的陌生植物，对于孙奇这样的大一新生来说绝非易事。姜在民不会直接给答案，只是给学生一点提示。鉴定到科、属或种阶段，模棱两可时，又会耐心地提示学生错在何处，描述判断有何问题。他这样做的目的只有一个，通过"授人以渔"的方式，让学生在仔细观察中学会归纳总结，得到正确答案，作为对学生的基本科研素养的训练。

多年坚守，源自那份赤诚和无限热爱。多年从教生涯中，姜在民始终坚持对党的教育事业的忠诚之心，充分落实"立德树人"的根本任务，把思想政治工作贯穿于教育教学全过程，努力做一名"四有"好老师。

闫小欢

亲力亲为　以身作则

闫小欢，女，1981年3月生，中共党员，经济管理学院副教授、硕士生导师。中国农业经济学会青年（工作）委员会委员，陕西省归国华侨联合会青年委员。主讲"发展经济学""农业经济学（全英文）"等课程。

一支粉笔，描绘经济曲线千变万化；三尺讲台，呈现管理学科奇妙无穷。闫小欢用全英文授课叙说中国"三农"故事，以国际化视野聚焦中国"三农"问题。捧出真心关爱陪伴，引领学生全面发展，带领学生勤于实践，用知识赋能乡村振兴。

坚守教育初心

10年来，闫小欢始终在教学实践中坚守为党育人、为国育才的教育初心，以习近平新时代中国特色社会主义思想为指导，全面落实"立德树人"根本任务。

闫小欢对工作兢兢业业，对教学全心投入。主讲"发展经济学""农业经济学（全英文）"等本科生课程和"发展经济学Ⅱ""农林经济管理研究前沿"等研究生课程，年均教学任务174课时。日常教学过程中，闫小欢重视对教学法的研究和实践，积极探索教改创新，主持"发展经济学"课程多维立体教育教学模式研究、"发展经济学"校级一流本科课程建设项目、本科生全英文课程建设项目等。闫小欢作为课程团队主要成员，获全国农业专业学位研究生实践教学成果二等奖和陕西省2021年高等教育教学成果一等奖。她还将思政元素融入专业课教学全过程，主持的"发展经济学Ⅱ"课程思政示范课程建设项目结题获评优秀，2020年、2022年和2023年获评经济管理学院"师德师风先进个人"。

教研融合发展

闫小欢重视教学与科研的融合发展，先后主持国家自然科学基金项目、教育部人文社科项目等课题10余项，发表论文多篇，出版英文专著1部，参与编著中文著作9部。她总是能将科研成果有机地融入教学过程，在讲解"发展经济学"课程关于发展中国家土地制度部分，她将自然科学基金成果融入课程，使学生对我国土地制度及其优越性有了更深刻的理解。闫小欢善于挖掘学生创新能力，激发大家对科研的兴趣。她指导学生获批多项国家级和省级科创项目，指导学生获第五届全国大学生生命科学创新创业大赛二等奖，指导的本科生多次获得校级优秀毕业论文。每年寒暑假，她会结合科研项目和教学实践，带领学生走进农村，走向田间地头，开展田野调查，将知识传授、科学研究与实践思政育人、社会服务有机结合，既培养了学生的科研能力和社会实践能力，还让他们在实践中厚植"三农"情怀，为实现乡村振兴贡献青春力量。"亲力亲为、以身作则"是学生们给予闫小欢老师的高度评价。参加过闫老师团队调研的2018级农经专业学生李心雨说："跟随闫老师调研团队深入苹果主产区，调查果农生产和销售情况，使我明白了依靠区域资源禀赋发展主导产业对于实现农户增收、促进共同富裕的重要意义。作为农经学子，我们要努力学习专业知识，为实现乡村振兴贡献力量。"

关爱学生成长

作为专业课教师，闫小欢在课堂上传道授业，课余时间通过QQ、微信等各种沟通方式为学生答疑解惑，学生有任何问题都能得到她及时的解答。作为班主任，她积极联系学生，及时了解学生的学习、思想动态和面临的困难。通过向班级捐赠班费方式，带领所带班级开展各类课外活动，增强班级凝聚力，激发学生集体荣誉感。担任班主任的工管2003班先后获得"先进班集体""五四红旗团支部"。闫小欢多次在班主任考核中获评优秀，并被评为我校2021年度"思想政治教育先进个人"。

时光荏苒，青春不再，但对教育事业的一腔赤诚是闫小欢永远不改的底色。她始终相信只要有矢志不渝的决心，有不畏艰难的精神，终会换来桃李满天下。

凌淑珍

用激情点亮学生成长路

凌淑珍,女,1979年9月生,九三学社社员,语言文化学院副教授,从教18年。主要讲授"比较文学""英语小说选读""基础英语""基础写作""高级写作""高级英语"等课程,2022年获学校教学成果奖二等奖。

甘于奉献,她所带班级连续三年荣获"优良学风示范班";追求卓越,她带领学生在打磨百篇优秀毕业论文的过程中体验知识之美;挥洒自如,她用激情点燃学生服务"一带一路"倡议的满腔热忱。

做有温度的教学　做有深度的科研

自2005年以来,凌淑珍为本科生和研究生开设"传媒翻译"等8门课程,年均工作量300学时以上。每节课她会提前20分钟到教室,耐心解答学生学习、就业中的困惑,与学生分享中外文学经典;基于教学内容,她会分享国家民族发展史和自身读书奋斗经历,将"幸福都是奋斗出来的"思想润物无声地融入教学。

凌淑珍坚持"一切为了学生、为了学生一切"的教学理念,精心设计课堂讨论主题，引导学生进行探究性学习，培养学生的批判性思维，注重将知识的传授与当代大学生密切关心的话题深度结合。在教育教学过程中，她潜心钻研学问，努力通过科研辅助教学提高教学水平和质量。

凌淑珍坚持将教学理论和科学研究相结合，先后主持国家社科基金、科技部、陕西省和学校等多项研究课题，发表南大核心期刊论文7篇、北大核心期刊论文6篇，主持的省级思政教育工作课题获省级二等奖，主持的校级科研教改课题获校级优秀。

以生为本　积极主动关心学生的学习

作为一名母亲和科研热情浓厚的教师，她极其珍惜时间，但是课余时间仍不知疲倦地通过电话、微信和QQ与学生交流。即使周六，她也会抽空到办公室和学生研讨，解答学生疑问。

课余，凌淑珍为在校生和毕业生解惑解压，深得学生的高度赞扬。由于英语系学生大部分都是女生，凌淑珍深知一位女性知识分子在平衡家庭和事业时的不易，便鼓励英语系的女生们一定要早早攻读硕士、博士，必须自强。她反复强调这条路虽然艰难，唯有如此，才能赢得伴侣、同事的尊重。许多毕业生在考上研究生后，都感谢她当年的鼓励。

凌淑珍重视大学生创新意识、创新能力的培养。她指导学生获得国家级翻译大赛三等奖，省级大学生英语竞赛一等奖，演讲比赛二等奖，多次获得国家级、省级科创项目，指导学生发表核心教改论文2篇，学生的毕业论文获得校级百篇优秀论文和校级优秀论文。

每年暑假，凌淑珍结合教学实践带领学生走进农村开展调查研究，关心帮助农村留守儿童的英语辅导学习，既培养学生的科研能力和社会实践能力，还让学生在实践中培养"三农"情怀，担负起强农兴农使命。她指导学生撰写的社会实践调查报告多次获奖。

真情付出　　关怀学生的生活学习

工作中，凌淑珍善于发现每一个学生的闪光点，与每一位学生建立平等、和谐、融洽、相互尊重的关系，关心每位学生的生活和专业学习，和学生一起寻找更好的自己，翱翔于知识的海洋，发掘潜力，寻找生命的意义。

她积极帮助生活上有困难的学生，为学生找实习单位，为在西安实习的学生找住宿的地方。她每次去西安、咸阳等地参加学术会议，都会带上对科研感兴趣的学生，点燃学生的热情，守护学生对科研的兴趣。

她用对祖国教育事业的热爱、顽强拼搏的毅力、追求卓越的精神、诚朴善良的品质感染着身边的每一个人。

赵星宇

让思政课堂"活"起来

赵星宇，男，1990年9月生，中共党员，马克思主义学院副教授，从教9年。主讲"中国近现代史纲要""新中国史研究专题"等课程。曾荣获陕西省思政课"大练兵"教学能手，学校教学成果奖二等奖、青年教师讲课比赛课程思政单项奖、"优秀教师"等荣誉。

90后思政课教师，开设"星语微言"微信公众号，探索网络育人新路径，在提升亲和力中让课堂教学"活"起来。他用行动铸就品德，让思想迸出火花；他用上好每堂思政课的使命与担当，引导学生扣好人生第一粒扣子。

勤勉敬业　扎实做好本职工作

2018年12月进入马克思主义学院工作以来，赵星宇承担"中国近现代史纲要""中国共产党史"课程的授课任务，年授课量300课时以上，深受学生喜爱。他积极申报和参与各类科研项目，获批教育部项目1项，陕西省思政项目1项，校级项目6项，院级项目2项，在《西北农林科技大学学报（社科版）》、《农业考古》、《宁夏大学学报》、《榆林学院学报》、人民论坛网、《陕西日报》等期刊、报纸发表学术论文10余篇，获学校"思政先进个人"、"就业先进个人"、青年教师讲课比赛三等奖、"工会先进个人"等荣誉。

立足课堂　做好学生教育工作

作为思政课教师,赵星宇能针对不同学院学生的特点制订学习计划,创新课堂组织形式,提高学生学习兴趣。在教学过程中,他不断创新教学形式。收集党史相关素材,探讨融入模式和切入点,尤其是把和中国共产党精神谱系相关的重要历史文献诞生的时间、背景、意义分享给学生,加深学生对近现代历史问题的理解,提高学生理论水平。学习长征专题,开展"重走长征路"活动,结合个人成长,鼓励学生忆苦思甜,创作"我的长征"系列网文。开展"我和我的祖国"线上专题讨论,并通过书法、视频、绘画等形式展示改革开放40年家乡的变化。

赵星宇指导学生参加校级创新计划4项、院级项目1项。坚持"以文化人,以文育人"的育人理念,将马克思主义学院教师在思政教学中好的方法和全校师生一起交流分享,积极向学校新闻网、校广播台、校外媒体投稿,对思政典型事迹进行宣传,起到了良好效果。发表思政网文100余篇,其中"以史为鉴　师生互动创新　探索思政育人新模式"入选全国高校思想政治理论课教师网络集体备课平台。利用思政课微信平台"星语微言"引导学

生，发送原创思政推文200余篇。累计批阅网络作业3000余次，遴选高质量作业500余份，激发学生学习热情，强化理想信念教育，培养家国情怀，学生的卷面成绩及对课堂满意度都在马克思主义学院名列前茅。

以学生为中心 上好"大思政课"

赵星宇以学生为中心，坚持"大思政"的育人理念，通过思政课给学生讲述成长奋斗的"大道理"，很多学生在他的课堂上不仅学到了知识，也明白了人生之道，坚定了将来的奋斗方向。

农学2007班学生张子骏说："赵老师对长征精神的解读深入浅出，理论联系实际，让我学到了很多。虽然今天在发烧，但听完课就像得到了一剂良药，身上发着热，却有种如沐春风的感觉。"经济1901班王永安说："授人以鱼，不如授人以渔。赵老师风趣幽默的背后传授的是人生大道理。电影《少年的你》女主角曾经说过'没有人教我们如何成为大人'，很庆幸有这样一位老师在我大学生涯之初回答了这个问题。"

展望未来，赵星宇表示，将继续做好习近平新时代中国特色社会主义思想和党的二十大精神的宣传教育工作，充分发挥思想政治教育主渠道和主阵地作用，讲好身边故事，种好学生心田，回应学生的成长期待和诉求，做学生健康成长的引路人。

| 躬耕·匠心

高颖晖

传师道 授舞艺 育新人

高颖晖，女，1973年6月生，体育部副教授，国家级健美操指导员，中国健身操舞全国总决赛优秀执教员。

怀揣"舞林秘籍"，高颖晖自发创编阳光体育"大课间操"，引导学生践行健康生活理念。她，不仅用形体舞蹈激发学生表达爱党爱国热情，更是在省级、校级教学竞赛中大放异彩，在体育育人的道路上踏歌起舞、行稳致远。

爱舞如痴

30年来，高颖晖始终坚守在"形体塑身""健美操"教学一线，深深感受到最好的教育就是"榜样的力量"。她打破传统单一的教学格局，坚持教学内容原创性，无论从音乐的选择还是动作的设计，都将思政元素贯穿在教学中，以身心统一的表达方式，展现出鲜活的生命个体，从而在课程中落实对形象感知、身体表达、音乐审美及创造转化四大核心素养的培养。

在教学中，高颖晖深挖第二课堂美育内涵，拓展课后校园文化的网络美育功能，让学生在专业学习和发展的同时，学会用舞姿和情感传递正能量，把"外在修塑"与"内在美"完美结合，从而在轻松欢快的氛围中实现育人功能。

疫情防控期间，她结合时事热点创编线上教学内容，个人和团队分别被评为校级线上教学优秀课程主讲教师、校级线上优秀教研室（课程组）。"形体塑身"获批校级精品课程和校级一流课程。她荣获第三届全国"智慧树杯"课程思政示范案例教学大赛二等奖，陕西省教学创新大赛优秀奖，学校"课程思政教学能手"、教学成果奖二等奖、"我最喜爱的老师"等荣誉。

爱生如子

自律、严苛的形体训练是艰苦的，高颖晖坚信唯有热爱，才是最好的教育途径。在她看来，每个学生都是独一无二的存在，要善于发现每个学生的优点，因材施教。

高颖晖坚持从教学设计入手，带领学生走出课堂，投身校园文化活动。2022年，高颖晖带领全体"形体塑身"教学班学生、街舞社团骨干拍摄原创MV——《我和我的国》，用青春的舞姿献礼党的二十大，该MV在中国科协高校活动风云榜活动中被评为"2022年度优秀传播作品"；2023年，她与学生一道用激情美妙的原创操舞《大中国》告白祖国，喜迎校庆，微视频再次被中国科协评为"2023年度最受欢迎学风主题作品"，并获批"五育并举"学风涵养工作室。

新冠疫情期间，她结合项目优势为学生拍摄居家健身教学指导10套、教职工居家健身指导5套，受到广泛好评。结合育人思想编排的"大课间操"在全校推广，并被纳入校阳光体育活动之列。拍摄课程及校园文化宣传视频30余部，网络播放累计100多万次，参与学生共计3000余人，线上点击率累计20余万次，其中《最炫农科生》被央视频推送，并被陕西省多家媒体转载。师生共同完成的《本草纲目》，抖音浏览量突破10万，形成良好的宣传效应。

潜心钻研

从教以来，从学士到硕士、从西安到北京再到国外，高颖晖不断完善自己，先后在《体育科学》《运动医学杂志》等发表科研论文5篇、教改论文

4篇。主持教育部人文社会科学研究项目1项，中国科协学风建设精品项目2项，陕西省人文社科研究项目1项，校级课题3项。主编教材3部，其中农业农村部规划教材1部。

高颖晖常说："凡做任何事，要想取得成功，就一定要有付出，形体训练就是对意志品质最好的锤炼。"她用自律自强的个人行动引导并激励着学生们。

2021年，高颖晖被聘为第十四届全运会水上项目体展、颁奖礼仪总负责人，圆满完成水上赛事的各项职责工作，受到好评。作为"科技工作者之家"项目组成员，她积极为科研人员开展健康培训及产教融合构建活动，活动被中国科协"科创中国"报道。

林学院2000级学生周凌源同学说："高老师不仅技艺高超，而且非常有耐心。她的教学方式生动有趣，让我对舞蹈产生了浓厚的兴趣。在课余，高老师更像母亲一样关心着我，感谢高老师让我找到了自己的兴趣所在，也让我的大学生活变得更加丰富多彩。"

"孜孜不倦为师路，矢志不渝教书人。"高颖晖用人生最美的时光陪伴一届届学生成长，用音乐与舞姿浇灌爱，课堂上的一颦一笑，都是学生们最美好的记忆。

2023 年

戴 武

始终坚守三尺讲台的"金牌教师"

戴武，男，汉族，1972年11月生，中共党员，西北农林科技大学植物保护学院教授、博士生导师，主讲"普通昆虫学""城市昆虫学""粮食安全与植物保护"等本科生课程和"昆虫分类学""高级昆虫学"研究生课程。入选陕西省特支计划教学名师、陕西省教学名师、宝钢优秀教师、教育部新世纪优秀人才、西北农林科技大学金牌教师等。

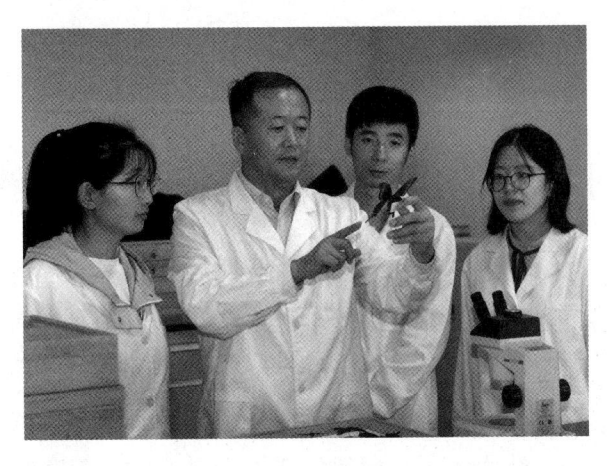

坚守讲台，戴武是认真严谨的"金牌教师"，引领学生探索神秘昆虫世界奥妙；深耕教研，戴武是探索实践的"教学名师"，引导学生厚植学农爱农情怀；情注教育，戴武是创新培养的"宝钢教师"，用荣誉书写教书育人精彩华章。

坚守讲台

从教22年，戴武始终严谨治学，以身作则，坚持"其身正，不令则行"，始终为本科生上课，坚持以学生为中心，与学生进行深入交流，从思想上引领学生，从行动上塑造学生，从知识上启迪学生，用耐心与匠心教会学生学习知识、学会做人；与学生深入交流，激发学生学习兴趣，增强学习动力；教学内容丰富、语言幽默，从现象入手、逐步探究、总结规律，拓宽学生视野，培养学生创造性思维能力。

戴武坚持以课程建设为核心，不断更新教学内容，优化课程体系，将VR技术、虚拟现实技术引入实验教学。他注重知识传输和能力培养相结合，培养学生学农、爱农情怀，学会运用知识发现和解决昆虫学问题的能力。主持建设的桃小食心虫全年测报与防治虚拟仿真实验先后获批国家一流课程和国家虚拟仿真实验教学项目。主讲的"普通昆虫学"课程先后被评为国家一流课程、国家精品资源共享课、国家精品课程、国家双语示范课程。团队获全国高校黄大年式教师团队和陕西省教学团队。

教研融合

戴武注重教学改革和研究，先后承担并完成了"教研融合、校企合作的农林创新创业人才培养模式研究"等教改项目7项，致力于探索把高水平人才培养置于高水平学科发展之中，重视课程教学内容的整合，紧跟学科前沿，使教学内容形成一个有机整体。先后主持国家基金7项，省部级科研和教改项目10多项，将最新高水平科研成果转化为教学内容进课堂、进教材、进实验实践教学，寓教于研，实现基础知识与前沿研究的无缝对接。

戴武将研究型教学模式带进课堂，不断注入新的元素，促进了教学内容、模式和方法的转变。采用先进的探究式、启发式教学方法，精心组织和编排设计教学内容。引导学生运用所掌握的相关基本知识分析解答，使学生在对问题的解决中获得成就感，激发学生学习热情。将虚拟现实技术引入实验教学，创建了四融合贯穿式教学模式。获国家教学成果奖一等奖1项，陕西省教学成果特等奖1项、一等奖1项，校级教学成果特等奖2项、一等奖1项。

以赛促教

戴武先后指导30多名研究生和50余名本科生完成毕业论文，指导完成了5项国家级、8项省级和校级大学生科技创新实验计划项目，创办并举办五届校级昆虫标本制作与鉴定技能竞赛、三届校级昆虫微景观制作大赛，每年

吸引近全校百名本科生参赛，激发学生兴趣，提升专业能力，增强了学院之间的合作交流，实现学科知识融合。

戴武坚持每周召开一次学术交流活动，让研究生展示、交流科研进展，改进和提高科研水平。坚持面对面开展研究生指导和交流，重视发挥每个学生的优点和特长，督促学生进步。指导佟一杰等完成的《3种金龟甲性信息素分泌腺的主要位置和触角化感器的形态多样性比较》获首届全国植物生产类大学生实践创新论坛一等奖，以及第一届和第二届全国植物保护专业能力大赛团体一等奖和单项奖等，多名研究生获评国家奖学金、校优秀论文等。

不忘教育初心，牢记教育使命。在培养德智体美劳全面发展的高素质人才道路上，戴武始终在努力奋斗、砥砺前行。

李 聪

在产教研融合中砥砺前行

李聪，男，1987年6月生，中共党员，动物科技学院副教授、博士生导师，从教8年。主讲"生物统计与试验设计""现代动物育种学"等课程。获学校青年教师讲课比赛一等奖、第二届"金牌教师"立德树人新秀奖候选人等荣誉。

将深奥繁复的生物统计学知识化作简明扼要的板书笔记，把敬业爱生的拳拳初心蕴于创新教学的工作时光中。李聪胸怀种业振兴，坚持奶山羊良种选育；投身产业实践，传播科学养殖知识技能，在产教研融合中砥砺前行。

敬业爱生　做人生路上的"立心人"

作为动科1703班班主任，每当学生面对关键节点的选择时，李聪都会精心制作PPT予以分享：包括转专业时，学院、专业基本情况的介绍；科创申报时，学院各研究团队概况的全面分享；毕业设计时，关于论文内容和图表规范的介绍；此外，还有"班级学业情况""个人阶段目标"的充分交流等，让学生在面对人生关键的种种选择时不再盲目跟风，而是能理性作出适合自己的最佳选择。

李聪时常与学生一对一谈心，充分了解学生的兴趣爱好、专长缺点、学习状态、个人定位等情况，为每位学生建立个人档案，因人而异地提出针对性建议。他注重沟通交流，与学生亦师亦友，关注学生学习、生活等个人动态，做到心中有数；用心助推考研调剂与就业推荐，为学生们插上飞向梦想的翅膀。一分耕耘，一分收获。他所带班级荣获校级"五四红旗团支部"，25名同学中24名通过英语四级，深造率达67%。同学们毕业时都有了理想的归宿，回念师恩只觉温暖萦心，回望母校又觉满腹感激。

科教育人 做求学路上的"立志人"

三尺讲台传文明，半亩方田洒阳光。李聪从事教学8年其间，分别为本科生和研究生讲授"生物统计与试验设计""生物统计学""动物育种新技术"和"现代动物育种学"等课程，年均工作量260学时以上。他在教学方法的联动、教学手段的融合、思政元素的融入、考核方式的变革等方面勇于创新，实现了"课堂活起来、学生动起来、效果好起来"。他牵头获批学校"课程思政"示范课程1门，校级课程思政标杆项目1项，参与建设慕课课程1门；荣获学校第十五届青年教师讲课比赛一等奖；学校第二届"金牌教师"立德树人新秀奖候选人；校级百篇优秀毕业论文（设计）指导教师2次；学校在线教学优秀课程主讲教师，集体荣获学校在线教学优秀课程组；2020年度学校"优秀教师"。

科研上，李聪胸怀种业振兴，投身产业实践，坚守学术道德，瞄准行业前沿，指导研究生产研融合。获批国家自然科学基金等项目20余项，发表论文60余篇，主编或参编著作5部，获陕西省农业技术推广奖二等奖1项。荣获中国畜牧兽医学会颁发的"中国畜牧科技论坛"优秀论文奖和优秀论文提名奖各1次；指导学生获吴常信动物遗传育种优秀论文奖2次。

敬业奉公　做公益路上的"奋斗人"

李聪顾全大局，无私奉献，心系学校和学院的发展。2018年以来，李聪一直担任学校"双一流"畜禽生物学与健康养殖学科群秘书，为助推学校"双一流"建设贡献力量。他积极投身学院学科建设、专业建设、人才培养等公益事业，参与学院"双一流"建设周期自评报告撰写、动态数据填报工作。"畜牧学博士学位点评估""家畜生物学国家重点实验室建设""畜牧学一流学科评估""新兴交叉学科申报""第五轮学科评估""动物育种强基计划方案"等多项材料的撰写工作。荣获学院"公共事业先进个人"2次。李聪饱含以校为家的责任感，敬业进取，心系学校学院发展，为提升学科平台水平添砖加瓦。

这就是李聪，和蔼可亲，是点亮学生们前程的明灯；爱岗敬业，是老师们眼中的"奋斗人"。

赵慧英

素心托高洁　丹心育桃李

赵慧英，女，1966年2月生，博士，民盟盟员，动物医学院教授。兼任中国动物解剖学及组织胚胎学学会理事、《动物医学进展》杂志编委等。

用一支笔，描绘出最完美的动物机体；用一柄刀，分离着最精细的组织结构；用一堂课，开启学生专业知识的殿堂。这就是赵慧英，扎根杏坛三十载，用智慧滋养学生，用挚爱浇灌学生，素心托高洁，丹心育桃李。

坚守教学第一线

1992年以来，赵慧英一直承担动物医学专业"动物解剖学"，动物科学、创新、生物类等专业"动物解剖及组织胚胎学"等本科生课程以及相关研究生课程的教学科研工作。"动物解剖学"作为相关专业的第一门重要的专业基础课，授课班级多、课时多，每年的本科生和研究生教学任务达300学时。

动物解剖学是一门形态学课程，实验工作量大，所用实验材料基本都是福尔马林灌注或浸泡的标本，几十年来，赵慧英坚守在充满强烈刺激的福尔马林气味的解剖学实验教学一线，特别是在实验员长期空缺或业务不熟练的情况下，赵慧英主动承担起实验室管理、实验教学准备和福尔马林标本的制作等工作。同时她还承担多项科研任务和30多位研究生的指导工作，多年来兼任解剖学课程组、基础兽医教研室和动物医学系副主任、实验室主任及学科负责人等，始终任劳任怨，坚守初心，多次年度考核优秀。

潜心授业促提升

精心备好每一节课，认真讲好每一节课是赵慧英一贯的作风和追求。为了提高学生的学习兴趣，激发学生的科研热情，她在教学中始终将信息技术融入传统教法，将枯燥的理论知识融入生活和实际案例，将科研新进展融入教学内容，将思政元素潜移默化地融入课堂教学。

赵慧英不断探索和改革教学方法，注重运用启发式、案例式和互动式教学方法，适时教给学生正确的学习方法，引导学生学会思考、自主学习和批判性学习。她注重过程考核，通过考勤、作业、随堂测验、学情测验、资料阅读等督促和了解学生平时的学习，使其养成良好的学习习惯。注重学生创新能力的培养，在指导学生毕业论文和科创项目时注重学生团结协作能力、表达能力、科研素养等方面的培养，学生广受用人单位好评。

多年来，赵慧英主持和参与了各级各类科研和教改项目，担任副主编和参编统编教材6部、其他教材和著作7部。她主讲的课程获批陕西省一流本科课程、陕西省精品资源共享课程、陕西省课程思政示范课程，所在的"兽医学教师团队"获教育部首批全国高校"黄大年式"教师团队。个人获评陕西省"三下乡"社会实践活动优秀指导教师等荣誉。

教书育人助成才

在教师生涯中，赵慧英始终坚持教书与育人并重，努力做到传道、授业、解惑。

作为新生入门专业基础课教师，赵慧英在传授课程知识的同时，积极提升学生专业认知、认同和热爱，同时引导学生尽早确立大学努力的目标，不要虚度年华。在教学中，她重视塑造学生坚定的理想信念；通过学科发展史和身边科学家故事，塑造学生的专业志向和不懈奋斗的精神；通过宣读兽医宣言，塑造学生尊重生命，感知生命不易；关心关爱学习困难、家庭困难、有心理困扰的学生，经常与他们交流谈心，帮助其解决实际问题，及时向班主任反馈学生情况。学生评教中她多次名列学院前10%，深得学生的喜爱和好评。

现推免我校研究生王柯懿表示："赵慧英老师的解剖课严格意义上是动医的第一门专业课，刚步入大学的时候，对整个动医的认知是模糊的，而'动物解剖学'让这一专业慢慢变得具体起来。赵老师专业细致又不失幽默的课堂让我找到了学习专业课最好的方法，也点亮了我心中想要成为兽医的那一盏灯。动物机体那一块块肌肉、一条条神经、一根根骨骼，经由老师的讲解构成了我通往动医道路上的第一阶梯。'一朝沐杏雨，一生念师恩。'"

展望未来，赵慧英将继续以教书育人为己任，坚守"立德树人"根本任务，不忘教育初心，牢记教师使命，永远做学生满意和喜爱的好老师。

杨 艳

素位而行　甘之如饴

杨艳，女，1983年4月生，无党派人士，水利与建筑工程学院副教授，从教16年。主讲"水工钢筋混凝土结构""结构力学"等课程。获陕西省"课程育人教学标兵"、西北农林科技大学青年教师讲课比赛一等奖等荣誉。

传术道于课堂，杨艳是课程育人教学标兵；终一生以傝侼，杨艳是燃烧自己点亮学生的"掌灯人"。课上是良师，她带领学生感悟结构设计的力学之美；课下是益友，她启发学生探寻工程师素养和工匠精神。数十年如一日，她素位而行，甘之如饴。

树初心于懵懂　偿所愿以终身

孩提时，杨艳就渴望长大后成为一名人民教师，那时她虽未深刻理解教师所肩负的社会责任与使命，但在耳濡目染中渐渐将教师放在内心最崇高神圣的位置。

正所谓"志之所趋，无远弗届"。在孜孜以求十八载后，这一自始未曾改变的职业理想最终实现。成为一名高校教师后，她一贯秉持强烈的责任心，课前精心设计教学，课上用心传授新知，课后悉心批改作业，耐心辅导学生，对教师职业始终充满敬畏之心。

无声息甘为人梯　有嘉奖好咨前辈

《礼记》有云："师也者，教之以事而喻诸德者也。"从事教学工作十余载，杨艳先后任教"水工钢筋混凝土结构""结构力学""钢结构""水利工程概论"4门理论课及"水工钢筋混凝土结构课程设计""钢结构课程设计""水工专业综合实习""水工认识实习"4门实践课。她在课堂上深入浅出，层层递进，在抽丝剥茧中引导学生积极思考学习新知，尽可能细语无声地融入育人元素，使学生不仅掌握了专业知识，更提升了其专业素养与思想品德。

"问渠那得清如许？为有源头活水来。"通过多年不断学习先进的教学理念，探索新的教学模式，杨艳在教学方面获陕西省"课程育人教学标兵"、第六届全国青年教师混凝土结构教学比赛二等奖、陕西省第三届高校教师微课教学比赛二等奖、第四届全国水利类专业青年教师讲课竞赛一等奖等荣誉。

传术道于讲舍　播情义满心间

作为任课教师，无论学生探讨的问题是不是她主讲的课程，杨艳总会在线下或线上进行悉心解答，并践行"教师之为教，不在全盘授予，而在相机诱导"，因此学生非常乐意课下与她探讨问题。有学生评价说，能一学期始终心平气和地给学生倾心辅导解惑的老师她是第一个，让学生倍感亲切；也有学生说，在杨老师的课上学到的不仅仅是专业知识，更重要的是学到了很多积极的人生态度，老师对待工作的态度是自己追求的目标；还有学生表示，杨老师是自己求学路上遇到的最善良、最可爱、最负责任的老师，并相信老师的善良及真诚的职业态度会感染到她所接触的每一个人。

独特的亲和力，使学生们在未来深造与规划等方面也会主动与她进行交流。特别是大三下学期末，一些成绩优异的学生请她写推荐信参加名校夏令营或出国留学。她不仅根据学生的专业兴趣给学生推荐优秀的外校导师，而且会竭力引导学生充分挖掘自身特长与优势，助力学生在激烈的竞争中赢得机会。一些学生毕业后，也会通过QQ等方式，向她咨询研究方向及今后的职业规划等方面的问题。

| 躬耕·匠心

作为班主任,她抓班风促学风,时常给学生准备一些小惊喜,既有亲手写满鼓励话语的祝福卡,也有精心整理打印的励志语录……在生活方面也十分关爱学生,每逢中秋她都买月饼和水果与学生们共庆佳节。定期了解学生在校生活与家庭现状,她曾及时向学院反映一位患有脑血管畸形学生的情况,慷慨参与学院捐款活动并前往西京医院探望该学生。术后该生很快康复回归校园且以较优异的成绩毕业,至今该生与她保持往来,互寄祝福。

心之所向始终如一,敬业爱生坚守初心,授"渔"之道渐上层楼,这是杨艳矢志不移的追求。

黄玉祥

谱写教育星河奏鸣曲

黄玉祥，男，1979年10月生，中共党员，机械与电子工程学院教授、博士生导师。陕西省农业装备工程技术研究中心主任，农业农村部科研基地负责人，中国农业机械学会常务理事，陕西省农业机械学会副理事长。

从教16年，黄玉祥始终勤勤恳恳教书育人，不忘初心。

以身作则育桃李

任教以来，黄玉祥先后承担"专业导论""农业机械化""系统工程""农业机械化管理学"等本科生课程，讲授"农业工程前沿讲座""离散元方法及应用""农业机械化工程案例课"等研究生课程，担任主编、副主编教材各1部。在教学中，他始终坚持"以学生为中心"的教育理念，将"立德树人"融入学生思想道德培养、文化知识学习、实践教育等环节，注重学习新的教育教学方法，积极探索新型课堂教学模式，采用启发式、讨论式、自主学习式等方法，调动学生的学习热情。

黄玉祥注重引导学生树立崇尚科学、追求卓越的态度，并注重拓展学生的学术视野，培养了一批优秀人才。累计指导100余名本科生参加科技创新和社会实践活动，30余名本科生和研究生获得全国大学生智能农业装备创新大赛等竞赛的特等奖、一等奖，优秀硕士学位论文等荣誉，以及省部级以上奖励。

改革创新促发展

在教书育人的同时，黄玉祥始终不忘教学研究和教育改革。近年来，他主持教育部新工科、中国学位与研究生学会、陕西省研究生教学案例库建设等5项教育教学改革项目，并将研究成果付诸专业建设和人才培养实践。他作为主要完成人完成的《农工交叉、多维协同的农科人才工程能力培养的探索与实践》《以学生发展为中心的农业机械化及其自动化专业人才培养模式研究与实践》分别获国家级教学成果奖二等奖和陕西省教育教学成果奖二等奖；负责的农业机械化与智能装备课程组获2022年校级优秀基层教学组织；带领团队申报获批农业智能装备工程新专业；2023年被评为学校"我最喜爱的老师"。

黄玉祥教学态度严谨，对学生有耐心，注重和学生的互动，鼓励学生踊跃发言。学生们从他那里学到的不仅是专业知识，还有学习方法和做事做

人的道理。2018级博士研究生王学振入学前农机研究基础薄弱，且不善沟通交流。黄玉祥通过"对症下药"，逐渐夯实了该生的知识基础，增强了其攻克科研难题的信心。最终该生以优异的成绩获得博士学位，并得到了不错的工作机会。

潜心科研做贡献

黄玉祥紧扣国家和区域发展的战略需求，带领团队长期从事保护性耕作技术与智能装备领域的科学研究工作，潜心科学研究，助力现代农业装备技术发展。

他先后主持国家自然科学基金、国家农业农村领域重点项目、国家重点研发项目子课题、陕西省重点产业创新链等省部级课题20余项。在农业工程领域重要期刊发表论文70余篇，授权专利30余项，获陕西省科学技术进步奖一等奖1项，中国农业机械学会等优秀论文奖3项，在完善深松耕技术体系、创新免耕播种技术与装备等方面做了大量工作，为推动旱地农业机械化技术与智能装备发展作出了贡献。

黄玉祥始终以教书育人为己任，努力探索工农交叉、多维协同的教育教学改革之路，注重学生个性发展，始终以学生能力的培养和提升为中心，倾心守护学生的成长成才之路。

赵 亮

让"小种子"孕育"大梦想"

赵亮，男，1982年生，中共党员，生命科学学院教授、博士生导师，曾荣获学校"优秀教师""课程思政教学骨干""我最喜爱的老师""青年教师讲课比赛"二等奖等荣誉。

潜心教学　用心培育学生

赵亮热爱党的教育事业，积极承担"植物学""植物学实验""生物学实习"等本科课程的教学任务；围绕学校"双一流"建设和一流本科专业建设需求，不断实践着"价值引领、能力培养、知识传授"三位一体的教育目标。

他用"小种子"的成长讲述"和实生物，同则不继"的"大故事"。在讲授禾本科等章节时，他将赵洪璋、李振岐、康振生院士等身边科学家的故事融入课堂，不断提升学生对学校、专业和课程的兴趣和认同感。

赵亮注重将自己的科研成果和探索经历融入课堂，拉近本科生和科学的距离。在讲授植物的价值时，通过自己在不同国家、省（区、市）科学考察的经历，展示植物的美学价值和科研价值；以自己科研团队发表的科研论文直观地展示植物花序和花器官发生发育过程、植物之间的演化关系，培养学生热爱科学、努力探索的精神；鼓励学生学会批判性思考和独立思考。

赵亮积极开展小班教学，鼓励同学们走向野外和田间去认识植物、研究植物，将植物学知识生活化、实用化；鼓励学生们按照科、属特征总结食堂的蔬菜种类和果实类型，调查校园的木本植物的复叶类型等；通过撰写"我身边的植物学"小论文，提升学生们学习植物学的兴趣。他还注重教学反馈，以让全班学生撰写心得、建议等方式了解自己教学的不足，及时优化自己的教学内容和教学方法。他把作业当作和学生交流的第二阵地，有针对性地回答学生的生活、交友等问题，努力做学生们的良师益友。

多元融入　提升学生综合素养

赵亮在传授植物学基本理论和操作技能的同时，特别注重融入政治、历史、地理、人文、生态等多种学科元素，努力培养学生的综合素质。在植物分类学基础知识部分，他融入最新的基于分子证据的 APG 系统的内容，拓宽学生视野；在讲授棕榈科特征时融入《西游记》的故事，揭示印度的经书是书写在用贝叶棕的叶柄制作的"贝叶"上，纠正电视剧中的错误，体现人文科学和植物学的结合；讲授玉米颖果时，融入玉米的起源和发展史等方面的知识。他的植物学课堂充满了科学故事和欢声笑语，使学生能够在比较轻松的气氛中快乐学习。

同样，在进行植物学实习时，赵亮总是穿插讲授专门研究某个植物类群的科学家故事；他教育学生要热爱自然、热爱实习基地的花草树木；提倡掌握方法、适量采集。每次实习归来，他都会和学生们一起把野外的垃圾带回驻地统一处理，引导学生树立崇尚科学、尊重自然和生态文明的理念。

真情投入　努力做学生们的贴心良师

赵亮担任过两届班主任，始终关心学生的成长和发展，注重班级班风和队伍建设，关心学生的学业发展、职业规划和心理健康。他积极担任学院本科生导师，为本科生开展"领航计划"讲座，引导低年级的学生尽快适应大学生活，鼓励大家刻苦学习、追求卓越。他一直认为每个学生都有自己的

"生态位"和价值追求,积极引导学生学会在逆境中阳光、自信地学习和生活。他积极联系国外专家来校为本科生开展短期授课或学术讲座,为学生们创造近距离接触海外名师和了解国外学习状况的机会。

赵亮的研究方向是系统分类与进化植物学,他注重因材施教,尊重研究生意愿,努力创造机会,引导学生多样化发展;他能根据学生的特点、基础和兴趣确定研究课题;他注重合作,与美、英、法、德等国家的高校、科研机构以及国内多家单位长期稳定合作培养研究生;并且努力营造和谐的实验室氛围。

一分耕耘,一分收获。赵亮先后主持国家自然科学基金项目3项,发表论文30余篇,主编或参编专著、教材和科普读物7部,获得陕西省自然科学二等奖;先后指导硕、博士研究生15名。

展望未来,赵亮说,学生就和自然界丰富的植物种类一样,他们的背景是多元的,志向是多元的,优点也是多元的,他希望每位学生都能够站在他的肩膀上成长,实现自己的人生梦想。

张晓妮

乐教善教的"燃灯者"

张晓妮，女，1976年3月生，中共党员，经济管理学院教授，从教24年。主讲"管理学原理""中外管理思想史""管理沟通"等课程。国家级一流课程负责人，MBA"管理沟通"课程组组长。全国经济管理院校工业技术学研究会理事，陕西省农经学会理事，陕西省管理科学研究会理事，京都大学访问学者。

她是学校讲课比赛一等奖获得者，参与式教学让学生课堂"活"起来；她是乐教善教的"燃灯者"，全方位课程思政让国家一流课程"优"起来。张晓妮用真诚呵护学生健康成长，用实践启发学生感知社会，用案例诠释学校强农兴农故事。

言传身教践初心

作为一名有着28年党龄的教师，张晓妮始终忠诚于党的教育事业，以热爱教育事业的崇高理想、高度负责的敬业精神，饱满的热情全身心投入教育教学工作中，用自己的师者信念造就学生的全面发展。"言传身教"不仅是她教学中的规定动作，更是她从教矢志不渝的初心。"道不虚行只在人"，教学既是知识的传授，更是人格的培育，而所有这些传授与培育的前提，永远是教学者自我的投入与成长。张晓妮敢于创新，积极进行教育教学改革，注重课程信息化提升，负责建成"管理学原理"慕课，已在教育部国家精品开放课程优质在线教育平台"中国大学慕课"运行6期，选课总人数超过1.1万人，社会影响广泛。她主持建成"管理学原理"获批教育部第二批国家级一流本科课程，先后被认定为校级和省级一流课程；荣获校级"先进个人"、校级"优秀教师"（2次）、校级"师德先进个人"、校师德师风演讲赛一等奖等荣誉。

课程思政"润人心"

张晓妮乐教善教，注重研究课程、研究课堂、研究学生，更新教学理念，掌握教育教学规律及方法，教学水平精湛。她用心挖掘课程思政元素，将课程与中国传统文化、西农精神、学生职业生涯规划等有机结合，将管理者角色、技能及基本职能贯穿混合式教学实践全程。2020年春，面对新冠疫情期间开展在线教学的挑战，针对"管理学原理"课程特点，她将战"疫"素材与专业教学相结合，匠心打造课程设计，学生以信息技术为依托，用绘本展示"上学路上防疫""乘车防疫""校园防疫""居家防疫""宿舍防疫"等知识和方法，以小组任务形式完成原创网络作品表达战"疫"信心。在"停课不停学"基础上实现"停课不停育"，她用心、用情

书写了战"疫"路上共同成长的在线教学答卷,被评为学校在线教学优秀课程,"管理学原理"被评为教学优秀案例,所在课程组被评为教学优秀教研室(课程组);获西北农林科技大学青年教师讲课比赛一等奖、学校教案评比二等奖,经管学院青年教师讲课比赛一等奖、教案评比一等奖等奖励,获评唐立新教学名师奖。

"蜡烛精神"助成长

张晓妮是一个把爱和严有机结合起来的好老师。她全身心热爱和尊重学生,用诲人不倦的情感和爱心真诚关怀学生,自觉把培养美好感情和提升沟通效果作为教育教学的重要内容和目标,促进学生克服困难,逐渐形成坚强的意志和健全的人格。她善于体察和理解每一个学生的需要,用心倾听学生的诉求,无论是在生活上还是学业上,都真心关心他们,赢得学生的喜爱。张娜同学这样评价:"张老师特别'亲民',她会主动加我们为好友,有求必应、有问必答,还经常针对我们课堂的表现进行点赞和鼓励。她总是能发现我们身上的闪光点,增强了我们的信心和勇气。"张晓妮近五年指导学生获批科创项目10项,本科生发表论文5篇,学科竞赛获奖17项;荣获"学创杯"国赛优秀指导教师、省赛最佳指导教师、案例大赛最佳指导教师、产业规划大赛优秀指导教师、校"社会实践优秀指导教师"和"我最喜爱的老师"等荣誉。

执教以来,张晓妮始终坚持"立德树人",坚守"为党育人,为国育才"初心,以"四有"好老师标准严格要求自己,把对学生的真诚关爱、对事业的认真执着化为自觉的行动,求实创新,无私奉献,是学生心目中值得信赖的好老师。

张 红

谋一事　终一生

张红，女，1968年9月生，人文社会发展学院教授、博士生导师。主讲"农村社会学""农村社会学研究""乡村社会治理与乡村振兴专题"等课程。获国家一流本科课程、中共中央组织部"好课程"、首届和第三届全国社会工作硕士（MSW）研究生案例大赛"优秀指导教师"、陕西省普通高等教育和高等继续教育课程思政与示范课程、陕西省"好课程"、陕西省"精品共享课程"、陕西省教育厅"学习之星先进个人"、中央农业干部教育培训中心"优秀教学工作者"、中国社会工作联合会主办的教育实践案例大赛二等奖等荣誉。

谋一事，终一生；因为爱，所以爱。从教32年，张红始终敬畏三尺讲台，把育人责任永驻心间。

传道授业解惑　实现教书育人

从教以来，张红承担本科生"农村社会学"教学任务，为研究生主讲"农村社会学专题研究"等4门课程，为博士生讲授"乡村治理与乡村振兴研究专题"课程，形成了本硕博贯通的课程体系。她重视在传道授业中体现社会科学的教学特点，形成研究导向型教学方法。通过设计递进式问题，将讨论的重点引向问题是什么、为什么、怎么办，学生作为主体深度参与，生发出反省式思维，进而转识成智。

为提高学生培养质量，张红积极探索教学改革，主持省部级教改项目4项，校级教改项目12项；发表教改论文5篇；主编教改著作1部，主审1部，参编教材4部。她在总结多年教学实践的基础上，构建了"典型案例+专业分析"的案例教学模式，让社会进入课堂；构建"知、行、思"合一的实践教学模式，让学生走向社会。她连续7年获研究生授课质量奖；指导学生获全国MSW研究生案例大赛三等奖2项，百强案例1项，校级案例大赛一等奖1项，二等奖1项，获校级教学成果奖一等奖2项，二等奖1项。

教研学相长　助力科研育人

张红主持获批国家及省部级科研项目11项，其他项目16项；发表科研论文66篇，出版专著4部；提交咨政报告3份。在研究过程中，她追求科研、教学、育人相辅相成。

她重视吸纳学生参与自己主持的科研项目，以"问题"作为研究的起点，激发学生的求知欲，破解问题贯穿学术研究全过程，打破以结论为起点的传统教学方式，让学生从实践中获得体验式学习，有效提高了学生的科研能力。指导学生主持国家及省部级大学生创新创业项目8项，费孝通田野调查项目1项；获校级优秀及百篇优秀本科毕业论文4篇，优秀硕士学位论文5篇；创新创业论坛二等奖2项；指导学生在CSSCI及核心期刊发表学术论文30余篇，出版专著2部，学生参与案例著作编写10人；继续攻读博士学位15人，实现从实求知、成长为本的教学目标。

张红积极鼓励学生申报各类科研项目和案例大赛。历经"确立主题、方案设计、调查实施、数据处理、结果分析、报告撰写"环节，并在其间扮演启发者和引导者角色，学生通过眼所见、心所思、笔所行，在调查中切实体悟中国社会的巨变及变革中的国家之治。基于调研资料的梳理和分析，实现从经验上升到研究的科研育人目标。

成长为本　践行实践育人

张红从1998年开始主讲"农村社会学"课程，这20多年的时间正是中国"三农"发生千年未有之变局的时代，她教导学生成为这个巨变时代的观察者、记录者、反思者和建构者。

她带领学生走出校门，走进田野，切实感受农业生产、农村生活、农民观念发生的变化，真正实现学以致用、用以促学。在实践育人的同时，她将专业实践与思政元素有机结合，用国情、民情、农情来教导学生和感化学生，在田野课堂中厚植学生的家国情怀和人文素养。实地调研不仅是知民情、解民忧的过程，也是学生自身不断成长的过程。

张红乐于担任学生课外实践和社团活动的指导教师，获评学校"大学生社会实践优秀指导教师"，通过言传身教"树人"，培养学生树立理想信念，书写美好人生。她指导的研究生担任陕西省学生联合会驻会执行主席2人，在贫困县挂职科技副镇长4人，贫困县支教3人；获校级优秀研究生15人，"十佳"研究生2人，优秀学生干部10人，大多数学生在平凡的工作岗位上默默奉献。毕业生孙兰兰说："得益于张红老师的指导，我现在也从事与社会学相关的行业，看到了专业的发展前景和独一无二的社会价值。"

世上最幸运的事莫过于选择的职业正是自己的兴趣所在。敬畏三尺讲台，才会有对学生的珍视和责任；因为珍视和责任，才会将精力和年华奉献给这个平凡而崇高的事业。张红一直是这样做的。

赵志业

守好"责任田"　做好引路人

赵志业，男，1987年1月生，中共党员，马克思主义学院教授，从教7年。主讲"思想道德与法治""思想政治教育前沿""思想政治教育原理""中外德育比较"等课程。

创新课堂教学的思政课教师，创办"金麦穗"思政体验坊互动课堂，用真理的力量启智润心；思政教育学术研究的深耕者，用高水平成果反哺教学，提升学生思政课获得感。赵志业始终用真情打动学生，用行动感化学生。

创新教学模式　提升教学质量

2016年入职以来，赵志业牢记"立德树人"使命，积极投身一线，开展高校思想政治理论课教学工作和思想政治教育研究与实践工作。学生评教良好，获得本科生教学质量奖2次，获得研究生教学质量奖1次。

他教学工作量饱满，为本科生讲授"思想道德与法治""形势与政策"等课程，为研究生讲授"思想政治教育原理""思想政治教育前沿"等课程。他还积极进行思政课自下而上教学模式探索，创办"金麦穗"思政体验坊互动课堂。教学效果良好，学校领导、督导和校内外同行多次走进课堂，对自下而上教学模式进行指导与观摩，并给予高度肯定。每次课堂结束后，学生们自发地通过与老师沟通、写上课感受等方式表达收获和体会。学生们认为，这样的教学模式更好地调动了他们上思政课的积极性，实现了从被动学习到主动参与。赵志业通过学术会议、专题讲座、教学示范等方式对自下而上教学模式进行推广，四川大学、西北工业大学、太原理工大学、陕西科技大学等20余所高校对这一教学模式进行了观摩与借鉴。光明日报、中国青年网、陕西日报等20多家媒体对思政课自下而上教学模式进行报道。同时，他积极开展教学研究，尤其在高校思政课教学改革和高校思政课教学评价等方面深入研究，主持省级教改项目1项、校级教改课题4项，发表教学改革论文10余篇，其中教学A类论文2篇。

科研反哺教学　　提高育人效果

赵志业积极开展思想政治教育理论与实践研究，尤其在思想政治教育文化学方面进行了深入研究，以科研成果反哺思政课教学，把最新科研成果与课程内容相融合。赵志业主持国家社科基金项目2项，省级项目4项，其他项目5项。在CSSCI、北大核心、AMI核心等刊物发表思想政治教育研究论文30余篇。独立作者出版思想政治教育研究专著2部，担任副主编出版教材1

部。决策咨政报告被省级部门采纳3篇。以独立作者获陕西省思想政治工作优秀研究成果一等奖1项、陕西省廉政文化研究会廉政文化建设征文活动二等奖1项、陕西高等学校人文社科研究优秀成果奖三等奖1项。

加强日常思政　拓展育人路径

赵志业有四年班主任工作经历，两年日常思想政治工作导师经历。他多次通过讲座、活动沙龙等对大学生群体进行党的十九大精神、党的二十大精神宣讲。指导学生暑期社会实践调查和各类比赛获奖10余次。利用课余时间，通过谈话谈心、走访宿舍等方式关心学生，将"立德树人"工作落细、落小、落实，深受学生喜欢和信任，多次收到学生的感谢信。学生们认为，赵志业老师在思想上、生活上都给予了他们很大的帮助，是一位值得尊敬的好老师。

展望未来，赵志业表示，作为一名思政课教师，他将继续努力把思政课讲深、讲透、讲活，力争做大学生的知心人、热心人和引路人。

王利民

一"网"情深育新人

王利民,男,1980年10月生,中共党员,体育部副教授。国家网球一级裁判员、网球二级运动员、ITF中级教练员、陕西省游泳指导员。

热心的大学生网球协会指导教师,带领学生感受运动魅力;专业的网球高水平运动队教练,引领学生收获比赛成长。听,拍声清脆;看,球飞如箭;享,激情四溢。王利民用体育运动,为学生"播撒阳光"。

以体育人的积极践行者

从事教学15年,王利民分别为本科生和研究生开设"网球""游泳"两门课程,制作线上教学课件20余个,年工作量500学时。

教学中,王利民以学生为中心,注重从激发学生兴趣入手,采用多种教学方法和手段,手把手使学生快速掌握网球、游泳运动技能。幽默的语言、文明的礼仪、高雅的气质是他留给学生最深刻的印象。王利民重视将课程思政元素潜移默化地融入课堂,培养学生的运动技能+运动知识,创造各种环境使学生勤练技术,鼓励学生经常参加比赛,使体育观念根植于心,为学校培养卓越农林人才贡献力量。

王利民坚持理论指导实践、实践反哺课堂，先后承担和参与国家级、省级、校级、体育部教改项目、人文社科项目10余项，在核心期刊发表论文5篇，担任主编、副主编或参编著作和教材3部。获陕西省高校体育教师讲课比赛优秀奖，学校青年教师讲课比赛三等奖、"优秀教师"、"网球课程优秀教学团队"和"我最喜爱的老师"等荣誉。

网球运动的推广大使

网球，是一项高雅、绿色、文明、老少皆宜的运动项目，经常从事网球运动有助于提高身心健康及人际交往能力。

王利民每年在为全校400名本科生、研究生授课之余，还投入网球运动的推广工作中，担任网球运动推广大使。成立网球协会，他担任指导教师，每年有100名学生参与每周三次的锻炼，获"优秀社团指导教师"称号。校工会组织全校教职工网球培训，他担任教练员，每年有50名教师参与网球的学习训练。组织大学生院系间网球团体赛，担任裁判长或裁判，为学生提供技艺切磋的平台，使学生进一步体验网球竞赛的乐趣及对网球礼仪的理解。深入园艺学院、风景园林艺术学院进行网球培训，增强教职工的身心健康。担任园艺学院体育辅导员，为学院开展体育运动知识讲座，为师生送去科学锻炼方法。2017—2022年，他连续六年被评为"优秀体育辅导员"。

运动代表队的知心大哥

王利民担任我校唯一一支高水平运动代表队教练员，队员们都亲切地称他"民哥"。除了平时完成运动员正常的训练工作外，他还要操心运动队的后勤保障，运动员的生活、学习、就业他都记在心上，经常和队员们促膝长谈，使学生正确认识"双重身份"的责任与义务。网球高水平运动队十年如一日地刻苦训练，他黝黑的肤色诠释了作为教练员的"年轮"。

功夫不负有心人，学校网球代表队自2017年以来包揽陕西省大学生网球锦标赛男女团体总分、男子团体、女子团体、男子单打、女子单打、男子双打、女子双打所有冠军。在全国比赛的舞台上，2015年女子团体获全国第四名、2016年男子团体获全国第二名、2017年第十三届全国学生运动会代表陕西省获得团体第七名、2021年第十四届全运会一名队员获得全国群众组网球项目铜牌。王利民多次获评陕西省及全国优秀教练员。

作为网球教师，王利民以体育智、以体育心，引领学生掌握运动技能和知识；作为教练员，王利民以体育人、以体铸魂，成就了学生、收获了荣誉；作为指导教师，王利民将网球运动洒向校园每一个角落，守护师生健康；作为课程组组长，王利民团结教师，研讨教学方法，为了共同的目标努力，2023年网球课程组被学校评为"优秀教学团队"；作为体育辅导员，王利民尽心尽责，助力"五育"并举长效机制延伸。他将一如既往热爱工作、关爱学生、团结同事，为教育事业奉献全部力量。

2024 年

聂小军

躬耕育人，做学生成长路上的引路人

聂小军，男，1984年10月生，作物遗传育种农学博士，农学院教授，博士生导师，农学院植物科学与技术系教师。

教学相长　不断提升人才培养质量

自2013年在农学院植科系从事教学工作11年以来，作为主讲教师，聂小军新开设了"植物基因组学""组学导论"等4门本科课程，参与承担了"农业生物技术""植物逆境生物学"等5门本科课程教学任务，年均本科教学工作量超过200学时。他始终以饱满的工作热情投入课堂教学中，严格依据课程质量标准进行课程设计，做好教案和教学计划，认真备课，注重将最新知识和学科发展前沿知识教授给学生，拓宽学生视野，着力提高学生独立思考能力、创新能力和解决实际问题的能力。他强化科研和教学互融互促，教学相长，聚焦学科前沿、面向国家战略需求，开展创新性研究工作。作为加入国际小麦基因组测序磋商组织唯一中国团队的核心成员，他协同破译了六倍体小麦参考基因组图谱，入选了2018年世界十大科技进展新闻，先后主持国家自然科学基金面上项目、"十四五"国家重点研发计划子课题、科技创新2030计划子课题等项目10余项，发表学术论文40余篇。

思想铸魂　培养德才兼备优秀人才

秉承"立德树人"的教育理念，以身作则，为人师表，聂小军始终以学生为中心，关心学生，尊重学生，爱护学生，引导学生全面发展、成长成才。他注重将"三农"情怀融入教学活动中，将德育教育贯穿于人才培养的全过程，利用课堂、实验室等不同教学环节，通过班会、专题讲座、思想工作面对面等不同方式增进学生对农业重要性的了解，激发学生学习热情，增强他们对专业的认同感，坚定学农、爱农、为农的信念，鼓励学生肩负起使命担当，努力增强服务"三农"的本领。他指导本科毕业论文18人次，其中1人获校级优秀毕业论文，2人获院级优秀毕业论文，15人在农业院校或者农业相关专业攻读研究生；指导的研究生获国家奖学金2人，其他奖学金4人，毕业的10人中3人攻读作物学博士学位，其余7人均在农业相关行业工作，其中5人留在西部地区工作。

强化创新教育　　培养学生原创能力

聂小军重视科研育人和实践育人，指导本科生和研究生开展创新创业训练，培养学生的创新思维和创新意识，让他们根据自己的兴趣做选题、撰写报告、设计方案、动手研究，在遇到问题时，鼓励他们自己探索，查文献、调参数、试方法，通过这些方式来培养学生们的探索精神和科研能力，同时引导学生敢于质疑、积极创新。

多年来，聂小军共指导国家级大学生创新项目4项、省级项目2项和校级项目3项，其中4项结题优秀，3项结题良好，2项在研，结题优良率达100%；指导学生获第十八届"挑战杯"全国大学生课外学术作品竞赛特等奖，实现历史性突破；指导学生获全国大学生生命科学竞赛一等奖、"挑战杯"陕西省赛金奖、"互联网+"陕西省赛金奖、陕西省乡村振兴青年创意创新大赛一等奖等各类奖励10余项。此外，他指导的本科生为第一作者发表SCI论文2篇、核心期刊论文多篇。其中，指导2019级植物科学与技术专业本科生魏新雨开展"大麦高密度液相SNP芯片的开发与育种利用"创新项目，先后获第十二届农高会创业计划大赛一等奖、全国大学生生命科学竞赛（创新创业类）一等奖等各类奖励6项，后推荐其免试到四川大学直博；指导2019级种子科学与工程专业本科生芮泽升开展野生二粒小麦耐盐基因发掘相关科创研究，发表SCI论文1篇，主持的"盐碱地改良的新希望——野生二粒小麦优异耐盐基因挖掘及其育种利用"项目获得2023年第十八届"挑战杯"全国大学生课外学术科技作品竞赛特等奖；指导2020级农学专业本科生林汇源开展野生二粒小麦群体基因组学研究，该学生先后以第一作者发表论文2篇，以专业第一名的成绩被推荐免试到清华大学—北京大学生命科学联合中心直博。

时刻铭记"学为人师、行为世范"，坚持"四个相统一"，做"四有"好老师，当好"四个"引路人，聂小军老师将继续为培养德、智、体、美、劳全面发展的"一懂两爱"优秀农业人才，为种业振兴和农业高质量发展贡献自己的力量。

左亚运

学生成长路上的掌灯人

左亚运，男，1990年9月生，毕业于南京农业大学植物保护学院，农业昆虫与害虫防治学科博士，植物保护学院副教授，硕士生导师，学校植物保护学院农药系教师。

政治立场坚定　追求卓越教育

在思想上，他认真学习党和国家的各种路线、方针、政策。他深知，作为一名人民教师，首先要做到的是政治上的忠诚和坚定的信仰。为此，他始终树立"四个意识"，坚定"四个自信"，坚决做到"两个维护"，并将这些政治原则贯穿于教育教学的全过程。他以实际行动践行着党的教育方针，为培养德、智、体、美、劳全面发展的社会主义建设者和接班人贡献着自己的力量。

在追求卓越教育的道路上，他始终以"四有"好老师的标准严格要求自己，不断提高自己的专业素养，力争成为一名既具有高尚师德又具备深厚专业知识的教育工作者。他对教学工作充满热情，积极探索新时代要求的教育方法和手段，力求将最前沿的科学知识和最重要的实践技能传授给学生。

专注本科教学　培养创新人才

在教学上，他潜心投入本科生教育和教学工作，"立德树人"、爱岗敬业，关爱学生，教学态度认真，先后承担或参与"工程微生物""农药毒理学""农业有害生物抗药性""农业有害生物抗药性治理"等多门本科生课程，教学工作量饱满。课上，他善于引导和举例说明，教学内容紧跟科学前沿，注重科研反哺教学，理论结合实践，深受学生喜爱。作为本科生指导教师，指导了5项大学生创新创业训练项目（国家级2项，校级3项），其中一项结题时被评为优秀；指导2022届1名本科生荣获院级优秀毕业论文；指导学生参加第八届全国大学生生命科学竞赛荣获二等奖，通过科创训练和竞赛培养知农、爱农的创新人才。

班级管理出色　学生成绩显著

在担任制药2002班的班主任期间，他积极组织学生进行学风大讨论和学习经验交流，激发同学们学农、爱农的热情。班里的陆正仪同学获得"三创赛"二等奖、全国大学生生命科学竞赛三等奖、植物学知识竞赛三等奖；李婕宁同学获得全国大学生生命科学竞赛一等奖和植物保护学技能大赛本科生学术交流报告单项奖。同时，他注重学生德、智、体、美、劳全面发展，要求本班学生积极参加体育运动，班上学生汪成林在高校百英里资格赛西安分站赛中获团体第一，校运会10000米比赛获第七名，杨凌马拉松大学生半马第七名的好成绩。他连续多年被评为"优秀班主任"，学生中有的保研或升学至清华大学、天津大学、中山大学、兰州大学等国内著名高校，或应聘至国有大型企业，或出国留学深造。

科研与教学相结合，激发学生潜能

在科研上，他先后主持博士后基金、国家青年基金和国家重点研发子课题，主要以鳞目害虫甜菜夜蛾为研究对象，利用基因编辑、遗传定位、生物信息等手段研究明确甜菜夜蛾对杀虫剂的抗药性机制，破译甜菜夜蛾抗药性新机制，以第一作者或共同第一作者在 *PLoS genetics*、*Insect biochemistry and molecular biology*、*Pest Management Science* 等国际期刊上发表多篇论文。

科研与教学相结合是他独特的教育理念和方法。他深知，将科研成果和实践经验融入教学过程，不仅能丰富教学内容，而且能激发学生的好奇心和探索欲望。因此，他总是尽可能地将自己在害虫抗药性领域的最新研究成果引入课堂，使学生能够接触到实际的科学问题和最新的研究进展，激发学生的学习热情和潜能，为他们未来的学术研究或职业生涯奠定坚实的基础。在2022年全国农药学科教学研讨会上，他荣获了"优秀中青年农药学科科技工作者"称号，这是对他专业知识和教学水平的充分认可。

左亚运老师在植物保护的沃土上精耕细作，用严谨的治学态度和深沉的师爱，铸就了学生心中的灯塔。他，不仅是知识的播种者，更是学生灵魂的引路人，以"四有"好老师的标准，点亮了教育的星辰。

龚春梅

引导学生走适合自己的路

龚春梅，女，1973年2月生，毕业于兰州大学生命科学学院，生态学博士，园艺学院教授，博士生导师，我校园艺学院茶学系教师，茶学学科带头人，学科点负责人。

全身心投入教育教学

自2007年7月加入生命科学学院生物科学系、2019年2月加入园艺学院茶学系从事教学科研工作18年来，龚春梅分别为本硕博学生开设"茶文化""高级植物生理学""现代茶学科学进展"等十余门课程。她乐此不疲，以站上课堂为荣，积累了丰富的教学经验。每节课她都会认真备课，讲授新知识前会依据文献进展更新知识体系，小结内容时为学生串起知识点之间的内在联系；她坚持"继承发扬、一代更比一代好"的教学理念，精心设计课堂讨论主题，引导学生学以致用，培养学生的责任与担当，她的默默付出赢得了学生的高度认同，从2008年至今连任班主任，2010年和2013年分别获得学校"优秀教师"，2017年获学校"优秀研究生论文指导教师"，2024年获学校"我最喜爱的老师"等荣誉。在教育教学过程中，她潜心钻研学问，努力通过科研辅助教学，先后主持国家级课题4项、省部级和校级研究课题20余项，发表于*Cell*子刊等高水平科技论文10余篇、北大核心30余篇，主持的省级思政教育工作课题获省级二等奖，主持的校级科研教改课题获校级优秀。

不遗余力助力学生成长

作为一位与班级学生父母同龄的老师，她像交朋友一样积极与家长通过电话、微信、QQ建立联系，了解情况、给出建议、反馈沟通。作为一名对科研执着热情的科研人员，她极其珍惜时间，但是在学生就业、读研咨询时，她则不遗余力地通过电话、微信和QQ与学生及其家长交流。多年如一日，没有周末，只要学生有需要，她随时可与学生研讨交流。

由于近年来女生数量增加，龚老师深知一位知识女性在平衡家庭和事业中的不易，鼓励所带班级和团队的女生们一定要早早攻读硕士、博士，走出一条自强自立之路。她反复强调这条路虽然艰难但能做自己的主人，唯有如此，才能赢得势均力敌的伴侣或同事的尊重。许多毕业生在考上研究生或走上工作岗位后，都衷心感谢龚老师当年的谆谆教导。

她重视对大学生创新意识、创新能力的培养，指导学生多次获得国家级、省级科创项目，指导学生撰写的毕业论文获得院级和校级优秀论文。每年暑假，她结合教学实践和科研工作，带领学生们走进农村和企业，开展调查研究，帮助提高茶园管理，不仅培养学生的科研能力和社会实践能力，还引导学生在实践中培养学农、知农和爱农的情怀，担负起强农、兴农使命。经她指导的学生撰写的社会实践调查报告得到有关部门的重视。

真心实意关爱守护

龚老师真心把学生当作自己的孩子来关爱守护。在平时点点滴滴的接触中，她善于发现每一位学生的特点爱好，与每一位学生建立平等、和谐、融洽、相互尊重的关系。她关心每位学生的生活和学习，相处中帮助学生发掘他们的潜力，寻找更好的自己，寻找生命的意义。

曾经，她自掏腰包，为学生提供短期援助和救急，悄悄帮助生活上有困

难的学生。她为家庭有困难的学生发声，积极争取学院的资助。去外地参加学术会议时，她都会带上学生，为学生解决食宿，以守护学生对科研的兴趣，激发学生对知识的渴求。

龚春梅老师是社会主义核心价值观的坚定信仰者和忠诚实践者，她以对祖国教育事业的热爱、志存高远的品格、坚持不懈的精神、诚实勇敢的品质，不断诠释着西农精神。

江中良

一切为了学生

江中良,男,1973年12月生,动物学博士,动物科技学院教授,博士生导师,动物科技学院教师。

立德修身 教书育人

1998年,江中良毕业留校,开始从事学生工作辅导员、行政管理等工作,后于2000年开始从事"动物繁殖学"等课程的教学工作。24年来,分别为本科生和研究生开设"动物繁殖学"等7门中文课程和"Reproduction in Domestic Animals"全英文课程。每次上课,他都要提前15分钟到教室,花10分钟左右与学生交流与答疑,一方面了解学生对课程内容的理解,另一方面也注意观察学生的思想动态,尽最大努力为学生排忧解难。

本着"一切为了学生、为了学生的一切、为了一切学生"的教育理念,在教育教学过程中,江中良兢兢业业,认真工作,不断提高教学水平和质量,以自己的经历为例子,潜移默化影响学生,达到润物无声的效果。工作以来,他主持国家自然科学基金、国家重点研发计划子课题、陕西省重点研发专项等项目15项，发表SCI论文60余篇；担任主编出版"十四五"国家规划教材1部，参编教材5部；培养本科生50余名，研究生23名，指导的本科生荣获校、院级优秀毕业论文和全国大学生生命科学创新大赛奖，研究生荣获国家奖学金等10余项奖项，他自己也多次荣获"学院优秀教师""先进工作者"等称号。

以身作则　润物无声

捧着一颗心来，不带半根草去。他不仅用自己的学识、能力和经验传道授业，更是用自己的人格、身教"立德树人"。为了贯彻习近平总书记关于"坚持显性教育和隐性教育相统一"的讲话，在教学过程中，江中良带领学生走进牧场，认真做好课程实习与实践，帮助学生扣好人生第一粒扣子，感悟立身做人的道理。用教学过程的亲力亲为扎实推进隐性教育，在课上课下都下足功夫，形成协同效应，实现全员、全程、全方位育人。

江中良讲授的动物繁殖学是实践性很强的课程，教学过程中，需要进行如直肠检查、人工授精、胚胎移植等内容的实践操作。然而，对于部分学生来说，可能都没有见过真实的牛、羊等大型动物，除了没有直观感受外，还有畏惧心理。因此，在每次讲授"牛的直肠检查"课时，江中良首先讲述操作要领，同时还要进行一次操作演示。为了完成这个实验，江中良通常会直接抓起学生的手，一同进入母牛直肠，帮助学生找到需要判定的卵巢或子宫，进行触摸和判断。

在"家兔胚胎移植"实验中，要采用手术法进行胚胎收集与移植。由于在手术过程中，可能会出现兔子麻醉、手术出血、难以缝合等问题。因此，手术开始的第一刀、缝合的第一针和最后一针一定是江中良完成。看到学生由刚开始的惊恐、畏惧到完成实验时的喜悦，江中良感到由衷的欣慰。

面向世界　面向未来

江中良认为，畜牧业的国际化并不是单向、被动地融入世界，而是双向交流、主动走向世界。我国畜牧业的发展必须跟上世界畜牧业发展的步伐，努力学习和吸收国外畜牧业先进的发展思想、内容和技术手段，培养具有国际竞争力的畜牧业高素质人才是畜牧高等教育的重要责任。他是这么想的，也是这么做的。

"Reproduction in Domestic Animals"是江中良负责的一门全英文课程。教学过程中，采用全英文课件、全英文讲授、全英文交流、全英文试题与测验。刚开始的时候，学生叫苦不迭，72%的学生反对用全英文上课。江中良通过分析学校、学科及产业发展等趋势，用"我国畜牧业必须与世界接轨，必须融入世界畜牧业的发展进程"的论断，说服了学生。在江中良的坚持和鼓励下，大部分学生从刚开始的一脸懵到略懂一二，再到可以进行简单交流，进步显而易见。另外，他还通过国外同行在体外受精、胚胎发育、克隆技术等方面的发展与实践为例，讲述国际动物繁殖理论与技术发展情况，对标我国在该方面科学研究与技术应用上的差距，引导学生要以时不我待的精神，迎难而上，勇攀高峰，为赶超国际先进水平而努力学习，不负习近平总书记"立大志、明大德、成大才、担大任"的殷殷嘱托，在动物繁殖领域中追逐理想，放飞青春。

王 成

做一名追梦筑梦的好老师

王成,男,1987年4月生,毕业于天津大学化工学院,生物化工学博士,林学院副教授,硕士生导师,学校林学院林产化工系教师。

秉持仁爱　做有温度的"引路人"

自2018年入职林学院6个年头以来,他已成为第二届林产化工专业的本科生班主任。在连续的班主任工作经历中,他不断思考大学班主任的角色定位,将"亦师、亦友、亦家长"的理念融入师生关系中。

从入学之初认真了解每位学生的家乡地域特色、兴趣特长和生活习惯,到关注每一位学生的学业发展规划和目标定位,他还为学生们讲述本专业研究方向、师资力量配备、就业前景,并给他们进行考研指导,让同学们清楚地了解自己通过本专业的学习能学到哪些知识、能干什么以及如何延展自己的未来发展方向等,鼓励学生们勇敢做自己未来的规划者。

在专业分流、科创申报与训练、学科竞赛、毕业论文设计与撰写等关键节点,他主动予以学生辅导和支持。在其指导的大学生科创项目申报和科研训练中，获批多项国家级科创项目，多名学生在各类学科竞赛中荣获国家级一等奖等荣誉，且同时获得多所985高校研究生推免入学资格。

立德树人　做有追求的"教书匠"

在从事课堂教学的5年里，他先后承担"生物化工工艺学""天然产物化学"等8门本科生和研究生课程。然而，如何营造融洽的课堂氛围，让同学们快乐地掌握课堂知识？这一直是他思考的问题。

他求教业内名师与专家，不断创新课堂教学方式与方法，认真设计每堂课的教学方法，使所授专业知识能够深入浅出，便于学生融会贯通。通过策划"课堂辩论赛""有奖竞猜""翻转课堂"等一系列课堂教学活动，不断提升学生的学习热情、表达能力和批判性思维能力，培养学生志存高远、胸怀坦荡和奋斗奉献的优秀品质。他的付出也获得了师生的认可，并在学院组织的青年教师讲课比赛中荣获一等奖。

依托学院科教特色，他积极投身教育教学研究与改革，组建了林源特色果蔬加工与利用教学团队，主持申报并获批了第三批"大国'三农'"通识

教育课程建设项目，并参与多项校级或院级教学改革和课程思政项目，其个人连续多次荣获年度考核优秀和师德师风考核优秀等荣誉。

勤学笃行　做有水平的"好老师"

王成经常告诫自己，要想成为一名出色的高校教师，自身的科研素质水平将直接影响所培养学生的能力与眼界，千万不能耽误学生的未来发展。

基于此，他执着于自身的研究领域，潜心钻研，努力超越自我。围绕林源特色果蔬特征风味与功能品质形成等方面开展了大量的研究工作，如首次破译了不同品种香椿芽的特征香气密码与差异来源，率先阐明香椿芽中关键特征香气化合物的胞内合成途径。数年来，他主持和参与了国家自然科学基金、国家重点研发计划子课题、国家林业和草原局推广项目和陕西省自然科学基金等各类科研项目10余项，在国内外各类期刊上发表论文30余篇。

展望未来，王成表示，作为一名高校青年教师，他将始终牢记教书育人的初心使命，点燃每位学生的青春热血和奋斗激情，争做中国梦的创造者。

躬耕·匠心

宋籽霖

躬耕教耘　手揽星光

宋籽霖，女，1983年9月生，生态学博士，中共党员，资源环境学院副教授，硕士生导师。

不忘初心　勤耕不辍

宋籽霖老师是一位学习型教师，她严于律己，爱岗敬业。教学中，她严格要求自己，认真备好每一节课，结合学生实际情况，精心设计教学内容，既紧扣教学大纲，又拓展前沿知识，结合真实案例，在夯实学生专业基础的同时，进一步拓展他们的专业视野。课堂上，她认真对待每一位学生提出的问题。

在讲授专业知识的同时，她主动将家国情怀、专业责任、工匠精神等正能量融入课堂，在教学中践行"立德树人"的初心。她认真批改每一次作业、做好记录，并及时反馈，提供终身课程"售后服务"。学生有课程、就业、升学、科研等方面的任何困惑，都可以找她聊聊。她悦纳学生们的缺点和不足，针对不同个性的学生，给予不同方式的呵护、教育和帮助。

如泽如炬　虽微致远

"教育的本质是一棵树摇动另一棵树，一朵云推动另一朵云，一个灵魂唤醒另一个灵魂。"她认为教学不仅仅是单方面的输出，更是一个不断从学生身上发现和学习的过程，而每个学生都是独特的个体，老师要通过自己的努力，让每一位学生找到自己发光的开关。班级文化建设中，她注重班级活动开展，在活动中育人，所带班级班风正、学风浓。担任班主任期间，她所带的环科162班获得"五四红旗团支部"；担任义务环保社团负责人期间，她积极鼓励、指导社团开展"保护母亲河""义务支教"等活动，将低碳、环保的理念传达给更多的学生，并获得2023年度"优秀社团指导教师"的称号。

行远致迩　笃行不息

时光不老，习之不辍。她深知要做好教育教学工作不能光凭热爱，唯有终身学习才能获得发展。她秉承着一颗学无止境的心，认真学习新课标理念，钻研教材教法，赴英国牛津大学等国际一流高校进行访问、学习，提升

自身教学能力。她常观看并学习一些资深教师的讲座与公开课，积极参加线上线下培训，向身边老师虚心求教，探讨教法与学法，共同开展教学研究课题。

"学然后知不足，教然后知困。"她乐于反思，反思自己每一节课的得与失。经过多角度的思考，发现自己的不足，不断地调整自己教育教学的策略，在反思中前行、成长，努力丰厚自己的教育底色。

一路风景，一路歌，一路耕耘，一路收获。教书有路勤为径，育人无涯爱作舟。宋老师尊重教育事业，也享受教书育人带来的幸福，始终保持着饱满的工作热情，务实上进的工作精神，润物无声的爱心，谦逊待人的态度，朴实无华的言行，坚实地行走在真善美的教育道路上。

吴明玉

以德立教 以爱育才

吴明玉，女，1984年10月生，中共党员，水利与建筑工程学院副教授，从教16年。主讲图学类课程，获陕西省教学创新大赛二等奖、陕西省教学成果二等奖、高等学校水利类专业教学成果二等奖等荣誉。

授业解惑 薪火相承

自2008年来到我校水利与建筑工程学院教学16年以来，吴明玉分别为本科生开设"画法几何与工程制图""工程制图（水利类）""工程图学""计算机绘图""三维协同设计与BIM技术""BIM技术与应用"等图学类相关课程，年均课堂授课300学时，其丰富的教学经验和专业素养，深受学生喜爱。

图学类课程的作业量巨大，批阅难度极高。每节课后的作业批阅时间长达10小时，作为课程组负责人的她坚持全批全改的课程组优良传统，确保

| 躬耕·匠心

每位学生都能得到细致的指导和反馈。除了线下批阅作业，她还在慕课平台和聊天软件开展线上答疑，无论何时何地，耐心解答学生的每一个问题。开学第一节课，她会创建或加入学生QQ学习群，至今已经加入一百多个学生群。QQ群答疑从不问时差，她说半夜还能问问题的学生都是熬夜学习的好孩子，不能打击学生的积极性；四年不退群，从竞赛辅导到考研、就业咨询，她总是耐心倾听，用心指导，赢得了学生的信任和尊敬。也正是在学生的一根根画线、一点点询问和她的一题题纠正、一次次解惑中，不仅让学生们掌握了扎实的制图技能，还培养了他们精益求精的工匠精神。

与时俱进　教学创新

在瞬息万变的信息时代，她从未停止奋进步伐，一心以学生发展为中心。面对学生对自主学习资源的需求，她积极录制微课、建设慕课及虚拟仿真实验课，其牵头的多门课程在中国大学慕课平台上累计开设约30期，服务超过5万学习者；面对学生就业竞争力增强的需求，她紧跟行业最新需求，开设项目式BIM课程，编写BIM类教材，并指导学生参加BIM相关竞赛；面对学生提升工程实践能力的需求，她加大课程的工程案例教学，提供丰富的拓展案例资源，并指导学生参与学校水利水电设计院的实践项目。不仅为学生提供了高质量的学习资源，还为他们的全面发展和职业生涯奠定了坚实的基础。

她不断改革创新，主持和参与省部级以上科研和教改项目12项，主持校级教改项目、在线课程、一流课程、课程思政、虚拟仿真等建设项目7项，主编"十四五"时期水利类专业重点建设教材2部。她与裴金萍教授组成的教学团队，凭借卓越的教学成果和创新精神，荣获多项荣誉，包括国家级线上线下混合式一流课程，省精品在线开放课程，省课程思政示范课程及教学团队，省教学成果二等奖，省教学创新大赛二等奖，高等学校水利类专业教学成果二等奖，校教学成果一等奖、二等奖，等等。

激发活力　照亮前路

作为制图与信息建模协会的社团指导教师，她不仅激发了学生的活力，更照亮了他们的成长之路。在她的带领和指导下，学生在全国先进成图创新大赛、BIM毕设大赛、智能建造创新赛等省级以上学科竞赛中荣获团体奖47项、单项奖269项的辉煌成绩。这些荣誉的背后，是她无数个周末、夜晚、寒暑假的无私奉献和辛勤辅导，她的办公室永远向学生敞开。她注重激发每个学生的潜力，组织社团定期开展图学课程学习帮扶活动，让学习能力强的学生为低年级学生答疑解惑，同时引导竞赛获奖的老队员帮助新队员快速成长。这种互助互学的氛围，不仅提升了学生的专业技能，更培养了他们的团队精神和责任感。

她深知，学生的每一次获奖，都是他们特长生保研资格的有力支撑，也是他们从业竞争力的重要体现。这些年来，她指导的学生省级以上竞赛获奖保研率超过90%，这不仅是对她教学成果的肯定，更是她坚持付出的最大动力。

余克强

深度学习+终身充电=未来可期

余克强，男，1986年1月生，中共党员，机械与电子工程学院副教授，硕士生导师，电子信息工程系副主任，中国光学工程学会光谱技术及应用专业委员会青年委员。主讲"电路""智能传感与检测技术""数据库系统概论"等课程。曾多次获学院"优秀教师"、师德师风考核优秀等荣誉。

忠于教育　严谨治学

立志服务家乡发展，余克强浙江大学博士毕业后毅然选择到我校任教，贡献自己的青春和热情。他忠诚于党的教育事业，坚持以"四有"好老师为根本遵循，努力在教育教学实践中加强党性锻造，严守师德，时时处处做好学生的表率，真真切切做好教书育人工作。

他精心准备每一堂课程，让每位学生都有所收获。从教8年来，他为本科生、研究生讲授"电路""数据库系统概论""传感器原理及应用"等8门课程。教学过程中，他因材施教，注重培优扶差，做到多巡视、多辅导、多谈心，帮助学生树立信心，激发学生学习兴趣，感受学生的真实情感，了解学生的精神世界，做到春风化雨、润物无声。同时，他积极开展教育教学改革研究，曾主持省级教改项目1项、校级教改课题3项，发表教改论文2篇。

关爱学生　用心育人

余克强担任班主任和研究生导师时，他始终以"动之以情、导之以行、晓之以理、持之以恒"的行动座右铭来关心学生、帮助学生、呵护学生，扮演着学生们的家长、大夫、挚友等角色，促使学生自强、愉快地学习、生活。他与学生亦师亦友，以"用心培养、用情培育、授之以渔"的策略驱动学生，激发他们对深度学习的热情，帮助他们树立终身充电的思想。担任电信1801班班主任期间，其班级获得校级"优良学风示范班""先进班集体"等荣誉称号；班级1名学生入选"2021年国家奖学金获奖学生代表名录"，并被《人民日报》和学校新闻报道；班级同一宿舍6名学生全部成功保研；指导的多名硕士研究生进入上海交通大学、华中科技大学等知名高校继续攻读博士学位。指导8名学生获校级、院级优秀毕业论文，指导学生主持国家及省部级大学生创新创业项目10项。

爱岗敬业　为人师表

余克强注重为人师表，立足本职，钻研业务，专注自身专业知识和教育教学技能的提升。担任电子信息工程系副主任后，他积极做好学院和教职工之间的"桥梁"，切实做到上情下达、下情上传，团结全系老师心往一处想、劲往一处使，奋力为电信专业工程教育专业认证贡献力量，多次获评学院"优秀教师"、年度考核优秀和师德师风考核优秀等。

一分耕耘，一分收获。余克强先后主持国家自然科学基金、陕西省自然科学基金、中国博士后科学基金等项目7项，发表论文30余篇，参编专著和教材2部，在工作中，他追求科学研究、教育教学、"立德树人"相辅相成。

自觉践行新时代高校教师职业行为准则，执着奋斗、心怀大我，余克强就是这样一位学生爱戴、领导放心、同事信任的好教师。

杨保伟

匠心独运　铸魂育人

杨保伟，男，1974年5月生，中共党员，食品科学与工程学院教授、博士生导师，从教20年。主讲"食品微生物学""微生物学实验技术""高级食品微生物学""食品分子生物学"等课程。获"大学生思想政治教育先进个人""研究生教育先进个人"等荣誉。

教室的舵手　知识的传递者

"春风化雨润桃李，梧桐影下育英才。"从事教育工作二十载，分别为本科生和研究生主讲8门课程，年均工作量200学时以上。主讲的"食品微生物学"荣获国家级一流本科课程，所在食品微生物与生物技术教学团队荣获西北农林科技大学2022—2023学年优秀教学团队。杨老师一直秉承"以学生为本"的教学理念，深知教育的意义在于培养和启发每一位学生。在他的课堂上，每个学生都能感受到他对教学的热情与认真。通过深入浅出的讲解和丰富的实践案例，激发学生对食品微生物学的兴趣和探索欲望。此外，他积极开展教学方法研究，参与教学改革项目4项，获学校教学成果二等奖1项，发表教学改革论文1篇，主编教材1部，担任副主编的教材2部，参编教材5部。

科研的匠人　创新的领航者

星夜不眠为科研，默默耕耘桃李心。在科研中，杨老师以身作则，从科研训练、选题到课题的具体实施，亲力亲为，悉心指导，帮助学生解决问题，正如杨老师每次所言"我会尽我最大可能满足你们的一切试验需求"。此外，论文上小到标点符号的精确使用、菌株英文名称的斜体规范，每一个细微之处的修改，无不体现着杨老师严谨的科研态度和对学生细致入微的指导。

杨老师丰富的科研经验和严谨细致的科研态度，已成功培养博士和硕士研究生30人，多人荣获"优秀研究生"称号。主持科研项目共27项，其中国家自然科学基金面上项目3项，"135"食品安全国家重点研发计划课题1项，省部级项目10余项。荣获陕西省科学技术奖三等奖、陕西高等学校科学技术奖一等奖、中国商业联合会科技进步奖三等奖、新疆科学技术进步奖二等奖。发表科研论文70余篇，其中SCI收录37篇，"双一流"B类期刊3篇，G2期刊论文8篇，ESI高被引论文1篇。

心灵的顾问　生活的呵护者

"随风潜入夜，润物细无声。"杨老师对学生的关怀如细雨般润物无声。作为学术的引路人，他倾囊相授；作为生活的呵护者，他细致入微。在学生生病或家庭遭遇困境时，杨老师会给予安慰和力所能及的帮助。而当学生面对学业上的重压与挑战时，杨老师会耐心倾听学生的心声，更会主动提出切实可行的解决方案，帮助学生找到克服难题的突破口。此外，杨老师还关注学生的饮食起居，时常提醒学生要规律作息，加强体育锻炼。

杨老师用自己的行动生动诠释着西农精神，他的智慧与经验，就像一盏明灯，为学生们照亮前行的道路，他那慈父般的关怀和体贴，让每一位学生都能感受到亲人般的温暖。

| 躬耕·匠心

邵砾群

激情绘梦　智慧铸星

邵砾群，女，1976年4月生，民革党员，农业经济管理博士，经济管理学院副教授，博士生导师，经济管理学院贸易教研室教师，国家苹果产业技术体系产业经济研究室及西部农村发展研究中心成员。

学生为本：课堂显真知

邵砾群从教25年以来，始终坚持教书、育人并重的教育理念，秉持"传道、授业、解惑"的传统师道，与学生亦师亦友、平等相待、教学相长。在学生们眼中，她既是课堂上认真负责的严师，又是课外亲切温暖的朋友。邵砾群主要从事农业经济管理、农业产业经济、农产品国际贸易、资源环境经济等相关的教学与科研工作，并为本科生与研究生讲授"国际贸易实务""商务英语函电（全英文）""物流工程""国际物流与供应链管理""国际贸易前沿专题"等专业课程。

在教学过程中，她大胆改革教学内容，创新教学方法。主动引入国外优秀教材和教学模式，充分利用网络教学平台，创新多媒体教学模式。在课堂上，她采用翻转课堂和在线课堂的教学方式，将课堂主动权交给学生，将重要的研讨议题提前布置给学生,让学生以小组的方式组队,自主选题。在理论授课的同时,穿插学生授课与课堂集体讨论,充分发挥学生的主动性。她注重采用启发式教学方法,课堂讲授与讨论并重,甚至由学生自己来主导课程学习。她所授的三门专业课程均获校级优质课程或通过一流课程的认定。同时,她积极推进高校在线课程建设,2019年12月,她所主持的SPOC"国际贸易实务"课程率先在教育部国家精品开发课程优质在线教育平台"中国大学慕课"正式上线运行。2020年2月17日,新冠疫情期间,她响应教育部与学校"停课不停教、停课不停学"精神,潜心研究在线课程的课程设计与授课方法,率先开出全校第一堂直播授课——"物流工程",整个直播授课过程非常顺利,受到学生的普遍欢迎。同时,她第一时间写出总结与体会,发表在学校官网首页,供全校老师参考借鉴,由此获得学校在线课程优秀课程(主讲教师)、教学优秀课程(物流工程)的荣誉,所在教研室也获得了学校"在线教学优秀教研室"称号。

在教学理念上,她非常重视因材施教,不以学习成绩论高低,充分尊重每位学生的个性特征。在课堂上,她鼓励学生随时提问,对难点、要点,总是耐心反复讲解;对个别仍未听懂的同学,则利用课余时间单独授课,确保每位同学都能掌握。她尤其重视理论联系实际,注重培养学生运用所学理论

分析研究实际经济问题的能力。她每年指导带领学生参加全国大学生外贸从业能力大赛，与国内几百所院校的5000多名同学同台竞争，多次获得个人一、二、三等奖，团体二等奖、三等奖以及优秀指导教师奖若干。通过这些教学改革探索，她所主持的3项校级教改课题均获得了优秀结题，并获2015年校级教学成果奖二等奖。

学为人师：教育助成长

科研工作中，作为研究生导师，她一直秉持严于律己、宽以待人，与学生共命运、共成长。在日常与博士生、硕士生相处中，她时刻注意以自身严谨的科学态度和精益求精的科研作风深深影响每位学生。近五年来，她先后主持国家自然科学基金、教育部人文社科基金等各类科研课题15项，并在《中国软科学》、*Journal of Rural Studies*等国内外权威期刊发表论文30余篇，出版学术专著1部，主编著作/教材3部，担任副主编的著作6部。在教学过程中，她将这些研究成果融入课堂，为学生提供学习学科前沿的平台，培养学生的学术敏锐度和创新意识。作为学生成长道路上的指导者，她还多次指导学生并带队参加国内大学生科创项目比赛，获得国家林业和草原局举办的第二届全国林业草原行业创新创业大赛全国总决赛银奖、半决赛二等奖，第六届中国国际"互联网+"大学生创新创业大赛陕西赛区银奖（高教主赛道），学校第十二届"挑战杯"中国大学生创业计划竞赛校级决赛银奖等多项国家级、省级以及校级大学生创新创业大赛奖项。此外，她指导的本科生、研究生毕业论文也多次获得百篇优秀论文、优秀专业硕士学位论文。

每年暑假，她都会带领学生去青海等高原牧区进行课题调研。尽管面临高原反应和多变的气候环境，她仍坚持与学生共赴调研一线，解决调研中遇到的各种专业问题和突发情况。在她的带领下，团队成员精心打磨问卷，确保每个问题、每个词、每个选项都做到精练准确。每天还要组织讨论会，就问卷展开自查、互查工作，保证数据的真实准确，力争做到问卷零错误。录入问卷时，又利用问卷前后的逻辑性，再次检查数据，以防输入错误，始终坚守科学研究的求真求实原则。

情感引领：育人凭真心

在课外，她重视与学生的沟通交流，做学生的知心朋友。她深知大三、大四学生面临的学习、就业、考研、保研、出国深造以及情感困惑等压力，便毫不犹豫地向学生公开自己的邮箱、电话、微信、QQ、办公室等信息，对每一位向她求助的学生都能耐心地给予客观、中肯的建议与鼓励。无论是凌晨3点大洋彼岸的倾诉电话、保研夏令营择校的经验讨教、考研备考过程中的情绪崩溃，还是四处奔波找工作时的种种举棋不定，邵老师始终是学生们最坚强的后盾。

在她担任过班主任与代过课的班级里，多名学生被保送至国内外知名高校继续深造，也有毕业后从事国际贸易、物流管理等行业，取得了突出的成绩。每年教师节、春节，是她最繁忙的时候，回复世界各地学生发来的慰问短信和电话，是她最大的欣喜与安慰。她的付出也得到学校的高度认可，近年来，她先后获得校级"师德师风先进个人"1次、校级"优秀班主任"2次，以及学院年度考核优秀、"师德师风先进个人"、"科研先进个人"等荣誉。

岁月流转，邵砾群老师对教育的热爱却愈久弥坚。

| 躬耕·匠心

杨乙丹

用无限热爱照亮学生前行之路

杨乙丹,男,1980年10月生,中共党员,毕业于中国人民大学经济学院,经济史专业博士,人文社会发展学院教授,博士生导师,我校人文社会发展学院教师。

热爱学生　做好学生生命中的重要他人

"教师虽不是高收入职业,却是更有价值的职业。"在博士毕业之际,他毅然放弃了北京高收入的就职机会,无悔地加入高校教师队伍之中,因为他坚信,用自己的热爱照亮学生前行之路是更有价值的人生。在15年的从教生涯中,他对所任班主任的班级本科生和指导过的研究生,依然能如数家珍地说出每个人的姓名、籍贯、性格、工作或学习的单位等。因为他知道,他和学生都是对方生命中的重要他人,默默地关爱和牵挂,是激励学生勇毅前行的力量。

在每年召开的新生组会上,他都会饱含深情地对研究生说:"人生没有多少个三年或四年,我们有幸走到了一起,从这一刻开始,我们不仅仅是师生,更是一生的亲人!你们互相之间不仅仅是同门,也是一辈子都能互相带来温暖的兄弟姐妹。"十余年来，他指导的研究生互相支持、互相帮助、互相激励、共同成长，即使毕业多年，返校后仍会激情相拥，没有任何陌生感。

每年的八月十五，是他指导的在校研究生最期待的日子。因为这一天他会亲自下厨，给学生们炖羊肉、卤鹌鹑蛋、做丝瓜鸡蛋汤等可口的饭菜。一二十个研究生拎着碗排队盛饭的场景，是学生们朋友圈中最幸福的炫耀。每年的元旦前夕，他指导的研究生会"有预谋、有组织"地共同出现在他的办公室门口，因为他们知道，四个月的辛苦学习后，老师按惯例会请他们撮一顿，共同迎接新一年的到来。这一天，已经毕业的研究生们，经常会偷偷跑回来蹭顿饭。在"你们会把我吃穷"的嬉笑中，任凭学生们点一道道喜欢吃的菜品。

最是仓皇辞别日，凤岗犹奏别离歌。每年的毕业季是最令人伤感的时节，因为一个个"亲人"又要远离了。在"散伙饭"的餐桌上，他会饱含深情地告诫每个毕业生，要争做国民表率和国家栋梁，别忘了学校"经国本、解民生、尚科学"的理念和"诚朴勇毅"的校训；要守护好感情资源，系好腰带上的纽扣，经营好自己的爱情和家庭，不刻意做感情的孤勇者，不卖力过残缺的家庭生活；要记得再回来听听老师的唠叨，别忘了在凤鸣高岗上守望的背影……

热爱讲台　始终践行"立德树人"初心使命

自2011年来校任教以来，他分别为本科生讲授"中国近现代史纲要""逻辑学""九曲黄河生态文明教育"等课程，为研究生讲授"中国农业发展史""学术规范与论文写作"等课程。在"中国近现代史纲要"课堂上，他告诫每一个学生要记住中国的苦难和辉煌，争做"有理想、有道德、有文化、有纪律"的新时代青年；在"逻辑学"课堂上，他鼓励学生做一个理性思考和充满智慧的求知者；在"九曲黄河生态文明教育"课堂上，他让学生了解黄河母亲的伟大，感受黄河历史文化的魅力；在"中国农业发展史"的课堂上，他讲述着中国万年农业历史和华夏农耕文明的荣耀，揭示着中华文明生生不息的农业密码；在"学术规范与论文写作"的课堂上，他警示学生要敬畏科学研究，掌握科研论文写作的规范要求。

教学与科研相长。在教学过程中，他不忘加强教育教学研究工作，近年来主持陕西省教育教学改革项目1项、学校教育教学改革重点项目和一般项目各1项，发表教学改革论文8篇。主持的"九曲黄河生态文明教育"实践示范课，被列入陕西省一流课程；主持录制的"九曲黄河生态文明教育"在线课程，被列入陕西特色线上课程。担任副主编或参编省部级规划教材、"马工程"教材4部。

做一个积极向上、有尊严且从容活着的人，是他对学生们成长的要求。他任班主任的班级，超过三分之一的学生一次性考取研究生，就业率领先于全年级。他指导的研究生，有学术志向的纷纷考取了复旦大学、中山大学、中国人民大学、南开大学、中山大学等著名高校的博士研究生；立志在工作岗位上实现人生价值的学生，纷纷考取了省厅、市直机关公务员或入职高校。在2024年毕业的5名全日制研究生中，进入国家税务总局1名、安阳市直机关1名、许昌市直机关1名、平顶山市直单位1名、攻读博士学位1名。"哪有什么成功经验，不过是平时多用点心指导而已！"学院就业工作会上，他真情吐露心声。

2015年，杨乙丹被评为学校大学生社会实践优秀指导教师。2016年，他带的班级荣获学校"优秀班集体"。2017年，他被评为校级"优秀教师"。2021年，他所在的中国农业历史文化团队被评为学校"优秀导师团队"。

2023年，他被评为学院2023年度"杰出团队负责人"及"优秀个人"。

热爱科研　做好农史特色学科传人

农史学科是我校特色学科，自1952年辛树帜、石声汉等先贤创办西北农学院古农学研究室以来，已经走过了72个春秋。尽管特色鲜明，但所有人都知道农史是个冷僻的领域。2011年9月，他义无反顾地从原单位调离，重新投入农史研究，哪怕是从原单位的副教授降为讲师、从系主任变为普通教师。"继承和发扬前辈们光荣传统，让更多的人了解中华农业文明，用中国农业历史文化知识滋养西农学子的心灵。"他言语铿锵。

入校工作以来，杨乙丹先后主持完成国家社科基金项目2项，教育部人文社科基金项目、农业农村部委托项目等10余项，在《史学月刊》《中国农史》等期刊发表学术论文40余篇，在商务印书馆等出版社出版著作5部，荣获陕西省第十三次哲学社会科学优秀成果奖三等奖1项、陕西高等学校人文社会科学研究优秀成果奖三等奖（著作类）1项。兼任中国农业历史学会常务理事、副秘书长，中国科技史学会农学史专委会副主任委员，中国经济史学会理事，陕西省科技史学会副理事长。并被遴选为农业农村部第二届中国重要农业文化遗产专家委员会委员、汉中市"三区"科技人才等。

杨乙丹老师是坚守初心使命和潜心教书育人的实践者，他用无限热爱照亮学生前行之路，用无限热爱坚守三尺讲台，用无限热爱做好农史传人，用无限热爱讲述着华夏悠久农业历史和灿烂中华农耕文明。

后 记

教育兴则国家兴，教育强则国家强。

大学作为科技创新的策源地、创新人才的聚集地，在服务经济社会高质量发展、构建高质量教育体系、深化教育领域综合改革、建设世界教育强国中发挥着龙头作用。而教师，是教育的核心，是教育的温度和尺度，是引领学生成长成才的人生导师，更是推动高等教育发展变革的重要力量。

一个人遇到好老师是人生的幸运，一个学校拥有好老师是学校的光荣，一个民族源源不断涌现出一批又一批好老师则是民族的希望。成为好老师既是时代的要求，也是每个教师的梦想。做好老师，就要执着于教书育人，有热爱教育的定力、淡泊名利的坚守，有理想信念、有道德情操、有扎实学识、有仁爱之心。

西农在弦歌铿锵的90年峥嵘岁月中，涌现了一批又一批立德树人的好老师。其中，既有学术大师，也有普通教师，他们严爱相济、润己泽人，以学术造诣开启学生智慧，以人格魅力呵护学生心灵，让每一个学生都健康成长成才。他们对教书育人的执着坚守，对创新卓越的持续追求，对诲人不倦的无私奉献，组成了西农扎根奋斗、强农兴农的璀璨画卷，形成了《西农名家故事》《红烛光影》《躬耕匠心》等系列丛书。

《西农名家故事》聚焦为学、为事、为人的大先生，讲述他们心怀家国、情系民生，艰苦创业、开基立业，潜心学术、匠心育人的宗师先驱风范。《红烛光影》聚焦全国教学名师、陕西省教学名师和校级教学名师，展现他们传道树人、教书育人、授业解惑的为人师表作风。《躬耕·匠心——学生心目中"我最喜爱的老师"》收录了2013—2024年学生心目中"我最喜爱的老师"，记录他们扎根教育一线，以爱心、细心、耐心和真心培根铸魂、启智润心的故事。

《躬耕·匠心——学生心目中"我最喜爱的老师"》中每一位老师均经过各单位推荐、候选人事迹展示、毕业生两轮投票、实地考察等环节，经大学生思想政治教育工作组审定。这些老师既是典型，也是榜样。他们虽有不同但有相似的奋斗人生，他们春蚕到死、蜡炬成灰的奉献精神，赋予了这些故事扎实感人的奋进力量，即便时过境迁，却依然能焕发出强大的生命力、凝聚力和感召力。

典型就是旗帜，榜样就是力量。我们希望通过此书，能够激发更多教师的育人情怀，激励更多教师在平凡的岗位上，作出不平凡的业绩。让我们向他们学习，向他们看齐！

由于编撰时间紧、任务重，书中难免有疏漏不足之处，敬请各位读者批评指正。

编者
2024年8月